삼국지
27에니어그램

조성민

박영사

머리말

　'임하선어 불여결망(臨河羨魚 不如結網)'이라는 말이 있습니다. 이는 "물가에 가서 물고기를 잡았으면 하고 부러워하는 것이 집에 돌아와 그물을 만드는 것만 같지 못하다"는 말입니다. 어떤 일을 이루고자 하는 데 있어서는 하루아침에 좋은 결과가 이루어지기를 바라기보다, 매사에 만반의 준비를 하는 자세가 중요합니다. 펌프로 물을 끌어올리기 위해서는 한 바가지의 물이 필요한데, 이 물이 바로 '마중물'입니다. 마중물을 이용하여 땅속에 있는 무궁무진한 지하수를 끌어올리듯이 '에니어그램'을 통하여 좋은 인간관계를 맺는 것이 중요하다고 사료됩니다. 좋은 인간관계는 행복한 삶을 만들기 때문입니다.

　에니어그램은 자신의 성격을 알 수 있는 도구이며, 나와 세상을 이해하는 성격유형을 이해하기 위한 프로그램입니다. 에니어그램을 공부함으로써 ① 자기를 발견하고, ② 성격을 개선하며, ③ 상대방을 이해하고, ④ 인간관계를 개선하여, ⑤ 자기를 실현하여 행복한 삶을 추구할 수가 있습니다.

　　본서는 에니어그램을 통하여 자신에게 숨어 있는 집착을 발견하고 그 원인을 깨달아 강박충동의 극복을 통하여, 자신이 처한 환경에 대처하는 법을 배울 수 있도록 다음과 같이 구성하였습니다.

　　제1장에서는 아홉 가지 성격유형을 완전주의자·협조주의자·성취주의자·감정주의자·분석주의자·수호주의자·만능주의자·주장주의자·평화주의자로 나누어 알기 쉽게 설명하였습니다.

　　제2장에서는 아홉 가지 성격유형의 격정과 사람의 3가지 본능의 공통 성향인 자기보존 본능·성적 본능·사회적 본능 등에 관한 27가지 부속유형의 특질을 분석하였습니다.

　　제3장에서는 삼국지 장편소설의 내용을 일목요연하게 압축하여, 누구나 언제 어디서든 짧은 시간에 삼국지를 한눈에 읽도록 하였습니다.

　　제4장에서는 삼국지에 등장하는 수많은 영웅들 중에서 27명을 선정하여 에니어그램에 접목시켜 그들의 성격을 분석하였습니다. 이들의 삶과 성격의 특징을 통하여 21세기를 살아가는 현대인들에게 삶의 지표가 되는 이정표를 세우고자 했습니다.

　　본서를 출간하면서 생각나는 분들이 있습니다. 호원대학교 김성필 교수, 대진대학교 소성규 교수, 한양사이버대학교 양재모 교수, 대전대학교 박진근 교수, 공주대학교 김지석 교수, 충북대학교 김판기 교수, 자동차보험전문가 박영민 박사, 석수길 박사, 김경수 부장판사, 공군본부법무실장 전익수 장군, 배현모 변호사, 이용호 변호사, 기업은행 우창훈 지점장, 인터넷전문가 박상민 차장, 이동기 변호사(전 서울남부검찰청검사장), 중부대학교 이기민 교수 그리고 대한에니어그램영성학회 최경원 회장님과 강사 여러분, 한양대학교 이정섭 명예교수(전 대한정신간호학회 회장)께 감사드립니다. 박영사 조성호 이사님과 편집담당 박송이 선생님에게 이 자리를 빌려

고마움을 전합니다.

2021년 8월
한양대학교 로스쿨 연구실에서
조 성 민

삶의 항로

조 성 민

영원한 시간 속에서
쉼 없이 지칠 줄 모르고 살아내는
우리는 감사하는 마음이 없으면
존재의 의미가 없을 것이다

과거와 현재에 맞물려
어김없이 하루를 시작하고
밤이 이슥해지면 집으로 돌아와
하루를 뒤돌아보며 내일을 위해
육신을 눕히고 잠을 자야 한다

우리는
돈보다 인격을 먼저 높이며
덕을 쌓으며 사람의 향기가 날 때에
두렵지 않는 미래가 열릴 것이다

어디에서든 생각나는 사람
어디에서든 필요한 사람
그런 사람의 삶이 진정한
행복의 삶이 아닐까?

차 례

제4장 **삼국지 27인의 성격분석 · 153**

[1] 원칙을 고수하려는 사람들

[2] 남을 도와주려는 사람들

[7] 자유를 구가하는 사람들

[8] 힘쓰기를 좋아하는 사람들

[9] 우유부단한 사람들

제1장

─────

에니어그램의
주춧돌

에니어그램의
주춧돌

Ⅰ. 에니어그램의 이해

1. 에니어그램의 의미

에니어그램(Enneagram)이란 9개의 점이 있는 그림을 의미한다. 에니어(Ennea)는 그리스어로 숫자 9를 뜻하고, 그램(Gram)은 그림을 뜻한다. 따라서 9가지로 이루어진 인간의 성격유형과 이 유형들의 연관성을 표시한 기하학적인 도형이 에니어그램이다. 에니어그램은 자신의 성격을 알 수 있는 도구이며, 나와 세상을 이해하는 9가지 성격유형이다.

인간에게는 9가지 성격유형이 있고, 누구나 그중 하나를 가지고 태어난다. 성격의 9가지 유형은 기본적인 강박적 유형들로써, 약육강식의 냉혹한 세상에서 살아남기 위해 각 유형이 사용하고 있는 집착을 찾아낸다. 사람의 성격은 환경의 영향에 따라 변화를 겪기도 하지만, 내면에 잠재한 자신의 기본적인 유형은 변하지 않는다. 그러므로 누구나 타고난 재능과 능력에 기초한 전략을 계발함으로써 안정감을 느끼게 되고, 가족상황과 개인이 처한 환경에 대처하는 법을 배우게 된다.

에니어그램은 중동(아프가니스탄)에서 시작되어, 1920년대에 러시아의
구르지예프(Gurdjief)에 의해 현대사회에 전수되었다. 에니어그램은 "참된
나는 누구인가?"라는 물음에 대한 심오한 통찰력으로 자신의 내면을 볼 수
있도록 돕는 프로그램이다. 따라서 우리는 에니어그램을 통하여 첫째 자신
에게 숨어 있는 집착을 발견하고, 둘째 그 원인을 깨닫고, 셋째 강박충동
을 극복할 수 있다. 이를 통하여 누구나 타고난 재능과 능력에 기초한 전
략을 계발함으로써 안정감을 느끼게 되고, 자신이 처한 환경에 대처하는
법을 배우게 된다. 에니어그램은 "참된 나"를 발견함으로써 온전함을 지향
하여 나가는 자기수련과정이다.

2. 에니어그램의 구성

에니어그램은 다음 그림과 같이 원과 삼각형과 헥사드로 구성되어 있다.
원은 하나의 선으로 이루어진 도형으로 조화와 통일성을 의미하며, 모
든 것은 한 가지로 귀결된다는 1의 법칙을 내포한다. 9가지 성격유형이 하
나로 통합됨을 상징적으로 표현하고 있는 것이 원이다. 삼각형은 9→6→3
으로 이어진다. 이는 힘이 균형을 이룰 때 가장 완벽해진다는 3의 법칙을
내포하는데, 3의 법칙으로써 이상적인 인간상에 다다를 수 있다는 것을 표
현한다. 헥사드(Hexad)는 1→4→2→8→5→7로 이어진다. 헥사드는 이 세
상에 존재하는 모든 것은 정지되어 있지 않고 움직이며, 뭔가 다른 것으로
변형된다는 것을 상징한다. 이 헥사드는 9가지 성격유형이 항상 상호작용
하고 변화한다는 것을 표현하며, 이를 가리켜 성격의 퇴화 또는 통합이라
고 한다.

| 표 1 | 에니어그램의 도형

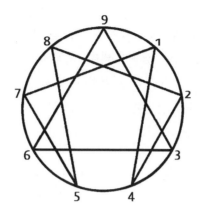

Ⅱ. 에니어그램의 목적

1. 자기를 발견함

에니어그램은 자기 자신의 공포와 불안, 장점과 약점, 방어와 불안, 좌절과 실망에 대하여 어떻게 반응할 것이냐 하는 문제를 해결한다. 더 나아가 자신의 진정한 능력과 장점이 무엇인가를 이해하여 자아에 대한 바른 이해의 바탕에서 본래의 자신을 세울 수 있도록 돕는다. 인간의 자아의 역할은 바깥세계와 관계를 맺고 이에 적응하는 것이고, 또 무의식의 내면세계를 살펴서 이와 관계를 맺고 적응하는 것이다.

누구든지 이러한 자아발견으로 자신의 강점과 부정적인 면을 깨닫고 그대로 받아들임으로써, 그동안 자신을 얽매고 있던 구속에서 벗어나 자유로워질 수 있다. 우리는 에니어그램을 통하여 자신도 모르게 부정적으로 움직이게 만드는 성격유형의 고착화된 신념을 찾아내서 이를 극복할 수 있다.

2. 성격을 개선함

누구에게나 성격을 개선하는 것은 어려운 문제이다. 사랑을 얘기하면서도 남을 배척하며 살아가는 경우가 많다. 어떻게 사랑해야 할지 모르기 때문이다. 에니어그램을 통해 자아를 발견함으로써 빛을 비춰 주는 사랑, 향기가 있는 사랑, 비전을 제시하는 사랑, 섬기는 사랑을 할 수 있는 길을 제시해 준다.

3. 상대방을 이해함

대인관계가 힘든 이유는 서로가 서로를 모르기 때문이다. 개와 고양이의 상극관계를 견묘지간(犬猫之間)이라고 한다. 개와 고양이의 사이가 나쁜 것은 신체언어(행동)가 다르기 때문이다. 개는 반가울 때 꼬리를 올리고, 싸울 때는 꼬리를 내린다. 이와 반대로 고양이는 반가울 때 꼬리를 내리고, 싸울 때 꼬리를 올린다. 이런 습성 때문에 개가 고양이 앞에서 반갑다고 꼬리를 올려 흔들면, 고양이는 싸우자는 의미로 받아들여 충돌이 일어난다. 그러므로 상대방이 세상을 어떻게 보는지를 알고 세상을 이해할 때 사회생활을 잘할 수 있다. 이 역할을 에니어그램이 담당한다.

4. 인간관계를 개선함

에니어그램을 바르게 이해한다면 아는 만큼 상대를 받아들일 넉넉한 마음을 가질 수 있다. 에니어그램을 통해서 인간성품의 전체적인 면을 이해할 수 있다. 또 이것을 깨달음으로써 다른 사람들에 대해 훨씬 많은 이해와 사랑을 갖게 된다.

에니어그램을 통해 자신과 다른 사람의 성격유형을 알게 되면 귀중한

통찰력이 생기게 되고, 성격유형에 익숙해질수록 다른 사람들의 마음과 의
견을 더 쉽게 받아들일 수 있다. 이를 통해 인간관계를 개선할 수 있다.
즉 자기를 수용할 뿐만 아니라 다른 사람의 유형을 알고 그들이 바라보는
세상과 행동하는 양식, 그들 내부에서 일어나고 있는 집착과 강박관념, 욕
망 등을 이해함으로써 자신과 관계를 맺게 될 다른 사람들을 이해할 수 있
다. 에니어그램의 지혜를 습득하면 지금까지 자신을 얽매고 있던 멍에와
구속으로부터 해방되어 자유로운 존재가 된 자신을 발견하게 된다.

5. 자기를 실현함

자기실현은 개인이 지니고 있는 소질과 역량을 스스로 찾아내어 그것
을 충분히 발휘하고 계발하여 자기의 이상을 실현하는 것이다. 에니어그램
은 자기실현을 이루는 데 도움을 주는 훌륭한 도구이다. 즉 에니어그램의
지혜는 인간은 왜 살아야 하며, 무엇 때문에 살아야 하는지에 대한 이정표
와 같은 역할을 한다.

따라서 우리는 에니어그램을 통하여 인간의 본질인 자기를 발견하고,
자기라는 본질에 가까운 삶을 살아가며 자기실현을 할 수 있다. 또한 자기
의 삶을 수용함으로써 자기를 성장시키고 자아를 실현할 수 있다.

III. 성격형성과 기본유형

1. 성격형성의 확정시기

사람은 성장하면서 누구나 9개의 성격유형 중에서 한 가지 유형으로
굳어진다. 만 3세부터 6세 사이에 개인의 성격형성이 확정되므로, "세 살
적 버릇이 여든까지 간다"는 속담이 생겼다. 아이가 부모의 양육과정에서

상처를 입을 때, 아이는 생존과 방어전략을 강구한다.

아이들이 만 6세 때 성격이 확정되는 이유는 ① 양육과정에서 부모로
부터 상처를 받으며, ② 어린애는 부모나 어른들로부터 사랑을 받기 위해
노력하는데, 이것이 성격으로 발달하고, ③ 어린애가 원하는 것을 얻고자
할 때는 울든지 떼를 쓰는데, 이러한 생존전략은 강박충동으로 나타나며,
④ 어릴 적 생존전략은 나이가 들어서도 사람들에게 반응을 하기 때문이다.

2. 성격의 기본유형

사람의 성격은 1번 유형부터 9번 유형까지 아홉 가지 유형으로 나눌
수 있다.

1유형은 어릴 때 나이에 비해 책임감이 크고, 기대 이상으로 일 처리를
잘했다. 성장하면서 1유형은 완벽을 추구하는 개혁가가 된다. 이들은 현실
적이고 양심적이며 원칙을 고수한다. 또한 자신이 세운 높은 이상에 도달
하기 위해 분투하며 살아간다.

2유형은 어릴 때 또래 친구나 자매를 잘 돌보면서 어른의 관심을 끌었
다. 성장하면서 타인에게 도움을 주려고 하며, 다정다감한 돌봄 전문가가
된다. 이들은 따뜻하고 다른 사람을 잘 양육하며 다른 사람들에게 마음을
쓰고 그들의 필요를 민감하게 알아차린다.

3유형은 어릴 때 매사에 자신이 앞서야 하고 모두가 자기를 좋아하기
를 바랐다. 자라면서 성공을 효율적으로 추구하는 사람이 되어 능률 지향
적이며, 성취전문가로서 활동적이고 낙천적이다. 또한 자기 확신이 강하고
목표 지향적이다.

4유형은 어릴 때 민감하고 상상력이 풍부하나, 아웃사이더로서 외로움
을 잘 탔다. 자라면서 특별한 존재를 지향하는 독특한 사람이 되어, 개성
이 있고 낭만적이며 창조전문가로 성장한다. 또한 정서적으로 섬세하고 따

뜻하며 직관력이 있다.

5유형은 어릴 때 혼자 떨어져 책 읽기를 좋아하고 질문이 많았다. 성장하면서 관찰하고 연구하며 지식을 추구하는 사람이 되어, 박학다식한 탐구 전문가가 된다. 또한 지적 욕구가 강하고 내향적이며 호기심이 많고 분석적이며 통찰력이 있다.

6유형은 어릴 때 또래들 압력에 민감하고, 규칙에 순종하면서도 불안해하고 심하면 반항했다. 성장하면서 안전을 추구하고 충성하는 사람이 되어, 신실하고 신중한 헌신전문가가 된다. 또한 신뢰감이 있고 가족, 친구, 조직에 충실하다.

7유형은 어릴 때 활기차고 말이 많고 친구들에게 인기가 높고 독창적이었다. 성장하면서 즐거움을 추구하고 계획하는 사람이 되어, 다재다능한 열정전문가가 된다. 또한 에너지가 넘치고 생동감이 많으며 낙천적이고 세상에 기여하기를 원한다.

8유형은 어릴 때부터 일찍이 독립성을 보이고 지휘통솔력을 발휘했다. 자라면서 강함을 추구하고 주장이 강한 사람이 되어, 솔직하고 과감한 도전전문가가 된다. 또한 직선적이고 독립적이며 자신감이 강하고 타인을 보호해 주는 스타일이다.

9유형은 어릴 때부터 조용한 아이라 말썽을 일으키지 않고 사람들 눈에 잘 띄지 않았다. 자라면서 조화와 평화를 바라는 사람이 되어, 외유내강한 화합전문가가 된다. 또한 수용적이고 온화하며 타인을 지지해 주고 타인 및 세상과 연결되기를 원한다.

Ⅳ. 아홉 가지 성격유형

1. 1유형: 완전주의자

1) 보편적 성향

가. 완벽을 추구함

1유형은 완전주의자로서 매사에 신중하고 철저하며 완벽을 추구한다. 이들은 모든 일이 올바르게 되기를 원한다. 또한 자신의 선택이 항상 옳다는 믿음이 확고하기 때문에 타인으로부터 지적을 받으면 참지를 못한다. 그리고 도리와 원칙에 맞는 선택을 하므로, 공사(公私)가 분명하고 도덕적 판단을 좋아한다.

이들은 도덕적으로 정의감이 강해서 세상을 개선하고자 하고, 원칙과 도덕적인 것에 충실하며 꼼꼼한 철저한 개혁가이다. 또한 이들은 정직하고 이상주의적이며 비판력이 뛰어나고 사리분별이 분명하며, 윤리관에 자신이 있는 만큼 하는 일 또한 자신의 도덕적 기준에 합당해야 한다.

나. 언행이 일치함

건강한 1유형은 언행이 일치한다. 이들은 정직하고 솔직하며 말과 행동에 일관성이 있다. 이들은 생각한 것을 말하고 말한 것을 행동에 옮기는 노력파이다.

다. 신뢰감을 줌

이들은 근면하고 성실하며 일을 정확하게 처리하고, 도덕적으로 완벽을 추구하며 공정성을 유지하려고 한다. 또한 올바른 길을 걷고 있다는 생각에 만족감을 느끼고, 깔끔한 인상에 자세의 흐트러짐이 없다. 또한 힘든 상황을 돌파해 나가기 위해 어떤 노력도 아끼지 않으며, '해야 한다'는 말을 자주한다.

라. 융통성이 부족함

이들은 의사결정 시 융통성이 부족하므로 일단 결정을 내리면 자기 뜻과 방식을 끝까지 관철시키려 한다. 남의 충고를 받아들이는 것이 어렵고 반동성향이 강하다. 귀에 거슬리는 소리를 듣기 싫어하고 원하는 대로 되지 않으면 화를 잘 내지만 속은 여리다. 화를 내야 할 때 참았다면 탈춤이나 국악 등으로 이를 빨리 풀어야 한다.

말하는 스타일은 정확하고 설교조이다.

마. 국가 및 인물

러시아가 대표국가이다. 순욱(삼국지 조조의 책사), 모세, 공자, 플라톤, 간디, 처칠, 대처, 마틴 루터, 히틀러, 김구, 박정희 등이 대표인물이다.

2) 특징

가. 유아기 성격형성의 특징

유아기는 정신적 표상이 가능하고 상상하는 능력을 가지는 시기이며 언어를 구사할 수 있는 시기이다. 유아는 인지가 발달해 감에 따라 주변환경의 자극에 대하여 적극적으로 대처하여 구체적인 사물을 통해 문제를 해결하고, 점차 구체적인 사물의 소작 없이 사고를 통하여 문제를 해결하게 된다. 따라서 부모는 자녀의 인지발달을 촉진시키고 유아가 능동적으로 문제해결을 할 수 있도록 기회를 만들어 주어야 한다.

1유형은 어릴 때부터 좋은 아이가 되려고 노력한 타입이다. 이들은 어려서부터 옳고 그름에 관심이 많고 부모의 기대에 따라 생활하는 것에 초점을 맞추어 생활했다. 그리고 윤리적 기준에 부합하지 않으면 죄의식을 느끼고, 타인에게 비판을 듣기 전에 자신을 비판하며 자랐다. 또한 자기가 원하는 것을 이루기 위해 화를 냄으로써 얻은 경험이 있다.

이들은 책임감이 강해 부모의 역할을 떠맡기도 했다. 부모를 대신하여

동생들을 보살피고 모범을 보이고, 부모가 자신에게 많은 것을 기대한다고
느끼며 자랐다. 무서운 아버지, 엄한 아버지로부터 '너는 잘해야 된다'는
식으로 강요를 받은 경우가 많아서, 이들은 부정적인 감정을 억누르는 능
력이 발달되어 있다. 즉 '착한 어린이는 화를 내지 않는다'는 생각이 어릴
때 이미 형성되었다. 부모관계에 있어서 1유형은 아버지에게 부정적이다.

나. 건강상태에 따른 특징

1유형이 건강할 때는 ① 윤리적이며 강한 도덕적 가치관을 가지고, ②
원칙적이고 공정하며, ③ 정직하고 정리정돈을 잘하며, ④ 분별력이 있고
판단력이 탁월하고, ⑤ 관용적이고 타인에게 충고할 때 지혜로워진다.

평균상태일 때는 ① 자신이 세상일을 개선할 의무가 있다고 생각하고,
② 감정과 충동을 억제하면서 성적으로 억압된 삶을 살며, ③ 세상사를 긍
정과 부정, 선과 악 등 이분법적으로 나누고, ④ 비판적이며 참을성이 부족
하고, ⑤ 타인은 물론 자신의 완벽하지 못한 점에 대해 만족하지 못한다.

불건강할 때는 ① 타인의 행위에 대해서는 트집 잡기를 좋아하지만 자
신의 행위는 합리화하고, ② 남을 통제하려 들며, ③ 지나치게 꼼꼼하고,
④ 독단적이고 융통성이 없으며, ⑤ 독선적이고 너그럽지 못하다.

다. 장단점에 의한 특징

1유형의 좋은 점은 ① 자기단련이 잘 되어 있고, 많은 것을 성취해 내
고, ② 세상을 더 나은 곳으로 만들기 위해 노력하며, ③ 기준이 높은 윤
리의식을 가지고 있고, ④ 이성적이고 책임감이 있으며 헌신적이고, ⑤ 자
신과 다른 사람들 안에서 최상의 모습을 끌어낸다.

힘든 점은 ① 기대에 못 미칠 때 자신과 타인에 대해 실망하고, ② 책
임져야 할 많은 일들로 인해 부담을 느끼며, ③ 자신이 하는 일들이 괜찮
다고 생각한 적이 별로 없으며, ④ 걱정이 많으며 매사를 심각하게 받아들
이고, ⑤ 타인이 자신만큼 노력하지 않는다는 것에 대해 당황한다.

2. 2유형: 협조주의자

1) 보편적 성향

가. 도우미형

2유형인 협조자는 정이 많고 마음이 따뜻해서 어려움에 처한 사람을 돕는 스타일이다. 이들은 감정적이고 극적이며 타인들과의 관계에 몰두한다. 따라서 사람들로부터 인정을 받기 위해 상대방의 비위를 잘 맞추어 만족을 시킨다. 이들은 다른 사람이 부탁을 하면 자신의 일은 제쳐두고서라도 도와줘야 마음이 편하다고 생각하므로, 타인의 고통이나 불행을 의식하면서도 자신이 도와줄 수 없을 때 힘들어한다.

이들은 타인을 지나치게 배려하여 타인이 필요한 것은 잘 알지만, 정작 자기가 필요한 것은 잘 모른다. 이런 이유로 이들은 남의 부탁을 거절하지 못하며 타인을 실망시키지 않기 위해 상대방에게 자신이 원하는 것을 솔직하게 표현하지 못한다. 이들은 타인을 잘 돌보지만, 자기 가족을 잘 돌보지 못한다.

나. 사교적임

이들은 어디를 가든 빈손으로 가는 법이 없다. 이들은 앞에 나서기보나 뒤에서 돕는 쪽을 택하고, 왕좌에 앉기보다는 섭정을 좋아한다. 타인의 호감을 사고 싶어 하므로, 타인의 마음을 사로잡고 교묘히 이용할 줄 알며 관계 지향적이다.

다. 엄격함을 싫어함

이들은 엄격한 것을 싫어하므로, 완벽을 추구하고자 하는 1유형이 옆에 있으면 부담스러워 한다. 기분이 나쁘거나 스트레스를 받으면 몸이 아프다. 이들은 봉사 때문에 낮잠을 잘 시간이 없으나, 일을 하지 않고 잠을 잔다면 심신이 괴롭기 때문이다.

말하는 스타일은 아이디어를 제안하고 충고하는 스타일이다.

라. 보답을 바람

2유형은 타인에 대한 연민으로 도움을 줌으로써 자신의 이미지를 강화시키려고 한다. 이들은 이기적인 것은 나쁜 것이라고 믿기 때문에 다른 사람을 도와주고 베푸는 것은 어렵지 않다고 생각한다. 그러나 정작 자신에게 필요한 도움을 타인에게 부탁하는 것은 어려워한다. 그런데 이들은 다른 사람에게 도움을 주면 그에 상응하는 보답을 기대하는 보상심리를 가지고 있다.

따라서 이들은 자신의 공적을 사람들이 알아주지 않으면 상처받고 실망한다. 이들은 상대방의 비위를 잘 맞추면서 상대방을 조종하려 한다. 또한 타인에게 베푼 후에 자랑하는데 본인은 이를 자랑으로 여기지 않는다. 이는 있었던 사실을 이야기하는 것이라고 생각하기 때문이다. 이들은 자기의 행적을 상세하게 이야기하므로 '나팔수'라는 별명이 있다.

마. 국가 및 인물

이탈리아가 대표국가이다. 손권(삼국지 – 오나라 황제), 룻, 나이팅게일, 슈바이처, 마더 테레사 등이 대표인물이다.

2) 특징

가. 유아기 성격형성의 특징

2유형은 조실부모 또는 부모관계가 좋지 않아 사랑이 결핍된 환경에서 성장한 경우가 많은 편이다. 이들은 꾸지람과 잔소리에 예민하며, 동생을 돌보고 집안일을 하고 여러 방법으로 부모를 도와줌으로써 부모의 사랑과 인정을 받으려고 노력하며 자랐다. 다른 아이들에게 인기를 얻으려고 노력하며, 한쪽 부모의 병으로 자신이 늘 병간호를 도맡아 했던 경우가 많았다. 어릴 때 이들은 남의 욕구를 잘 맞추어 줌으로써 자기가 바라던 것을 얻어 냈던 경험이 많다.

이들은 부모관계에게 있어서 아버지에게 애증이 엇갈린다. 아버지는 아이가 좋아서 수염 난 턱으로 자녀를 애무하는데 자녀는 이것을 싫어하기 때문에, 자녀는 아버지가 싫기도 하고 좋기도 하다. 즉 아버지에게 양가적이다. 그런데 이들은 아버지를 전적으로 사랑하지 못하니까 내심으로는 아버지에게 죄의식을 가지고 있다.

그러므로 이들은 보상심리가 작용해 아버지의 구두를 닦는다든가 차 심부름을 하여 아버지에게 필요한 것을 채우려고 했다. 이렇게 아버지로부터 시작하여 가족들에게 봉사함으로써 칭찬과 사랑을 받게 되었다. 나아가 어떤 사람에게 무엇이 필요한지를 알아차리고 이를 도와주고 봉사를 잘하게 되었다.

나. 건강상태에 따른 특징

2유형이 건강할 때는 ① 이타적 사랑을 베풀고, ② 열정적이고 가슴이 따뜻하며, ③ 봉사를 잘하고, ④ 타인의 장점을 잘 보며, ⑤ 타인의 감정을 잘 알아차린다.

평균상태일 때는 ① 타인의 일에 간섭하려고 하고, ② 타인을 잘 인정하고 아첨을 잘하며, ③ 이들이 도움을 준 사람들에게 소유욕을 가지고, ④ 자신이 하는 일에 대해 과대평가를 하며, ⑤ 다른 사람들이 자신에게 부채를 부담하고 있다고 생각한다.

불건강할 때는 ① 베푼 것에 대한 반대급부를 원하고, ② 사랑에 대해 감사하게 여기지 않을 때는 화를 내며, ③ 타인의 약점을 이용하고, ④ 타인을 무시하고 깔보는 언어를 쓰며, ⑤ 자신이 원하는 것을 가질 자격이 있다고 생각하여 무자비해진다.

다. 장단점에 의한 특징

좋은 점은 ① 타인을 배려하고 헌신적이며 겸손한 최고의 도우미이고,

② 사람들의 필요를 알아 그들의 삶을 더 낫게 만들며, ③ 관대하고 타인을 잘 보살피며 마음이 따뜻하고 ④ 열렬하고 재미있는 것을 좋아하며 유머감각이 뛰어나다.

　힘든 점은 ① 상대방이 고마움을 표시하지 않으면 본인이 생색을 내고, ② 상대방의 요구에 '아니오'라고 말하지 못하며, ③ 자존감이 낮아 이기적이 될까 봐 두려워서 자신을 위해 정말 하고 싶은 것을 하지 못하며, ④ 타인을 위해 힘에 부치게 일하다가 지쳐 버린다.

3. 3유형: 성취주의자

1) 보편적 성향

가. 성취욕이 강함

　3유형은 성취가로서 목표를 성공적으로 이루어 내고 싶어 하며 지위와 성공을 추구한다. 이들은 자신이 생각하고 목표한 것을 이룰 때 삶의 활기와 생동감을 얻으므로, 안락한 상황이 주어졌다 하더라도 이에 머물지 않고 새로운 변화를 모색한다. 그리고 논리적이고 분석적인 사고로 사전준비를 철저히 하여 체계적으로 목적을 달성한다.

　이들은 도전이나 저항을 두려워하지 않으며, 인생은 처절한 경쟁이라고 생각한다. 또한 '뭐든지 할 수 있다'는 저돌적 성격의 소유자로서, '강한 자가 살아남는 게 아니라, 살아남는 자가 강하다'라는 신념을 가지고 생활한다. 이들은 카리스마 있는 리더, 실력 있는 문제 해결사, 뛰어난 팀 플레이어이다.

　말하는 스타일은 설득력이 강하고 언변이 좋아, 이들이 '팥으로 메주를 쑨다' 해도 남들은 곧이들을 만큼 언변이 좋다.

　3유형은 일이 자신의 삶에서 차지하는 비중이 상당히 크다. 이들은 일로써 모든 사람들에게 인정받고 싶어 할 뿐만 아니라, 자신에게도 인정받고 싶어 한다. 이에 반해 2유형은 자신의 도움을 필요로 하는 사람으로부

터 인정받고 싶어 하고, 4유형은 자신이 인정하는 특별한 사람으로부터 인
정받고 싶어 한다.

나. 이미지 지향적임

이들은 이미지 지향적이므로 타인의 시선을 의식하고, 주어진 상황에서
가장 바람직하다고 생각되는 것을 선택한다. 인기와 칭찬 그리고 인정의
욕구에 사로잡혀 할 수 없는 일도 가능하다고 약속을 해 놓고, 이 약속을
지키느라 어려운 상황에 빠지기도 한다. 또 이들에게는 남에게 어떻게 보
일까 하는 것이 중요하며, 나서기를 좋아하고 칭찬받기를 좋아한다.

한편 이들은 배척당하는 것을 아주 싫어한다. 3번 유형의 아이에게 "저
리가"라고 하는 것은 충격적이다. 소리 없는 총(눈총)에 민감하고, 사생활
을 좀처럼 얘기하지 않기 때문에 크렘린(Kremlin)이라는 별명을 듣는다.

다. 효율성을 중시함

이들에게 시간은 성취하기 위한 수단이고 목표와 목적의 척도가 된다.
자신이 주도한 변화의 결과에 책임을 지며, 결정력과 통솔력이 뛰어나다.
이들에게는 부탁받은 일이 중대하고 주목받는 일이면 시간 내에 처리하며,
짧은 시간에 많은 일을 처리하는 것에 즐거움을 느낀다. 이들은 결과로 사
람들의 인정을 받고자 한다.

라. 경쟁심이 지나침

3유형은 승부욕과 경쟁심으로 원하지 않는 선택을 하는 경우도 많다.
이들은 중심에 서 있기를 원하고, 1등할 가능성이 없으면 옆으로 비켜선
다. 중간에 머물지 않고 1등 아니면 바닥이 되는데, 바닥이 된 경우에도
언제든지 할 수 있다고 생각한다. 일이 안되면 잠적하고 잠적했다가 나타
나면 사업이 잘되는 것이다. 3유형은 공주과와 왕자과의 성향을 지닌다.

마. 국가 및 인물

효율성과 능력을 중시하는 미국이 대표국가이다. 조조(삼국지 – 위나라창
업), 사무엘, 빌 클린턴, 김영삼, 이명박 등이 대표인물이다.

2) 특징

가. 유아기 성격형성의 특징

3유형은 어릴 때 있는 그대로의 모습으로 사랑받는 것이 아니라, 특별
한 성취를 이룬 순간에 인정과 칭찬과 상을 받았다. 특히 어머니의 사랑을
많이 받고 자라면서 높은 자존감을 갖게 되었다. 이들은 어려서부터 칭찬
받을 기회를 남에게 빼앗기지 않으려고 노력하고 경쟁을 잘하도록 스스로
길들여졌다.

따라서 이들은 자신이 무언가 이루어 냈을 때 '나는 훌륭하구나'라는 좌
우명을 키워 승리와 성공에 집착하는 성격이 형성되었다. 어릴 때부터 부
모나 주변사람들로부터 "너는 잘할 수 있어" "너는 훌륭한 아이야"라는 소
리를 듣고 자랐다. 자연스럽게 이들은 일찍부터 "넌 잘해야 한다"는 메시
지를 받으며 집안의 영웅역할을 배웠다.

부모관계는 어머니에게 긍정적이다(엄마를 좋아함).

나. 건강상태에 따른 특징

3유형이 건강할 때는 ① 유능하며 높은 자신감과 자존감을 가지고, ②
낙관적이고 환경적응능력이 탁월하며, ③ 타인에게 선물할 때 상대방이
이를 부담감 없이 자연스럽게 받아들이도록 하는 수완이 있고, ④ 타인에
게 인정을 받으며 또한 타인을 존중할 줄 알며, ⑤ 성실하고 부지런하다.

평균상태일 때는 ① 실용적이고 목표지향적이나 계산적이고, ② 사회
적 지위나 목표의 정당성을 위한 일에 다른 사람들과 비교를 하며, ③ 이
미지를 의식하여 자신을 포장하고, ④ 잘난 체하고 나르시시즘적이며, ⑤

자기 자신의 능력에 대해 과장된 기대를 가진다.

불건강할 때는 ① 자기중심적이어서 자신만을 위해 노력하고, ② 허영심이 많으며 기회주의적이고, ③ 지나친 경쟁의식을 가지고 타인을 이용하며, ④ 서운한 감정을 느끼거나 손해를 보면 앙심을 품는다.

다. 장단점에 의한 특징

좋은 점은 ① 낙천적이고 우호적이며 의기양양하고, ② 가족을 잘 부양하며, ③ 상황파악을 잘하고, ④ 유능하고 일을 효율적으로 처리하며, ⑤ 사람들에게 의욕을 불어넣는다.

힘든 점은 ① 비능률과 무능을 참지 못하고, ② 실패를 두려워하며, ③ 유능한 사람과 자신을 비교하고, ④ 성공에 매달려 몸부림치며, ⑤ 사람들에게 잘 보이기 위해 불필요한 에너지를 쏟는다.

4. 4유형: 감정주의자

1) 보편적 성향

가. 낭만적인 사람

4유형은 개인주의자로서 감정적인 선택을 많이 하며, 영감에 이끌려 선택하는 일이 많다. 순수하고 진실한 것을 좋아하고, 감정적인 선택을 많이 한다. 또한 당당함과 우아함, 예술적 감각, 창조와 미학의 일인자이다.

말하는 스타일은 동정심을 유발시킨다.

나. 독특한 것을 추구함

이들은 독특한 것에 지나치게 초점을 맞추며, 극적이고 독특한 사람이 되려고 애를 쓴다. 자신의 인생에는 많은 것이 결핍되어 있다고 느끼면서도 자신은 남들과 다르다고 생각하므로, 자신은 특별한 사람이라고 자부하고 있다. 또한 감동을 중시하며 반복적이고 평범한 것을 배격한다. 타인에게 능동적이며 적극적으로 다가가기보다는 자신의 특별함을 드러내며, 이를 통해 다른 사람의 관심이 자신에게 집중되기를 원한다.

이들은 평범하지 않은 것을 추구하므로, 자신이 갈망한 것을 얻었다고 해도 그것이 남이 지닌 것과 똑같은 것이라면 독특함이 없다고 생각하여 이를 좋아하지 않는다. 이들은 자신의 독창성을 창출하기 위해 자신을 멋지게 꾸미는 데 많은 시간을 보낸다.

다. 예술적 감각이 뛰어남

4유형은 타인보다 아름다움이나 고독 등에 대한 감수성이 뛰어나다고 생각한다. 어려서부터 혼자 지내는 시간이 많아 공상이나 외로움을 잘 느낀다. 감수성이 풍부하고 예민하여 자기이해와 자기표현이 안 되면 방에 틀어박혀 공상을 하는데, 이 공상은 상상력으로 발전한다. 또한 직관력이 높고 텔레파시가 잘 통하므로, 다른 사람이 부탁을 하지 않더라도 미리 알아서 잘 도와준다.

4유형인 예술가의 초기작품의 주제는 '상처'가 많으며, 후기작품의 주제는 '치유된 상처 또는 회복'이 많다.

라. 고독을 즐김

이들은 외로우면서도 이를 즐기고 혼자 일을 해야 잘한다. 이들은 맞벌이 부모 밑에서 자라 혼자 있는 시간이 많아서 만들기나 그리기를 좋아했다. 어릴 때 라디오와 같은 기계장치를 뜯어보다가 부모에게 꾸중을 듣고 더욱더 외톨이가 된 경험을 가지고 있다. 이들은 문제가 생기면 눈을 감고 해결된 상태를 상상하고, 사람들과 타협할 줄 모르고 좀처럼 만족할 줄 모른다. 파티장에서 좀처럼 노래를 하지 않는데, 틀리면 어쩌나 하고 걱정하기 때문이다. 이들은 우울한 것을 즐긴다.

마. 국가 및 인물

예술의 중심지로 불리며 세계 패션산업을 주도하는 프랑스가 대표국가

이다. 주유(삼국지-오나라 대도독), 이사야, 쇼팽, 노태우 등이 대표인물
이다.

2) 특징

가. 유아기 성격형성의 특징

4유형인 아이는 양친부모의 사랑을 충분히 받지 못했다고 느끼며 자랐
다. 이들은 부모와 떨어져 살았거나 맞벌이 부모였기 때문에 부모와 함께
지낸 시간이 적었다. 부모의 사랑이 부족하다고 느끼며 자랐기 때문에 외
로움을 잘 탄다. 이를 이겨 내기 위해 혼자서 그림을 그리거나 만들기를
하는 시간을 많이 보냈다. 어떤 때는 카메라를 뜯어보다가 아버지에게 야
단을 맞으면 방에 틀어박혀 공상을 잘하기도 했다. 이 공상이 진전하여 상
상력에 의한 창의성으로 발달한다.

이들은 자라면서 형제자매 가운데 누군가가 자기보다 부모의 사랑을
더 받는다고 느꼈기 때문에 시기심을 가지게 되었다. 한쪽 부모의 죽음과
이혼 같은 충격적인 변화나 부모의 편애로 인한 상실감·단절감·소외감·
박탈감을 체험하여, 다른 애들이 이해할 수 없는 고독과 고통을 당한 경우
가 많다. 이들에게는 긍정적인 역할모델이 없어 자기 정체성을 찾으려고
내부세계로 빠졌다.

4유형인 어린애들은 어떤 이유에서든 부모가 바뀌어서 살고 있다는 상
상을 하는 경우가 많다. 즉 병원에서 바뀌었거나 다리 밑에서 주워 왔다는
생각을 하며 자란 경우가 많다. 이들은 부모와 충분히 교류를 하지 못했다
고 느끼는 경우가 많을 뿐만 아니라, 부모나 그 밖의 자신에게 중요한 사
람들에게 버려졌다고 느낀 경우가 많다. 이런 아이들은 아버지가 아이를
원하지 않았거나 학창시절 아버지가 출장을 많이 다닌 경우가 많다.

부모관계에서 부모에게 부정적이다.

나. 건강상태에 따른 특징

4유형이 건강할 때는 ① 영감이 뛰어나며 개인주의적이고, ② 창의적이고 독창적이며, ③ 연민이 많고 혼자 있기를 좋아하며, ④ 감각이 세련되고 감정과 내적 충동을 느끼며 뜨거운 동정심이 있고, ⑤ 섬세하며 자신에게 충실하고 부드러움을 가지고 있다.

평균상태일 때는 ① 상상력을 동원하여 현실을 강화하고, ② 자기도취에 빠지고 수줍음을 느끼며, ③ 다른 사람들과 다르다는 독특함을 느끼고, ④ 우울하고 정서적으로 쉽게 상처를 받으며, ⑤ 자기연민에 끌려서 여러 종류의 방종에 빠질 수 있다.

불건강할 때는 ① 자신이 갖지 못하고 다른 사람이 가지고 있는 것에 대해 시기가 심하고, ② 변덕스럽고 까다로우며, ③ 자신에게 몰두하여 외부세계와 단절되고, ④ 위축되며 고집이 세고, ⑤ 우울증에 빠진다.

다. 장단점에 의한 특징

좋은 점은 ① 창의성과 직관력이 탁월하고, ② 독특하며 타인의 눈에도 남달라 보이며, ③ 심미적인 감각을 가지고 있고 ④ 삶 가운데 있는 고결하고 아름다운 것을 찬미하며, ⑤ 삶에서 의미를 발견하고 매우 감상적이다.

힘든 점은 ① 공허함과 같은 우울한 기분을 경험하고, ② 자신을 미워하고 부끄러워하며, ③ 인생에 대한 기대치가 매우 높고, ④ 갖고 있지 않은 것을 갈망하며, ⑤ 누군가가 자신을 오해하면 상처를 받는다.

5. 5유형: 분석주의자

1) 보편적 성향

가. 똑똑함

5유형은 분석가로서 생각을 많이 하지만 행동으로 잘 옮기지를 못한다.

이들은 시간과 에너지를 지나치게 아끼며, 말과 행동을 하기 위해 충분히 알아야 하기 때문에 생각을 많이 한다. 또 생각을 위해 필요한 지식을 갖추어야 하므로, 많은 정보를 얻으려고 노력한다. 이들은 어려서부터 질문과 독서량이 많다. 날카로운 분석가이고 이론가이고 조언자이다. 교수들이 이 유형에 많이 속해 있다.

말하는 스타일은 논문의 서론, 본론, 결론 형태와 같이 논리적이다. 또 과거 일을 이야기할 때 각 체험과 그것의 중요성을 일어난 연대순으로 정리해서 말한다.

나. 분석력이 뛰어나고 호기심이 많음

이들은 항상 지식 쌓기를 갈구하고 문제를 분석하고 그 상황에 대해 이해하고 싶어 한다. 규칙이나 규정에 크게 신경 쓰지 않으면서 남들이 알지 못하는 분야에 대한 호기심이 많으므로 모든 것을 알고 싶어 한다. 내성적이며 한정된 시간 내에 많은 것을 알아야 하기에 같은 일에 시간 내는 것에 인색하다. 그리고 이들은 완벽하게 이해하지 않으면 표현을 하지 않으며 외곬으로 빠지기 쉽다. 또한 생각하면서 관찰하고 사람을 사귀어도 완전히 알아야 사귄다.

이들은 타인의 의존도를 줄이기 위해 자신의 욕구를 최소화하고, 직위나 계급이 높은 사람들의 지지와 같은 외부적 권위에 의미를 두지 않는다. 외부적 권위보다는 자신의 내부에서 일고 있는 사유, 자연법칙이나 우주의 움직임 등에 집중하기를 좋아한다.

다. 환경에 민감함

이들은 자기 외에 타인이나 환경에 대하여 늘 살피던 습성이 있어 환경에 민감하다. 환경이나 관계 때문에 압도당할까 봐 두려워하기 때문이다. 또한 긍정적으로 사랑받고 있다는 확신이 부족하기 때문에, 새로운 관계나 환경에 접근하는 것을 힘들어하고 불편해한다. 그래서 여행을 좋아하지 않

고 낯선 곳에 가는 것을 꺼린다. 이들은 대중 앞에 자신을 드러내길 기피
한다.

라. 인색함

5유형은 모든 분야에서 학문적으로 전문가가 되기 위해 지식에 대한
탐욕이 있어 지식과 힘에 인색하다. 이들은 아무것도 가진 것이 없다고 생
각하므로, 그들의 고착은 감정적인 인색함으로 나타난다. 감정적인 인색함
은 자신에게 편안한 환경을 유지하기 위해 지식과 힘을 축적하려고 하고
자신의 경험과 정보에 집착하는 경향이다.

그러므로 이들은 이성적이지만, 텅 비어 있는 것을 싫어해 잘 내놓지
않아 인색하다. 또한 지식과 자신의 전문성을 향상시킬 수 있는 방법에 대
해서 아주 탐욕적이다. 자신의 관심분야에 시간과 열정을 쏟으면서 타인에
게는 자신의 시간이나 주의를 쏟지 않아 인색하다. 인색한 이유는 지식이
나 시간이나 물질을 꺼내면 비어 버리기 때문이다. 이들은 쓰레기조차도
잘 버리지 못한다.

마. 국가 및 인물

보수적이고 신중하고 예의가 바르고 냉정하고 신사의 나라로 상징되는
영국이 대표국가이다. 제갈량(삼국지-유비의 책사), 요셉, 아인슈타인 등이
대표인물이다.

2) 특징

가. 유아기 성격형성의 특징

5유형은 형제자매들이 많아 부모의 사랑을 받았지만 거리감이 있거나 부
족감을 느꼈고, 다른 형제자매와 비교하면서 부모의 사랑을 충분히 받지 못
했다고 생각하면서 성장했다. 부모가 부부싸움을 할 때 왜 싸우는지, 누구
편을 들어야 할지가 헷갈려 눈치를 보아야 하는 불편한 경험을 하며 자랐

다. 이들은 어려서부터 부모의 눈치를 살피고 주변환경을 파악하는 것을 중
요하게 생각했고, 이것이 사물을 관찰하는 습성으로 길러진 원인이 되었다.

이들은 어릴 때 부모가 지나치게 억압한다는 불안 때문에, 안정감과 자
신감을 느낄 수 있는 길을 찾고자 했다. 이를 위해 가족과 떨어져서 정신
적·육체적·감정적으로 자신만의 장소라 여기는 곳에 숨어들거나, 자신의
개인적이고 감정적인 필요에서 객관적인 것으로 관심을 돌렸다. 이들은 영
리하고 호기심이 많고 학교성적이 좋으며, 독립적인 사고를 하여 부모와
교사에게 종종 날카로운 질문을 던졌다.

이들은 민감하기 때문에 인간관계에서 갈등을 피하려고 하고, 두려워하
지 않는 것처럼 보이기 위해 무표정한 얼굴로 가장했다. 또 이들은 많은 친
구보다는 몇몇의 특별한 친구를 사귀고, 어울려 놀기보다는 책 속에 파묻히
거나 악기연주를 하거나 곤충과 식물을 채집했다. 이들이 부모의 따뜻한 애
정과 다정한 접촉을 받지 못했을 경우나 가족이 돌봐주지 않아 외로웠거나
지나친 간섭으로 거리를 두는 것이 체질화된 경우에 내면으로 도피한다.

부모관계에서 이들은 부모에게 엇갈린다. 즉 양가적이다. 이들은 싫든
좋든 사랑을 느끼면서도 그리 편하지 못한 엇갈린 상태에서 성장했으므로,
본능적으로 부모를 늘 살피고 생각하던 습관이 모든 일에 적용되면서 관
찰과 생각과 분석이 습성화되있다.

나. 건강상태에 따른 특징

5유형이 건강할 때는 ① 분석적이고, ② 객관적이며 탁월한 지각과 통
찰력을 가지며, ③ 집중력이 있고 편견이 없으며 탐색지능이 예리하고, ④
끈기가 있고 세상을 심오하게 하며, ⑤ 독창적 아이디어를 창출한다.

평균상태일 때는 ① 모든 사물을 지적으로 해부하고, ② 난해한 주제나
정교한 이론에 탐닉되어 정황을 폭넓게 보지 못하며, ③ 자신의 생각에 타
인이 동조하지 않으면 논쟁적이거나 냉소적이 되며, ④ 데이터보다는 자
신의 해석에 무게중심을 두고, ⑤ 추상적 관념에 대하여 사색할 때 더욱

초연해진다.

불건강할 때는 ① 인색하고, ② 지적인 면에서 교만하고, ③ 편집증을 드러내며, ④ 비판적이고 부정적이며, ⑤ 사회적 소속을 거부하며 은둔자처럼 고립된다.

다. 장단점에 의한 특징

좋은 점은 ① 물질적인 소유나 지위에 연연하지 않고, ② 옳다고 생각하는 것을 행하는 진실성이 있으며, ③ 인생을 한발 물러서서 객관적으로 바라보고, ④ 매사에 인과관계를 파악하고 철저하게 이해하며, ⑤ 위기상황에 침착하게 대응한다.

힘든 점은 ① 자신의 생각을 간결하게 표현하는 것이 어렵고, ② 지식과 통찰력을 세상에 드러내기까지 시간이 많이 걸리며, ③ 다른 사람들이 다 아는 것처럼 행동할 때면 기분이 좋지 않고, ④ 원하지 않는데도 사람들과 함께 있어야 할 때 스트레스를 받으며, ⑤ 지식이 부족한데도 사회적 수완이 좋아 직업적으로 성공한 사람들을 지켜보는 것을 어려워한다.

6. 6유형: 수호주의자

1) 보편적 성향

가. 충실함

6유형은 수호자로서 규범과 규칙을 중시하고 성실하며 충실하다. 이들은 인격뿐만 아니라 시간에도 충실하여 시간을 정확하게 지키기 위해 정시에 도착해서 정시에 떠난다. 주어진 상황에서 최선을 다하며, 직관이 뛰어나고 섬세하고 신념과 결단이 강하다. 편안한 얼굴이고 호인타입이며 대하기가 편한 사람이다. 따라서 처음 만난 상대방이 "어디서 만난 것 같아요"라고 인사하는 경우가 많다.

말하는 스타일은 한계부터 긋는다. 회비의 경우 얼마로 정하자고 한다.

나. 안전을 추구함

이들은 법의 테두리 안에서 마음 놓고 일을 잘하며, 한계를 분명하게 지어 놓을 때 안심을 한다. 두려움과 걱정이 많아 새로운 일을 꾸미거나 모험하는 것을 좋아하지 않는다. 이들은 인간을 "사회적인 동물이다"라고 규정하는데, 그 이유는 자신을 공동체 집단에 소속시킴으로써 안전을 보장받으려는 인간의 근본적인 욕구 때문이다. 일이 잘못될 경우를 지나치게 염려하여 '안전제일주의'를 지향하고, 불안을 덜기 위해 이들은 매사에 협동적이고 타인과 조화를 이룬다. 이들은 권위적인 인물들에게 인정과 칭찬 그리고 그들의 복종에 대한 보상을 바란다.

이들은 망설임증이 심하고 의사결정 시에 많은 사람들에게 의견을 물어본다. 이익보다는 손해 보지 않는 쪽을 선택하고 어떤 일을 결정하는 데 시간이 많이 걸린다. 타인의 숨은 저의와 관심사 등 곳곳의 위험을 찾아내는 데 비상하며, 올바른가의 여부를 판단하기 위해 의심이 많다. 보행 시에 맨홀뚜껑을 밟지 않고, 형광등 밑에도 앉지 않는다.

다. 책임감이 강함

이들은 주위사람들이 자신에게 많은 요구와 기대를 가지고 있다고 느낀다. 이 기대에 부응하고자 노력하기 때문에 걱정과 불안에 시달린다. 이들에게 일을 시킬 때는 팀을 구성하여 시키는 것이 효율적이다. 동정심과 동료애가 많아 타인의 말을 귀 기울여 듣는다. 불의한 군주나 부도덕한 지도자에게 반항하는 기질이 있어 혁명을 일으킬 수도 있다. 애국자, 순교자, 전사적 기질이 강하다.

책임감이 강한 링컨 대통령은 남북전쟁 중 케티스버그 전투 때, 북군의 총사령관인 마이드 장군에게 공격명령을 내리면서 편지를 보냈다. "마이드 장군! 이 작전이 성공한다면 그것은 모두 장군의 공로입니다. 실패한다면

그 책임은 내게 있습니다. 만약 작전에 실패한다면 장군은 링컨 대통령의
명령이었다고 말하고, 이 편지를 공개하시오."라는 내용이었다. 링컨의 메
시지에서 우리는 다음의 교훈을 배울 수 있다. 즉 ① 위대한 리더는 책임
질 때를 제외하고는 어떤 경우에도 그의 추종자들보다 자신을 더 높은 곳
에 두지 않는다. ② 부하의 잘못을 자신의 책임으로 돌리는 사람은 훌륭한
지도자이고, 어리석은 지도자는 자신의 잘못까지도 부하의 책임으로 돌린
다는 것 등이다.

라. 의타심이 많음

이들은 의타심이 많고 겁이 많으며 혼자 있으면 못 견뎌 한다. 인정과
칭찬을 받으면 분발하지만 비판에는 민감하다. 이들이 자신의 이미지나 자
부심을 침해받으면 괴로워하거나 침해받은 것을 만회하려 한다. 아버지에
게 많이 기대며, 아버지가 없으면 걱정한다. 이들이 스트레스를 받으면 공
격적이고 돌출행동을 한다.

마. 국가 및 인물

단호하고 정확한 스타일로 상징되는 독일이 대표국가이다. 관우(삼국지
인물), 베드로, 링컨, 이순신 등이 대표인물이다.

2) 특징

가. 유아기 성격형성의 특징

6유형은 어려서부터 아버지를 좋아하고 아버지에게 의존하면 안전하다
고 생각하여, 아버지의 기대에 어긋나지 않도록 충실하려고 노력했다. 이
러한 노력은 이들에게 모범생의 기질을 가지게 했고 질서, 규칙, 제도 같
은 것을 잘 지키게 하는 성향으로 발전하게 했다. 이들은 아버지와 떨어져
있으면 불안감을 가질 뿐만 아니라 아버지에게 궂은 일이 생길까 봐 두려
워하고 걱정을 하는 버릇이 생겼다.

이들은 모범생 기질이 있어서 규칙을 잘 지키지 않는 사람을 보면 의구심을 가지며 의구심이 강해지면 불안해한다. 불안이 심해지면 걱정하고 걱정이 심해지면 두려움이 생기기 때문에 매사를 정석대로 처리해야 편하다. 부모관계에서 이들은 아버지를 좋아한다.

나. 건강상태에 따른 특징

6유형이 건강할 때는 ① 헌신적이고 충성심이 강하며 충실하고, ② 호감을 주며, ③ 신용과 책임감이 강하고, ④ 정이 많으며, ⑤ 상호의존적이다.

평균상태일 때는 ① 조직의 일원이 되어서 명령받은 대로 충실히 행동하고, ② 매사에 꾸물거리고 신중하며, ③ 스스로 결정을 내리거나 책임지는 것을 두려워하며, ④ 긴장이 높아지면 심술을 부리며, ⑤ 공포심이 일어나면 이를 극복하기 위하여 반항적이 자세를 취한다.

불건강할 때는 ① 걱정과 근심이 많고, ② 매사에 지나치게 조심하며, ③ 문제를 과장시키고, ④ 권위 있는 사람에게 배척당할 것을 두려워하며, ⑤ 화를 잘 낸다.

다. 장단점에 의한 특징

좋은 점은 ① 가족과 친구에게 헌신적이고 충실하며, ② 팀워크를 잘하고 책임감이 있으며 열심히 일하고, ③ 타인에게 동정심을 가지며, ④ 지성과 재치가 있고, ⑤ 위험한 상황에도 용감하게 맞서며, ⑥ 솔직하고 자기주장이 강하다.

어려운 점은 ① 결정을 내릴 때 우유부단하고, ② 실패할까 봐 자신감이 없으며, ③ 버려질까 두려워하고, ④ 규칙대로만 하고자 하기 때문에 융통성이 없으며, ⑤ 기대에 못 미칠 때 자신에게 매우 비판적이다.

7. 7유형: 만능주의자

1) 보편적 성향

가. 모험심이 강함

7유형은 만능주의자로서 엔터테이너이고, 새롭고 재미있는 것을 쫓아다니며 즐거움을 찾아내는 능력이 뛰어나다. 이들은 즐기고 있는 한 시간은 항상 충분하다고 생각하기 때문에 아예 시간을 잊어버리는 스타일이다. 재미없는 상황이나 심각한 상황에서도 즐거움을 만들어 내며, 오라는 데는 없어도 갈 데는 많다. 이들은 천재적인 공상가이며 통찰력 있고 재치 있는 이상주의자다.

이들은 낙천적인 성향을 지니므로 속박을 받는 상황에서조차도 '오늘은 일이 잘못되고 있다 해도, 내일은 잘될 것'이라고 생각한다. 많은 것을 동시에 가지려 하고, 즉흥적이고 충동적인 선택을 많이 한다. 이들은 자신이 선택한 것 중에서 긍정적인 면만을 주로 보기 때문에 꼼꼼하지 못하다. 따라서 자유롭고 즐거움을 추구하는 7유형은 성실하고 완벽을 기하는 1유형과 함께 있으면 부담감을 많이 느낀다.

말하는 스타일은 소설 쓰는 식이며 장황하게 표현하는 경향이 있다.

나. 에너지가 넘침

이들은 만능이고 취미가 다양하고 만물박사이며 식도락가이다. 이들은 에너지가 넘치는데 그 에너지는 먹는 것, 마시는 것, 수다, 노래 등과 같이 주로 입으로 나타난다. 이들은 나르시시즘이 강하다.

이들은 상상력이 풍부해서 4유형과 구별이 어렵다. 차이가 있다면 7유형은 돌아다니면서 상상을 하고(엔터테이너), 4유형은 들어앉아서 상상을 한다.

다. 고통을 싫어함

이들은 고통을 싫어하며 놀이가 중요하고 인생은 축제라고 생각한다.

이들에게 고통스러운 일이 닥치면 시간이 정지된 것처럼 느끼고 그 일을 곧 내팽개쳐 버린다. 또 무미건조한 일을 하게 되면 그 시간을 견디지 못하고 활력을 상실한다. 이들의 좌우명은 "걱정 말고 즐기라!(Don't worry, be happy!)"이다.

어렸을 때 엄마가 사준 것이 맘에 안 들어 입지 않거나 사용하지 않으니까, 엄마가 빼앗아서 동생이나 다른 아이에게 줘 버려 박탈감을 경험한 적이 있다. 따라서 옛날에 잃어버린 것을 찾아다닌다.

라. 집중력이 약함

이들은 어떤 일에 몰두하지만 만족을 못 할 뿐더러 주의집중 시간이 짧다. 시작은 잘하는데 끝맺음이 약해 직장을 자주 옮기는 바람에 이력서가 요란하다. 한 우물을 파면 큰 에너지를 얻을 수 있다.

이들이 무책임하게 보일 수 있는 점은 4유형과 유사하다. 7유형은 스스로 벌여 놓은 여러 가지 업무에 대해 인내심과 끈기가 부족해 얼렁뚱땅 마무리 지으려는 습성이 있고, 4유형은 자신의 감정을 깊이 느끼느라 업무에 소홀하기 때문이다.

마. 국가 및 인물

네 집 건너 술집이고 초상집에서 가무를 하는 것으로 상징되는 이일렌드가 대표국가이다. 여포(삼국지 인물), 솔로몬, 모차르트, 케네디 등이 대표인물이다.

2) 특징

가. 유아기 성격형성의 특징

7유형은 자기주장이 강한 어머니 슬하에서 자라서, 어머니가 아이의 일에 일일이 간섭하거나 선택과 결정을 대신해 주었다. 어머니가 시키는 일을 아이가 거절하면 어머니가 더욱 엄하게 대하였으므로, 아이는 어머니에게 물건, 애정, 꿈 같은 것을 빼앗겼다는 생각을 하며 자랐다.

그러므로 이들은 어릴 적에 어머니의 보살핌을 제대로 받지 못했다는 감정에서 비롯된 깊은 좌절감을 가지고 있다. 이 좌절감은 일찍 젖을 뗐거나, 동생이 태어나서 어머니의 관심이 자신에게서 멀어졌다고 느꼈거나, 어머니 자신의 질병으로 병원에 입원했기 때문에 보살핌을 받지 못한 것에서 나온다. 이러한 좌절감을 많이 겪은 아이일수록 어른이 되었을 때, 다양한 취미를 가짐으로써 자신의 마음을 채운다. 또한 이들 중 유복하고 행복한 어린 시절을 보내다가 갑자기 큰 정신적 충격을 받아, 앞으로는 그런 고통이 되풀이되지 않게 하겠다고 생각한 경우도 있다.

어린 시절에 겪은 이러한 일들이 이들을 활동 지향적이고 모험을 감행하고 다른 사람을 흥분시키는 성향으로 만든다. 이들은 혼자 있는 것보다 다른 아이들과 함께 있는 것을 더 좋아한다. 어른들 곁에서 술책을 쓰고 부모의 갈등을 싫어한다.

부모관계에서는 엄마의 간섭 때문에 엄마를 싫어하고 무서워하는 등 엄마에게 부정적이다.

나. 건강상태에 따른 특징

7유형이 건강할 때는 ① 호기심이 많고, ② 재미를 추구하고 순발력이 강하며, ③ 상상력이 풍부하고 삶을 긍정적으로 받아들이고, ④ 명랑하고 발랄하고 생기가 있으며, ⑤ 다방면에 재능이 많다.

평균상태일 때는 ① 자극과 흥분의 도를 높이기 위해 지속적으로 움직이며, ② 언행을 생각나는 대로 하며, ③ 다양한 경험을 통해 즐기는 것을 추구하고, ④ 이기적이고 참을성이 적으며, ⑤ 지나칠 정도로 낭비벽이 심하고 과도한 행동을 하지만 만족할 줄 모른다.

불건강할 때는 ① 참을성이 부족하고 쉽게 좌절하며, ② 마음이 불안하면 자제력을 상실하고, ③ 산만하여 신중하지 못하며, ④ 현실도피를 하고, ⑤ 충동적인 행동을 한다.

다. 장단점에 의한 특징

좋은 점은 ① 다재다능하고 관심사도 다양하며, ② 즉흥적이며 자유로운 영혼을 가지고 있고, ③ 낙천적이며 마주치는 문제들로 인하여 기분 상하지 않고, ④ 거침없이 이야기하고 별나게 행동하며, ⑤ 위험을 감수하며 짜릿한 모험을 시도한다.

힘든 점은 ① 시작한 일의 마무리를 잘 짓지 못하고, ② 한 우물을 파지 못하며, ③ 하고 싶은 것을 다 할 수 있을 만큼의 충분한 시간이 없고, ④ 공상에 빠지는 등 비현실적인 경향이 있고, ⑤ 일대일(1:1) 관계에 있을 때 상대방에게 속박된 느낌을 받는다.

8. 8유형: 주장주의자

1) 보편적 성향

가. 자기주장이 강함

8유형은 주장자로서 자신의 능력을 세상에 펼칠 때 활력을 느낀다. 이들은 자신이 옳다고 생각하는 것은 전력을 다해 성취하는 타입이며, 한번 꺼낸 말을 다시 번복하지 않는 안고함이 있다. 어떠하던지 끌리는 것을 싫어하고 골목대장이며 '무릎 꿇고 사느니 서서 죽는다'는 자세를 견지한다.

이들은 도전정신이 강하다. 문제가 있으면 피하거나 돌아가는 것이 아니라, 정면으로 부딪치며 돌파한다. 이들에게 누가 도전해 와도 응전하는 것 또한 강하다. 어떠한 역경도 이겨 내는 용기와 의지를 지니고, 이들에게서 미온적인 태도나 동정 따위는 찾아보기 힘들다. 또 난관을 이겨 내는 용기와 의지력이 강하고, 대범하고 가부장적이고 퉁명스럽고 독선적이다.

말하는 스타일은 폭로성 발언을 하는데, 이는 상대방을 제압하기 위한 것이다.

나. 강한 힘을 추구함

이들은 권력과 통제력을 갖고 싶어 하며 자제력이 약하고 자신의 감정을 쉽게 드러낸다. 자신이 주도권을 가지고 마음대로 하려고 하기 때문에, 올바른 결정이 아닌 것을 알아도 주도권을 쥐려고 밀어붙인다. 또 다른 사람에게 의존하는 것을 싫어하고, 자신의 경험과 직관을 객관적 데이터보다 높이 평가한다. 대인관계에 있어서 강자는 존중받고 약자는 멸시받는 약육강식의 파워게임으로 인식한다. 또한 항상 자신의 존재가치를 높일 수 있는 도전의 기회를 엿보며 영웅이 되고 싶어 하는 욕망이 강하고 파워게임에 능하다.

이들은 타인에게는 강하지만 어머니에게는 잘해야 한다고 생각한다. 이들 중에는 이름난 효자와 효녀가 많지만 타인을 통해 효도를 한다.

8유형과 1유형은 유사한 점이 많다. 8번은 정의를 명분으로 내세우나 이를 타인을 통해 실현하는데, 1번은 본인이 직접 정의를 실현한다. 1번은 대결을 피하면서도 타협하지 못하고 화를 내면서도 자신이 불편하다. 그러나 8번은 대결하면서도 타협을 잘하고 화를 내면서도 자신이 불편해하지 않는다.

다. 약점을 노출하지 않음

이들은 약한 모습을 보이는 것은 굴욕이나 수치라고 생각한다. 또 약해 보이는 것을 싫어하기 때문에 어깨에 힘을 준 옷을 입는다. 그러나 이들이 그런 옷을 입는 것은 허세요, 두려움 때문이다. 이들은 보스기질과 대결특성과 독립성이 강해 자수성가형에 속하고, 이 유형 중에는 사업가(젊은 사장)나 군인(젊은 장군), 정치인이 많은 편이다.

라. 독선적임

이들은 모든 사람을 만족시킬 수 있는 결정은 없다는 사실을 알고 있기 때문에, 자신이 마음먹은 일을 단호하게 밀고나간다. 모든 일을 스스로 해결하고자 하며 자기 과시욕이 강하다.

마. 국가 및 인물

강력한 남자다움을 중시하고 투우로 상징되는 스페인이 대표국가이다. 장비(삼국지 인물), 삼손, 다윗, 에스더, 징기스칸, 나폴레옹, 피카소, 헤밍웨이, 루즈벨트, 전두환 등이 대표인물이다.

2) 특징

가. 유아기 성격형성의 특징

8유형은 어릴 적에 어머니의 사랑을 받기는 했지만 어머니가 가깝게 느껴지지 않아 어머니에게 엇갈린 감정(양가감정)을 가진다. 어머니와의 사이에 애증을 가지므로 어려서부터 어머니로부터 독립을 하고자 하는 욕구가 강하다. 따라서 이들은 어려서부터 자신이 강해져야 한다는 생각을 가지므로 약한 모습을 싫어한다.

이들은 어릴 때 어른의 역할을 하거나 가족의 생계를 책임져야 했던 경우가 있었다. 또 위험한 환경이나 폭력적인 가정에서 자란 경우도 있었다. 그리고 정상적인 가정에서 자랐지만, 어떤 이유에서든 강해야 하고 자신을 보호해야 한다는 생각을 갖게 되며 생존의 문제를 최우선으로 생각했던 경우가 있었다. 어릴 때 부드러운 것은 약한 것이라고 여기게 된 계기가 있거나, 억압받거나 매정하게 취급당한 경험을 갖고 있다.

부모관계는 어머니가 좋기도 하고 싫기도 해 엇갈린다, 즉 양가적이다.

나. 건강상태에 따른 특징

8유형이 건강할 때는 ① 도전을 좋아하고 단도직입적이며, ② 권위적이며 주도권을 잡으려 하고, ③ 사람을 감싸고 보호하며, ④ 가치 있는 명분과 사업을 촉진시키고, ⑤ 외유내강하고 소박하며 아량이 크다.

평균상태일 때 ① 위험부담을 안고 자신을 시험하고, ② 자기중심적으로 오만하게 주변 사람들을 통제하려 하며, ③ 자신의 충족을 위해서만 힘을 쓰고자 하며, ④ 타인들과 주종관계나 적대관계를 만들기를 즐기며, ⑤ 겁을 주어 타인을 복종시키려 한다.

불건강할 때는 ① 배려심이 없고 힘을 고수하며, ② 거만하며 공격적이고, ③ 무자비하게 억지를 부리며, ④ 타인의 잘못을 잘 들추어내고, ⑤ 스스로 자신이 폭군으로서 무적이라고 생각한다.

다. 장단점에 의한 특징

좋은 점은 ① 독립적이며 자기를 신뢰하고, ② 용기 있고 직선적이며 솔직하고, ③ 인생에서 찾을 수 있는 모든 즐거움을 얻고, ④ 가까운 사람을 보호하며, ⑤ 정당한 명분을 지지한다.

어려운 점은 ① 힘과 대담성을 남성적인 특성으로 간주한다. 여성의 경우 '선머슴'이란 소리를 들으며, ② 무뚝뚝해서 사람을 질리게 하고, ③ 타인을 위해 최선을 다하고도 정당한 평가를 받지 못하며, ④ 타인의 무능력을 침착하게 참아내지 못하고, ⑤ 자신에게 너무 많은 압력을 가한다.

9. 9유형: 평화주의자

1) 보편적 성향

가. 평화를 중시함

9유형은 평화주의자로서 평화로운 느낌을 제일 중요하게 생각하며 갈등을 싫어한다. 따라서 이들은 모든 사람과 편안히 지내길 바라고 갈등을 피한다. 그런데 지나치게 상대방이나 상황의 긍정적인 면을 보므로, 문제가 생기면 해결하기보다는 평화를 위해 덮어두고 잘될 것이라고 믿는다. 이들은 착하고 말썽을 일으키지 않으며 눈에 잘 띄지 않는다. 이들은 먹는 것을 좋아하고, 이를 통해 평화로움과 만족감을 느낀다.

말하는 스타일은 무용담식이다.

이들은 물건과 정보를 수집하는 것을 좋아해 5유형인 것처럼 보일 때가 있다. 9유형은 본능과 만족과 평화를 안정적으로 이어 갈 수 있는 수단으로 수집하는데, 5유형은 미래를 대비하여 수집한다.

나. 중재역할을 함

이들은 다른 사람의 관심사를 명확하게 읽어 내 실천에 옮기는 중재자이다. 또 다른 사람들의 의견을 수용하고, 자기주장을 고집하기보다는 조화를 중시하므로 상대방을 포용한다. 일을 처리할 때 외교적 역량을 발휘하여 주위의 협력을 이끌어 내 해결하며, 상황에 따라 다른 사람에게 실질적인 권한을 위임한다.

이들은 마음이 넓고 동요되는 일이 없으며 매사에 침착하다. 또한 편견이 없고 타인의 기분을 이해할 줄 알기 때문에 타인의 고민을 잘 들어준다. 그리고 전체적인 분위기를 자연스럽게 이끈다.

다. 관대함

이들은 편견이 없고 타인의 고민도 진지하게 경청하며, 마음이 넓고 동요되는 일이 없으며 매사에 침착하다. 또 안정감과 조화로움이 충만한 상태에 큰 만족을 느끼고, 타인의 관점에서 이해하고 판단하므로, 스스로 불편한 경우를 많이 참는다.

그러나 장애에 부딪쳤을 때는 쉽게 물러서지 않으며, 인내력과 집중력이 뛰어나다.

라. 느긋함

이들은 갈등상황에서 우유부단해지며, 이들에게 압력을 가할수록 더욱 완고해진다. 급한 일을 부탁받으면 부담을 느껴 그 일을 내팽개치고 싶어 한다. 그리고 느긋하고 에너지를 안으로 품으며 시간을 안 지키는 편이다. 고민이 생기면 잠을 잔다.

이들에게 어려운 일이 생기면 눈을 감고 기다리며 누군가가 해결해 주기를 바란다. 이들이 무엇인가를 선택하려면 갈등을 느끼기 때문에 전공이나 진로 등을 쉽게 결정을 하지 못한다. 스트레스가 쌓이면 돌출 발언을 하기도 한다.

마. 국가 및 인물

낮잠을 즐기는 문화로 상징되는 멕시코가 대표국가이다. 유비(삼국지-촉 황제), 아브라함, 달라이라마 등이 대표인물이다.

2) 특징

가. 유아기 성격형성의 특징

9유형은 만 6세가 될 때까지 무난하게 자란 덕분에 부모와의 갈등을 모른다. 그런데 이들은 자신이 소홀히 대접받았거나 소외감 또는 억압받았다고 느꼈을 때가 있으며, 자기의견을 표현하면 무시하거나 거부를 당한 경험이 있다. 형제가 많아 있으나 마나한 존재였다는 느낌을 받았던 경험, 즉 딸이 많은 가정에 또 딸로 태어나 받은 소외감 등이다.

어릴 때부터 이들은 가족 간의 조화를 유지하는 가장 좋은 방법은 자기가 사라져 버림으로써 누구에게도 문제를 일으키지 않는 것이라고 여겼다. 자신이 뭔가를 요구하지 않고 기대를 갖지 않는다면, 부모님을 편안하게 해 주면서도 자신을 보호할 수 있을 것이라고 생각했다. 이들의 내면에는 자기 자신을 주장하고 나서면 많은 문제가 생기고, 물러나 있으면 우리 집은 괜찮을 거라고 느끼며 자랐다. 이들은 모든 것을 속에 담아 두는 형으로 '컨테이너 타입'이다.

부모관계는 부모에게 긍정적이다.

나. 건강상태에 따른 특징

9유형이 건강할 때는 ① 자의식이 강하지 않고 온순하며 정서적으로 안정되어 있고, ② 허세를 부리지 않고 인내심이 강하며 순진하고, ③ 마음이 평화로우며, ④ 타인을 포용하고 신뢰하며 느긋하고, ⑤ 근면하고 적극적으로 활동을 한다.

평균상태일 때는 ① 고분고분하고 남들과 잘 지내고, ② 행동이 수동적이며 무기력하고, ③ 갈등이 생기면 해결하기보다는 도망을 치고, ④ 정서적으로 나태하여 일을 뒤로 미루고, ⑤ 문제가 발생하면 무관심하고 저절로 해결될 때까지 피해버린다.

불건강할 때는 ① 게으르고, ② 잘 잊어버리며, ③ 수동적으로 공격하고, ④ 무관심하다.

다. 장단점에 의한 특징

좋은 점은 ① 판단하지 않고 수용하며, ② 타인을 돌보고 염려해 주고, ③ 긴장을 풀고 재미있게 지내며, ④ 사람들이 편안해하고, ⑤ 중재를 잘하며, ⑥ 현실을 잘 깨닫는다.

힘든 점은 ① 우유부단해서 오해를 받고, ② 절제가 부족하여 자책하게 되며, ③ 비판에 너무 민감하고, ④ 자신이 무엇을 원하는지를 모르며 ⑤ 다른 사람들이 자신에 대해 어떻게 생각하는지에 신경을 쓰고, ⑥ 남들이 대수롭지 않게 여긴다.

| 표 2 | 성격유형의 명칭

| 표 3 | 아홉 가지 성격유형의 성향

유 형	보편적 성향			
1유형	완벽을 추구함	언행이 일치함	신뢰감을 줌	융통성이 부족함
2유형	타인을 돕고자 함	사교적임	엄격함을 싫어함	보답을 바람
3유형	성취욕이 강함	이미지 지향적임	효율성을 중시함	경쟁심이 지나침
4유형	낭만적임	독특한 것을 추구함	예술적 감각이 뛰어남	고독을 즐김
5유형	영리함	분석력이 뛰어남	환경에 민감함	인색함
6유형	충실함	안전을 추구함	책임감이 강함	의타심이 많음
7유형	모험심이 강함	에너지가 넘침	고통을 싫어함	집중력이 약함
8유형	자기주장이 강함	강한 힘을 추구함	약점을 노출하지 않음	독선적임
9유형	평화를 중시함	중재역할을 함	관대함	우유부단함

작성: 조성민 · 이정섭(2017.2.19.)

V. 친교방법과 각 유형의 체크 리스트

1. 친교방법

1) 완전주의자와 잘 지내는 방법

1유형과 교제를 할 때 이들의 도덕관을 높이 평가해 주면 좋다. 1유형은 다른 사람들이 알아차리지 못하는 실수도 집어 낸다는 것을 기억하고, 어쩌다가 실수를 했다면 이를 인정할 필요가 있다. 1유형은 사람들이 뉘우칠 때 너그러워지기 때문이다. 1유형과 잘 지내려면 모든 일을 질서 있게 조직적으로 처리하고 시간을 잘 지켜야 한다.

1유형이 다른 사람을 도우려할 때는 이들을 칭찬해 주고, 불평할 때는 부드럽게 대하고 이들의 말을 잘 들어주어야 한다. 예의를 지키면서 이들에게 다른 사람의 잘못을 비판하기보다는 칭찬과 격려로 잘못을 저지른 사람들 스스로가 깨달을 수 있도록 하는 것이 더 효과적이라는 것을 말해 줄 필요가 있다. 이러한 점을 유념하면 누구나 1유형과 잘 지낼 수 있다.

2) 협조주의자와 잘 지내는 방법

2유형은 남을 도와주면 칭찬을 받고 싶어 하므로, 이들의 도움과 통찰에 고마움을 표시하면 이들과 쉽게 가까워질 수 있다. 이들을 대할 때 '당신은 나에게 없어서는 안 될 특별한 존재'라는 점을 부각시키면 매우 좋아해 이들은 친근감을 강렬하게 표시한다. 2유형은 외모에 신경을 많이 쓰는 편이므로, 이들의 외모를 칭찬해 주면 관계가 아주 부드러워진다. 또한 세상이 아름다운 곳이 되기를 원하므로, 이들의 이상에 대해 훌륭하고 멋지다는 표현을 하면 친밀도가 높아진다.

3) 성취주의자와 잘 지내는 방법

3유형은 결과와 효율성을 중시하는 성향이므로, 성공과 성취를 인정해 주면 이들이 오히려 적극성을 가지고 성심성의를 다한다. 또 이들은 자신감과 낙천주의, 효율적인 일처리 능력에 대해 대단한 자부심을 가지고 있으므로 이를 칭찬해 주면 좋다. 또한 이들은 일하는 것을 귀찮아하지 않고 즐기는 편이므로, 이들이 바쁠 때는 말리는 것보다 격려하고 그 일을 하도록 놔두어야 한다. 이들을 위한다고 쉬어 가면서 일하라고 하면 반감을 살 수 있다.

이들에게 조언할 때는 이들의 감정이 다치지 않도록 조심하면서 정직하고 객관적으로 해야 한다. 특히 과거의 잘못을 들춘다든지, 부정적인 것에 초점을 맞추는 것을 피해야 한다. 그리고 이들이 타인을 위해 노력과 공을 쏟고 있다는 것을 이해하고 고마움을 표시해야 한다.

4) 감정주의자와 잘 지내는 방법

4유형은 외로움을 즐기고 혼자서 일을 잘해 내는 성향이므로, 이들에게 사교적으로 지내라고 강요해서는 안 된다. 오히려 이들의 창조성과 지각력, 감정의 깊이를 높이 평가해 주어야 한다. 이들의 감정은 기복이 심하므로 이들의 기분이 갑자기 바뀌었을 때는 그것이 상대방에게 어떠한 영향을 주는지를 솔직하게 말해야 한다. 또 이들이 모욕을 당했다고 느꼈을 때에는 이들 스스로가 뭔가 오해한 부분은 없는지 살피도록 도와주어야 한다.

4유형은 당당함과 우아함을 좋아하므로, 이들에 대한 비판은 이들의 수치심을 자극할 수 있다는 것을 유념해야 한다. 이들은 독특한 것을 추구하므로, 이들이 힘들어할 때에도 쉬운 해결책을 제시하지 말아야 한다. 이들은 징징거리고 슬프고 고통을 즐김으로써 자신의 감정을 처리하고 표현하고자 하기 때문에, 이들의 이러한 욕구를 이해하고 수용해야 한다.

5) 분석주의자와 잘 지내는 방법

5유형과 교제를 잘하려면 이들의 객관성과 지성 그리고 재치에 대해 칭찬하고, 말할 때는 직설적이고 간결하게 말해야 한다. 이들은 사생활이 침해되는 것을 싫어하므로, 이들이 일을 할 때는 혼자 내버려 두어야 한다. 또한 이들에게 관심이 집중되는 상황을 만들지 말아야 한다. 자신에게 초점이 맞추어지는 것을 당황스러워하기 때문이다. 부탁하지도 않았는데 이들이 뭔가를 해 줬다면 그것을 각별히 생각하고 감사한 마음을 표시해야 한다.

5유형에게 원하는 것이 있으면 강요하는 방식이 아니라 부탁하는 방식을 택해야 한다. 이들이 새로운 일을 하기 원한다면 이들에게 그 상황에 익숙해질 수 있도록 충분한 시간을 주어야 하고, 이들과 어떤 문제를 해결하고자 할 때는 객관적인 태도를 가져야 한다. 이들에게 감정을 내세우면 해결이 안 되기 때문이다. 또 이들과의 관계에 문제가 있을 때는 구체적으로 지적해야 하고, 특별히 시간과 장소를 정해서 문제에 대해 논의를 하면 효율적으로 해결할 수 있다.

6) 수호주의자와 잘 지내는 방법

6유형과 교제할 때는 이들의 충실함과 재치와 위기상황을 극복하는 능력을 높이 평가해야 한다. 이들에게는 모든 것을 정직하게 털어놓아야 한다. 이들은 모든 카드가 테이블 위에 올라와 있을 때에 더 안전하게 느끼기 때문이다. 또 이들과 문제를 해결하고자 할 때는 명백하게 합의를 해서 의심의 여지를 남기지 않도록 해야 한다. 그리고 이들에게는 아첨하거나 지나치게 친절하게 대하지 말아야 한다. 이러한 것을 싫어하기 때문이다.

갈등이 생겼을 때는 이들에게 문제를 건설적인 방법으로 풀 수 있는 방법을 찾고 있다는 점을 알려 주어야 한다. 이들이 화가 났을 때는 한 발짝 물러나서 분노가 가라앉을 때까지 기다려야 한다. 이들과 같이 화를 내는 것은 불난 데에 기름을 끼얹은 것과 같기 때문이다. 이들이 가지고 있는 공포에 대해 이야기하도록 격려해야 한다. 이들을 괴롭히는 것이 무엇인지를 해결하기보다는 이들의 이야기를 잘 들어주는 편이 좋다. 그리고 이들의 불안 때문에 듣는 사람까지도 불안해질 때는 이를 정직하게 이야기해 주어야 한다.

7) 만능주의자와 잘 지내는 방법

7유형과 교제할 때는 이들의 낙천주의와 새로운 것에 대한 열정을 높이 평가해 주어야 한다. 이들은 자유분방한 것을 좋아하므로, 스케줄이나 똑같은 일상 속에 이들을 묶어 두려고 해서는 안 된다. 이들을 비판하고자 할 때는 짧게 하고 이들이 수세에 몰렸다는 느낌이 들지 않도록 신중을 기해야 한다. 이들이 혼자만 떠들어서 분위기를 썰렁하게 하면, 서로 대화가 이루어질 수 있도록 화제를 바꾸어 관심을 다른 곳으로 돌릴 수 있도록 노력해야 한다.

이들과 대화를 할 때 서로 간의 감정에 대해 이야기하고 분석하고자 하는 것을 자제해야 한다. 이들은 문제를 회피하려는 경향이 있기 때문이다. 그러나 해결하지 않는 한 같은 문제가 계속 생기게 되리라는 것을 이들에게 일깨워서 해결할 수 있도록 도와주어야 한다. 그리고 이들에게 어떤 일을 시작하면 끝까지 밀고 나가는 끈기를 익히도록 도와주어야 한다.

8) 주장주의자와 잘 지내는 방법

8유형과 교제할 때는 이들의 힘의 독립심과 정의감을 높이 평가해 주어야 한다. 이들은 에너지가 넘치는 관계를 좋아하므로, 이들을 만날 때는 열정적이어야 한다. 자신의 생각을 말할 때 이를 제지하지 말아야 하고, 이들에게는 정직하고 직선적인 모습을 보여야 한다. 또한 자신감을 가지고 솔직하고 당당하게 주장을 밝혀야 이들은 좋아한다.

이들이 큰소리치고 성을 내더라도 그것은 단지 이들의 방식일 뿐이라는 것을 기억하고 이를 마음에 담고 있을 필요는 없다. 이들은 자신과 친밀한 관계를 맺고 있다는 것을 좋아하므로, 이들에 대한 뒷말을 하거나 이들을 배신하지 말아야 한다. 이들은 겉으로는 강한 척하지만 내심으로는 부드럽고 상처받기 쉬운 면도 많다는 것을 알아야 한다. 그리고 이들이 행한 공로를 인정하되 아부는 하지 말아야 한다.

9) 평화주의자와 잘 지내는 방법

9유형과 교제할 때는 이들의 친절과 부드러움과 참을성을 인정해 주어야 한다. 이들은 어떤 일을 결정할 때 뜸을 들이는 성향이므로, 시간이 많이 걸리더라도 기다려 주어야 한다. 시간이 걸린다고 하여 이들을 압박하거나 잔소리하거나 불평하면 반발한다는 것을 명심하고, 이들의 스타일을 받아들이는 여유를 가져야 한다. 이들의 소극적인 점을 지적하기보다는 적극적으로 하는 일에 대해 감사를 표시하면, 이들은 고무되어 일 처리를 훨씬 잘한다.

이들에게 바라는 일이 있다면 명령이나 강요하는 투로 말하지 말아야 한다. 공손하게 부탁하면 받아들이지만, 명령조로 말하면 몹시 언짢아하며 튀는 성질이 있기 때문이다. 또 이들에게 먼저 할 일과 나중에 할 일을 구분하고 목표를 정하도록 도와주어야 한다. 이들이 불만을 가지고 있을 때는 그것을 밖으로 표출할 수 있도록 도와주어야 한다.

2. 체크리스트 사용법

1) 1유형 체크리스트

① 매사에 공정하기 위해 노력한다. (   )

② 질서정연하게 잘 짜인 것을 좋아한다. (   )

③ 시간약속을 잘 지키는 편이다. (   )

④ 세세한 것까지도 완벽하게 하려고 한다. (   )

⑤ 모든 것을 선과 악으로 구분하려는 경향이 있다. (   )

⑥ 사물을 옳고 그름, 좋고 나쁨의 기준에서 보려는 경향이 있다. (   )

⑦ 기준치가 높다. (   )

⑧ 내게 있어 진실과 정의는 중요하다. (   )

⑨ 작은 실수에도 죄책감이 높다. (   )

⑩ 자신과 타인에게 비판적이다. (   )

⑪ 사람들로부터 평가받거나 비판받는 것을 질색한다. (   )

⑫ 맡은 일에 열심이다. (   )

⑬ 좋은 사람이 되고 올바른 행동을 하기 위해 노력한다. (   )

⑭ 말을 하거나 들을 때 문법(말의 규칙)을 신경 쓰고 고쳐 주고 싶어
   한다. (   )

⑮ 분노를 잘 드러내지 않는 경우가 있다. (   )

⑯ 중요한 물건을 살 때에는 그전에 관련된 것들을 철저히 분석한다. (   )

⑰ 게임이나 놀이에서 다른 사람을 이끈다. (   )

⑱ 사람들이 규칙을 어기는 것을 보면 기분이 좋지 않다. (   )

⑲ 변명이나 꾸짖기를 잘한다. 많이 웃기도 한다. (   )

⑳ 일을 제대로 마무리 짓지 못하는 것에 자주 죄책감을 느낀다. (   )

2) 2유형 체크리스트

① 다른 사람을 돕거나 상담해 주는 것을 좋아한다. (   )

② 받는 것보다 주는 것이 더 편하다. (   )

③ 관심 받는 것을 좋아한다. (   )

④ 쉽게 상처받는다. (   )

⑤ 내가 누군가에게 의지한다는 인상을 주고 싶지 않다. (   )

⑥ 다른 사람에게 잘 맞춰 준다. (   )

⑦ 누군가에게 필요한 것을 요구하는 것이 참 어렵다. (   )

⑧ 친구가 되는 요령을 잘 알고 있다. (   )

⑨ 사람들이 나에게 의지하는 것이 때로는 매우 부담스럽다. (   )

⑩ 학교생활을 잘하려고 노력한다. (   )

⑪ 때로는 사람들을 돌보느라 아프거나 정서적으로 진이 빠질 때가 있다. (   )

⑫ 나에게 인간관계는 그 어떤 것보다도 중요하다. (   )

⑬ 자신을 좋은 사람이라고 생각한다. (   )

⑭ TV에서 폭력적인 장면을 보거나 고통당하는 사람들을 보면 참을 수가 없다. (   )

⑮ 사람들에게 기쁨을 주려고 애쓴다. (   )

⑯ 사람들이 우리 집을 방문했을 때 환영받는다는 인상을 받고 편안함을 느끼기를 바란다. (   )

⑰ 사람과 만날 때 일대일 관계가 편하다. (   )

⑱ 고통받는 사람들이나 동물들을 걱정한다. (   )

⑲ 힘 있는 사람과 함께 있는 것에 끌린다. (   )

⑳ 제안을 잘한다. (   )

3) 3유형 체크리스트

① 사교적이다. (   )

② 낙관적이다. (   )

③ 유능하다. (   )

④ 거의 항상 바쁘다. (   )

⑤ 경쟁을 좋아하며 승부욕이 강하다. (   )

⑥ 일이 마무리될 때까지 온 힘을 다해 노력한다. (   )

⑦ 에너지가 넘치고 행동이 빠르다. (   )

⑧ 나의 사생활에 대해 이야기하는 것을 그다지 좋아하지 않는다. (   )

⑨ 나서기를 좋아하며 평판을 중요시한다. (   )

⑩ 관중 앞에 나서기를 좋아한다. (   )

⑪ 사람들에게 잘 보이고 싶고 첫인상을 좋게 남기고 싶다. (   )

⑫ 목표에 도달하기 위해서 지름길을 선택한다. (   )

⑬ 일이 제대로 되지 않을 때 질책한다. (   )

⑭ 문화에 쉽게 적응하고 유행에 민감하다. (   )

⑮ 연장근무를 하게 되어도 개의치 않는다. (   )

⑯ 자신만만하다. 해 본 적이 없는 일이라도 다른 사람이 하기 전에 그
   것을 어떻게 하는 것인지 배워서 자신은 해낼 수 있다고 기대한다.
   (   )

⑰ 내가 열심히 하는 이유는 우리 가족을 돌보고 부양하기 위해서다.
   (   )

⑱ 나는 꽤 괜찮은 사람이라고 생각한다. (   )

⑲ 설득을 잘한다. 듣는 사람의 주의를 끌기 위해 말의 완급을 조절하
   기도 한다. (   )

⑳ 다른 어떤 것보다도 일을 우선시한다. (   )

4) 4유형 체크리스트

① 창의적이고 아름다운 것을 추구한다. (   )

② 내 자신이 누구인지 늘 탐구한다. (   )

③ 대부분의 사람들보다 더 감성적이다. (   )

④ 자신과 다른 사람을 분석하기를 좋아한다. (   )

⑤ 누군가에게 이해받는 것은 내게 매우 중요하다. (   )

⑥ 시기심이 강하다. (   )

⑦ 다른 사람이 가진 것을 간절히 갖고 싶어 한다. (   )

⑧ 행동이 변덕스럽고 과장하는 경향이 있다. (   )

⑨ 쉽게 상처받는다. (   )

⑩ 감정표현이 풍부하다. (   )

⑪ 현실세계보다는 과거나 미래의 세계에서 살고 있다. (   )

⑫ 연민을 가지고 있다. (   )

⑬ 신문에서 마음이 쓰이는 기사를 읽게 되면 감정적으로 매우 동요된다. (   )

⑭ 자신은 특별하다고 생각한다. (   )

⑮ 우울해지는 경향이 있다. 잃어버린 것들에 대한 아쉬움이 강하며 여느 사람들보다 고통스러워한다. (   )

⑯ 위선적이거나 정직하지 않은 사람들을 싫어한다. (   )

⑰ 예술가적인 기질을 가지고 있다. 때로는 격렬하고 때로는 온화하다. (   )

⑱ 내 인생에 숭고한 사람이 찾아올 것이라는 기대를 가지고 수년을 보내왔다. (   )

⑲ 탄식을 잘하니 온화한 어조로 말하거나 때로는 극적으로 말한다. (   )

⑳ 내 친구들을 지지해 주려고 애쓰며, 특히 그들이 위기에 처해 있을 때 그렇다. (   )

5) 5유형 체크리스트

① 조용하거나 수줍음이 많다. (   )

② 호기심이 많다. (   )

③ 체험보다는 관찰이나 독서를 통해 배우는 편이다. (   )

④ 갈등을 회피한다. (   )

⑤ 강요받는 것을 싫어한다. (   )

⑥ 호들갑이나 큰소리로 떠드는 사람들을 보면 불쾌하다. (   )

⑦ 감성적인 표현과 소음을 싫어한다. (   )

⑧ 사교모임에 나가는 것보다는 혼자 있거나 잘 아는 몇몇 사람들과 함께 있는 편이 낫다. (   )

⑨ 다양한 각도에서 사물을 본다. (   )

⑩ 행복을 위해 물질적 소유를 추구하지 않는다. (   )

⑪ 신중하고 자기 의견이 분명하다. (   )

⑫ 내 분야의 전문가들과 어울리는 것을 좋아한다. (   )

⑭ 긍지를 느낄 만한 어떤 직함을 갖는 것을 좋아한다. (   )

⑮ 혼자서도 잘 해내며 스스로 흥밋거리를 찾아낸다. (   )

⑯ 사회규범에 무관심하거나 규범에 대항한다. (   )

⑰ 가까운 친구가 적으며, 혼자 있는 것을 좋아한다. (   )

⑱ 부정적이고 냉소적이며 의심이 많다는 소리를 듣는다. (   )

⑲ 온화한 목소리로 얘기하나 말하는 것을 불편해하고, 강의하듯이 말한다. (   )

⑳ 비판이나 판단에 예민하다는 것을 숨기기 위해 애쓴다. (   )

6) 6유형 체크리스트

① 다른 사람의 생각을 알고 싶어 한다. (   )

② 문제가 생길 만한 것은 없는지 위험요소를 살핀다. (   )

③ 에너지가 풍부하다. (   )

④ 매우 열심히 일한다. (   )

⑤ 무례하거나 불안해한다. (   )

⑥ 정돈되고 질서가 잡혀 있을 때 삶을 잘 통제하고 있다는 생각이 든다. (   )

⑦ 학업성취 능력이 우수하다. (   )

⑧ 예측 가능한 상황을 좋아한다. (   )

⑨ 때때로 다른 사람을 원망하거나 쉽게 화를 낸다. (   )

⑩ 논쟁과 언쟁을 좋아한다. (   )

⑪ 명료한 지침을 갖기 원하고 현재 자신의 위치를 알고 싶어 한다. (   )

⑫ 상냥함과 퉁명스러움, 지배적 성향과 협력적 성향 등과 같이 이중적인 성향을 지닌다. (   )

⑬ 친구에게 충실하며, 자신이 속한 그룹과 대의에 충성스럽다. (   )

⑭ 강하게 행동하거나 똑똑하거나 무기력하다. (   )

⑮ 약자의 편을 든다. (   )

⑯ 허세 부리는 사람을 싫어한다. (   )

⑰ 유머감각이 있다. 사람들을 웃기는 방법을 안다. (   )

⑱ 자주 말이 빠르고 더듬거린다(사고를 쫓아가지 못해서). (   )

⑲ 상대방이 무슨 생각을 하는지에 집착한다. (   )

⑳ 규칙을 잘 지키거나(공포순응형) 규칙을 깨뜨리기도 한다(공포대항형). (   )

7) 7유형 체크리스트

① 호기심이 많다. (   )

② 늘 바쁘고 에너지가 넘치며 하고 싶은 일을 할 때는 지루한 줄 모른다. (   )

③ 여행 가는 것을 좋아한다. (   )

④ 사람을 좋아하고 파티를 즐긴다. (   )

⑤ 타고난 재능이나 능력이 많을 수 있다. (   )

⑥ 천성이 밝다. (   )

⑦ 다른 사람들에 비해 슬픔이나 상실감에서 빨리 벗어나는 편이다. (   )

⑧ 의무감을 느끼거나 신세 진다는 느낌을 받는 것을 싫어한다. (   )

⑨ 한 가지에 오래 집중하지 못하고, 반복되거나 느린 것을 싫어한다. (   )

⑩ 우호적이고 사교적이다. (   )

⑪ 재미있어 보이는 것은 무엇이든 시도한다. (   )

⑫ 대체로 내가 원하는 것은 어떻게든 얻어 낸다. (   )

⑬ 동시에 여러 일을 하고, 선택의 폭이 넓은 의견이나 계획을 좋아한다. (   )

⑭ 한 분야의 전문가는 아니지만 다방면에 능한 편이다. (   )

⑮ 낙천적이며, 분노와 실망과 같은 부정적인 감정에서 빨리 벗어난다. (   )

⑯ 스릴을 느낄 수 있는 문제 상황에 빠지는 것을 좋아한다. (   )

⑰ 나 자신을 좋아하며 나를 아끼는 편이다. (   )

⑱ 모험담을 좋아하며 말이 많다. (   )

⑲ 속에 있는 말을 있는 그대로 하는 편이며 그로 인해 곤경에 빠지기도 한다. (   )

⑳ 사람들의 기분이 좋지 않을 때 그들의 기분을 풀어 주고 그들이 밝은 면을 볼 수 있도록 노력한다. (   )

8) 8유형 체크리스트

① 독립적이고 경쟁심이 강하다. (   )

② 누군가에게 이용당하거나 조종당하는 것은 참을 수 없다. (   )

③ 진실과 정의를 사랑한다. (   )

④ 새로운 집단에 들어가면 누가 가장 힘이 센지 금세 파악한다. (   )

⑤ 쉽게 분노하고 그로 인해 문제에 빠질 때도 있다. (   )

⑥ 필요하다면 내 생각을 주장하거나 공격적인 태도를 취할 수 있다. (   )

⑦ 열정적이다. (   )

⑧ 옳은 것을 위해 싸운다. (   )

⑨ 자신감과 책임감이 있으며, 사람들이 따라오도록 규칙을 만든다. (   )

⑩ 타고난 지도자이다. (   )

⑪ 기운이 넘치고 존재감이 강하기 때문에 쉽게 눈에 띈다. (   )

⑫ 체력이 좋아서 남들이 지친 후에도 더 놀고 싶어 한다. (   )

⑬ 때로 상대를 툭툭 가볍게 치는 것을 좋아하는데 편안한 사이일 때는 특히 그렇다. (   )

⑭ 개인주의적이며 관행을 잘 따르지 않는다. (   )

⑮ 자신을 지킬 수 없는 약자들을 보호해 준다. (   )

⑯ 약한 모습을 보이기 싫어한다. (   )

⑰ 믿을 수 있는 소수의 사람에게만 부드러운 면을 보인다. (   )

⑱ 강하고 자신감 넘치는 목소리로 말한다. 저속한 말을 많이 사용한다. (   )

⑲ 정직하게 말하는 것이 좋다고 생각하기 때문에 다른 사람들 앞에서 속내를 다 드러낸다. (   )

⑳ 지나치게 친절을 베풀거나 아부하는 사람들을 보면 신경이 거슬린다. (   )

9) 9유형 체크리스트

① 사람들과 잘 어울리고 문제를 일으키지 않도록 노력한다. (   )

② 내게 있어 서로 도와주고 조화를 이루는 관계는 매우 중요하다. (   )

③ 쉽게 상처받는다. (   )

④ 상냥하고 관대하다. (   )

⑤ 갈등을 피하려는 경향이 있으며 피할 수 없을 때는 갈등을 해결하려고 노력한다. (   )

⑥ 누군가와 의견충돌이 생기면 보통 맞서지 않고 피하는 편이다. (   )

⑦ TV를 많이 보고 물건 수집하는 것을 좋아한다. (   )

⑧ 아주 드물게 분노를 폭발시킨다. (   )

⑨ 강요할수록 고집이 세어진다. (   )

⑩ 편안하고 안락한 상태를 좋아한다. (   )

⑪ 하루 중 휴식시간을 꼭 가지려고 한다. (   )

⑫ 사람들과 함께 있을 때는 종종 내가 무엇을 원하는지 잘 모를 때가 있다. (   )

⑬ 부정적인 면보다 긍정적인 면에 초점을 맞춘다. (   )

⑭ 결정을 내리는 것을 힘들어하고 꾸물거린다. (   )

⑮ 어떤 것을 선택하든 장단점이 있다는 것을 알고 있기에 무언가를 선택하는 것이 어렵다. (   )

⑯ 다른 사람의 입장에서 사물을 볼 수 있으며 공정하다. (   )

⑰ 꼭 해야 할 일을 뒤로 미루고 별로 중요하지 않은 일을 하곤 한다. (   )

⑱ 말이 약간 느리고 이야기가 길다. (   )

⑲ 장황하게 이야기하거나 쉽게 말을 끝내지 못한다. (   )

⑳ 종종 자연이나 사람들과 하나가 된 느낌을 받는다. (   )

등 굽은 소나무

조성민

월송정 바닷가 소나무 숲에
쭉쭉 뻗어 미끈한 나무는
다 자라기도 전에 베어지지만
구불구불해 못생긴 나무는
거들떠보지 않아 천수를 누린다

일신영달을 탐해 잘난 체하면
뭇사람들의 시기질투를 받아
곧은 나무처럼 잘리기 십상이지만
묵묵히 소임을 다 하는 사람은
휘어지고 틀어진 나무처럼
별 볼 일 없을 것 같아 보여도
사회를 지탱하는 소금이 된다

허리를 구부려 겸허한
등 굽은 소나무는
쓸모가 없는 가운데 쓸모가 있는
"무용지용(無用之用)"의 교훈으로
금수강산의 멋을 더해간다.

제2장

에니어그램의 27가지 부속유형

제2장 ──────────────

에니어그램의
27가지
부속유형

Ⅰ. 27가지 부속유형의 기능

　사람의 성격은 어떤 에너지를 사용하느냐에 따라 가슴형, 머리형, 장형의 3가지 유형으로 나눈다. 또 에너지 방향이 어떠한지에 따라 ① 가슴형을 2, 3, 4유형으로, ② 머리형을 5, 6, 7유형으로, ③ 장형을 8, 9, 1유형으로 나누어 9가지 유형이 된다.

　이처럼 인간은 아홉 유형의 성격 중에서 한 가지를 가지고 태어난다. 또 성격의 9가지 유형은 3개의 부속유형(subtype)을 가지고 있다. 이 부속유형은 3가지 본능적인 삶의 측면으로 나타나는데 27가지 하위유형이라고도 한다(이하에서는 하위유형을 부속유형이라고 표기함). 부속유형은 9가지 유형에 공통적으로 존재하는 인간행동의 본능이다. 본능은 사회적 존재로서 사람이 열악한 환경에 적응하기 위한 생존전략이다. 인간의 본능은 생활 속에서 무의식적인 방식으로 나타나는데, 에니어그램에서의 격정은 성격 또는 자아의 구조 안에서 사람이 의식하는 느낌이며 자동적으로 생성되는 반응이다. 각 유형의 부속유형에는 3가지가 있다. 즉 격정의 에너지와 같은 방향으로 흘러가는 2가지와 격정의 주된 에너지의 방향과 거꾸로 가는 1가지가 있다. 거꾸로 가는 부속유형을 <역유형>이라고 한다.

아래에서는 사람의 3가지 본능이 공통적으로 가지고 있는 자기보존 본능·성적 본능·사회적 본능의 공통성향을 살펴보고, 9가지 성격유형의 격정과 27가지 부속유형의 특질을 분석한 후 삼국지의 여러 인물 중에서 27명을 선정하여 부속유형의 예시인물을 소개한다. 이러한 내용을 이해하여 좋은 인간관계를 형성함으로써 행복한 삶을 영위하는 데 도움을 주고자 한다.

II. 사람의 3가지 본능의 공통성향

1. 자기보존 본능 (Self-Preservation Instinct: SP): 나 (I)

자기보존 본능의 성격인 사람은 생존과 물질적 안정에 초점을 맞추어 행동한다. 이들은 에너지가 안전과 안정에 관련된 쪽으로 향하고 있어 자신의 생존을 가장 중요하게 생각하고 추구하며, 육체적인 편안함을 얻는 것을 우선시한다.

따라서 이들은 옷, 음식, 주거, 돈, 가정생활, 신체적 건강 등에 집착한다. 또 모임에서 조용히 타인의 대화를 들으면서 자기와 대입하여 공감하고, 이들에게 자세하게 말하라고 하지 않으면 간결한 대답만 한다. 일대일 (1:1) 상황에서 대화의 실마리를 찾을 때 자신이나 주변의 사물에 초점을 맞추고, 대화 중 스스로의 생각이나 대화내용에 몰입해 상대방에게 얘기할 시점을 놓쳐 버리기도 한다. 이들에게는 살아남지 못함에 대한 두려움, 즉 사느냐 죽느냐, 어떻게 사느냐가 문제된다. 신체적인 안전과 안락, 재산을 모으거나 지키는 데 집중하거나 자기 파괴적인 욕구가 있다. 이들은 재정과 건강에 대한 압박으로 구두쇠가 되거나 건강염려증 환자가 될 수 있다.

이들은 정신이 건강할 때는 현실적이고 성실한 사람이다. 그러나 건강하지 않을 때는 육체적 욕망에 대한 애착으로 문제가 생겨 물건, 돈을 지나치게 쌓아 두거나 폭식증, 거식증, 쇼핑중독, 결벽증 등의 이상증세를 보인다. 자기보존 본능이 약할 때는 삶의 기본적인 문제에 소홀해져 속식(速食)을 하거나 재산축적에 무관심하고 자기 몸을 돌보지 않는다.

2. 성적(개인적) 본능 (Sexual Instinct: SE): 너 (You)

성적 본능(성적 본능을 이하에서는 개인적 본능으로 표기함)은 특정인과 관계의 질 및 상태에 초점을 맞춘다. 이들은 이상적인 상대와 완벽한 관계를 맺기를 원하며, 자신의 엄격한 기준(인생, 관계, 애정 등)을 상대방에게 강요한다. 또한 개인적 본능은 에너지가 성적인 연결의 형성과 유지, 대인 간의 매력이나 유대와 관련된 쪽으로 향한다.

이들은 영원한 삶을 살기 위한 방편으로 자손을 번식하려는 욕구가 있고, 집단보다는 일대일(1:1)의 개인적 친밀감을 좋아한다. 또 짜릿한 성취감과 강렬한 경험을 중요시하며, 특정인과 논녹한 교제를 하는 것을 중요시하고, 어떤 일에 몰입하면 끝장을 보려고 한다. 또 이들은 직감이 좋고 무의식이 발달되어 있으며 자기의 매력을 드러내기 좋아해서 외모에 신경을 많이 쓰며, 소울 메이트(soul mate)가 한 명씩 있고 제일 친하다고 생각하는 친구가 여러 명 있다. 개인적 본능인 사람은 중요한 사람이나 친한 친구의 부탁을 거절하지 못한다. 그러나 이들에게는 반항적 기질이 있으며 종교나 철학에 관심이 많고 신비주의가 많다.

이들은 모임에서 전체보다는 흥미로운 대상에게 대화를 시도한다. 일대일(1:1) 상황에서 공통된 주제를 찾아내는 데 탁월하여 끊임없이 대화를 이어 갈 수 있고 대화 주제가 다양하다. 이들에게는 매력이 없는 것에 대한 두려움이 있고, 상대방과 친밀하냐 아니냐, 어떻게 친밀해지느냐에 관심이 많다. 이들의 긍정적 측면은 다양한 경험과 많은 성취를 이루어 내는 것이다. 부정적 측면은 자신의 진정한 필요와 중요한 일을 소홀히 한다. 건강하지 않은 상태에서는 상대방에 대한 질투가 심해 의부증·의처증이 나타날 수 있다. 개인적 본능이 약할 때는 어떤 일에도 열정적이지 못하고 친밀한 관계에 관심이 없다.

3. 사회적 본능 (Social Instinct: SO): 우리 (We)

사회적 본능인 사람은 사회집단 내에서 소속, 인정, 관계에 초점을 맞추어 행동한다. 이들의 에너지는 집단 내의 다른 구성원들이 얼마나 힘을 가졌는지, 어떤 위치에 있는지로 향한다. 이들은 집단이나 구성원과의 관계형성을 중요하게 생각하고 이를 추구한다. 위험한 상황에서 생존하기 위해 공동체를 이루면서 소속감을 가지려는 욕구가 있기 때문이다. 따라서 이들은 소속된 단체에 필요한 구성원이 되는 것을 중요시하고, 대인관계, 사회문제 등에 신경을 곤두세우며 사람들과 교류하는 것을 즐긴다. 그러나 지극히 친밀하고 배타적인 관계를 맺는 것을 피하려는 경향도 있다.

이들은 모임을 주선하면서 커피나 다과를 마련하여 참석한 사람들이 자연스럽게 대화할 수 있는 분위기를 조성한다. 또 자신의 친구들이나 자기가 잘 알고 있는 내용으로 대화의 주제를 잡는다. 하지만 한꺼번에 여러 가지 대화를 하느라 주제를 놓치기도 한다.

이들에게는 어느 집단에 소속되지 못함에 대한 두려움이 있다. 이들은 관계를 맺느냐의 여부, 어떻게 관계를 형성하느냐에 관심이 많다. 건강한 상태에서는 공동체에 유익한 역할을 헌신적으로 수행하려고 하기 때문에, 불의에 맞서고 조직을 개혁하는 투사가 되려고 한다. 불건강한 상태에서는 사람들을 싫어하고 사회를 향해 분노하는 반사회적 성향을 보이고, 극단적인 정치적 관점, 종교적 신념을 가진다. 사회적 본능이 약할 때는 인간관계나 사회문제에 관심이 없다.

III. 27가지 부속유형의 특질

1. 1유형의 격정과 부속유형

1) 1유형의 격정 – 분노 (Anger)

분노는 1유형의 사람들이 추구하는 완벽을 이루지 못해 나타나는 분개이다. 이들은 완벽하지 못한 결함에 대해 적대감을 보인다. 1유형의 사람들은 일이 이렇게 되어야 한다는 자신의 이상에 따르도록 강요하는 경향이 있다. 원칙론자라서 결함이 있거나 원칙에 어긋나는 것을 보면 분노가 일어난다.

2) 1유형의 부속유형

가. 자기보존 본능 1유형 (SP1)

A. 성향 – 불안 (Anxiety)

SP1은 기본적인 욕구를 충족시킬 때도 불안이 잔뜩 따른다. 이들은 자기욕구를 충족시킬 만큼 자신이 충분히 착하고 올바르지 못하다는 잠재적인 확신을 가지고 있기 때문이다. 따라서 이들은 무언가 잘못되고 자신의 생존이 위험에 처할 거라 예상하는데, 이는 자기주문이 되어 불안 때문에 선제조치를 취하게 되거나 일을 망칠 수도 있다. 이들의 불안은 미래로 투사된 분노이다.

B. 특징

① 두려움이 많음

SP1은 먹고사는 것을 두려워하고 돈 쓰는 것을 부담스러워하는 생존의 두려움이 있어 자신의 재정과 건강에 대해 염려한다. 이들은 자신에 대해 걱정거리가 있을 때, 타인에게도 그 문제에 대해 잘 대처하라고 강권한다. 이들은 자신에게 돈과 관련된 문제가 있으면 타인에게 저축하라고 훈계하고, 자신의 건강이 걱정되면 다른 사람에게도 건강에 유념하라고 한다.

이들은 새로운 사람이나 일을 만나는 것을 두려워한다. 또 실수하는 것을 두려워하는데 자신의 그릇된 행위가 인생 전부를 망칠 것이라고 느끼기 때문이다. 이들은 속마음을 잘 숨기고 도전과 안전 중에서 안전을 택한다. 자기 집을 떠나면 안절부절못하는 집돌이와 집순이들이 많아 소파에서 TV 보는 것을 좋아한다.

② 책임감이 강함

SP1은 어릴 때 가정의 안정을 제공해야 했던 경우가 있었기 때문에, 책임과 의무를 다해 산다는 자세를 견지하여, 심각해 보이거나 게으른 것에 대해 자책을 한다. 이들은 제안을 먼저 하지 않으며 제안을 받으면 '난 별로 상관없으니 되는 대로 하겠다'라는 방관적인 태도를 취한다.

③ 단호함

SP1은 결심이나 태도가 과단성 있고 매우 단호한 편이며 거절을 잘하고 호불호(好不好)가 심하다. 환경에 대해서도 까다로워 깔끔한 것, 질서정연한 것, 아름다운 것을 가치 있게 여긴다. 첫인상은 무뚝뚝하게 보이나 마음은 따뜻하다. 조용한 편이고 말수가 적으며 점잖고 예의가 바르다. 남성은 도덕군자형이고 여성은 요조숙녀형·현모양처형이다.

④ 분노 표출방법

SP1은 속으로 분노를 표출하고 겉으로는 분노를 억압한다. 이들은 완벽하기 위해서 열심히 일하는 것을 통해 분노를 표출한다. 그런데 누군가

자기생존을 위협하면 분노가 폭발한다. 이는 완벽하지 못해 생존할 가치가
없는 자기 자신을 향한 더 깊은 분노가 반영된 것이다.

C. 혼동되는 유형

SP1은 불안과 두려움이 많기 때문에 6유형처럼 보일 수 있다. SP1은
완벽의 기준에 대해 자신감이 있으나, 6유형은 완벽의 기준에 대해 의문을
제기한다.

D. SP1 예시인물: 예형

삼국지 인물 중 예형이 이 유형에 해당한다. 예형은 성품이 고고하고,
기질이 강하며, 잘못된 것은 그냥 지나치지 못하고, 세상을 넓게 보지 못
하는 성격이다.

나. 개인적 본능 1유형 (SE1)

A. 성향 - 열의

SE1은 자신이 하는 일에 열의를 보인다. 이 열의는 동기부여를 위한 분
노이다. 따라서 이들은 타인을 완벽하게 만들고자 하는 열의가 있다. 이들
은 더 많이 알고 자신이 가진 도덕적 규범이 높으며 일을 향상시킬 수 있
는 법을 터득하고 있다고 생각하기 때문에, 타인에게 어떻게 살아야 하는
지에 대해 간섭해도 된다고 생각한다.

B. 특징

① 개혁적 사고방식

SE1은 타인을 완벽하게 하는 데 초점을 맞추는 개혁가이다. 이들은 어
떻게 하면 더 잘할 수 있는지를 안다고 여기므로, 타인에게 자기 뜻을 주
장할 자격이 있다고 생각한다. 이들은 분노로 부채질된 욕망이 강렬한데
이 욕망은 타인을 개선시키고자 하는 동기를 부여한다. 또 자기가 바라는
것을 얻고 타인에게 업무처리의 지침을 내릴 수 있는 위치에 있다고 생각
한다. 이들의 올바른 방식에 대한 생각은 높은 도덕적 규범과 연결되어 있
다는 내적 감각으로부터 온다.

② 자신의 기준을 타인에게도 적용함

SE1은 이상적인 상대와 완벽한 관계를 맺기를 바라므로 삶, 상호 간의 관계, 사랑에 관한 자기의 기준을 상대방에게 강요한다. 이들은 자신의 삶을 안정시켜 줄 완벽한 배우자를 갈망한다. 이들은 상대방이 기대에 못 미쳐서 관계의 조화가 깨지는 것을 원치 않으므로, 사랑하는 사람도 자신의 기준에 미치도록 밀어붙인다.

③ 상대방을 통제함

SE1은 버려지는 것에 대한 두려움과 상대방에 대한 높은 기대가 혼합되어 배우자를 통제하려고 한다. 또 자신이 버려질까 봐 두려워 억제와 비평을 통해 상대방의 자신감을 깎아 내린다.

④ 분노 표출방법

SE1은 드러내 놓고 분노를 표출한다. 원하는 것을 얻고 다른 사람을 개선하려는 강렬한 욕망을 통해서 분노를 표현한다. 이들은 노골적으로 화를 내는데 분노는 세상을 철두철미하게 만들고자 하는 욕구에서 분출하는 열정이라고 생각하기 때문이다. 이들은 참을성이 없고 주제넘게 나서며 원하는 것을 향해 나가는 데 거침이 없는데, 사회를 변화시킬 권리를 가지고 있다고 믿기 때문이다. 이들은 상대방을 몹시 힘들게 하는데, 이는 상대에 대한 두려움으로 의심을 떨쳐 버릴 수 없기 때문이다.

SE1은 참을성이 없어 충동과 분노를 억압하지 않고 겉으로 화를 내기 때문에 <역유형>이다.

C. 혼동되는 유형

SE1은 8유형처럼 보이기도 한다. 다른 1유형보다 분노를 쉽게 표출할 뿐만 아니라 타인의 일하는 방식을 통제하기 위해 강압적 시도를 하기 때문이다.

D. SE1 예시인물: 순욱

삼국지 인물 중 조조의 책사로 활약한 순욱이 이 유형에 해당한다. 순욱의 성격은 원칙과 명분을 추구하고, 상대방에게 신뢰감을 주며, 불의와 타협할 줄 모르고 융통성이 없다.

다. 사회적 본능 1유형 (SO1)

A. 성향 - 경직 (Rigidity)

SO1은 환경에 잘 적응하지 못하고 서투름과 불안을 경직성으로 표현한다. 경직은 자신이 안 바뀌는 것이고, 사람들이 다른 방식으로 일할 때 자신의 방식이 올바르다고 강하게 고수하는 성향을 말한다. 이들에게는 우월함의 욕구가 있기 때문에 자기 자신이 바뀌지 않는다.

따라서 사회생활에서 상황의 흐름대로 따라가기보다 자기가 생각한 대로 일이 진행되길 강요하려고 한다. 이들은 자신의 관점에만 주의가 고정되어 있어서, 타인이 자기 의견에 동의해 주기를 바라므로 생각과 행동이 경직되기 쉽다.

B. 특징

① 완고함

SO1은 융통성이 없고 올곧고 고집이 세다. 이들은 자신과 타인들이 사회적으로 어떻게 행동하는지에 관해 완고한 기준을 가지고 있기 때문이다. 또한 이들은 자신들이 무의식적으로 완벽하다고 생각하므로, 그것이 지켜지지 않을 때 분노의 열정이 일어난다. 이들은 자연스럽게 행동하는 것을 불편해한다. 이것은 자신이나 다른 사람들이 무언가 나쁘거나 부적절한 행동을 할 것이라는 잠재적인 두려움이 반영된 것이다.

이들은 정치, 시사문제에 관심이 많다. 타인들에게 자신의 가치와 믿음에 대해 끊임없이 설득하거나 토론하기를 선호한다. 객관적 가치관이나 사회적 규범을 대변한다고 믿으며 불의에 맞서고 조직을 개혁하는 투사가 되고자 한다. 이들은 자신에게도 엄격한 원칙을 적용하므로, 자신의 믿음과 견해가 모순이 있는 것은 아닌가에 관해 불안해한다.

② 타인을 비판함

SO1은 스스로 사회생활의 준칙이 되는 규범이나 보편적인 가치관을 대변한다고 생각한다. 이들은 비판적이 되어 자신의 사회적 기준을 따르지 않는다는 이유로 다른 사람들을 틀렸다고 몰아세운다. 이는 자기 자신이 사회에 충분히 적응하지 못한다는 내면의 느낌에 대한 반동형성이다.

이들은 교사와 같은 사고방식을 가지고 있으므로 가르치는 것, 훈계하는 것, 윤리적인 규범에 관해 이야기하는 것을 좋아한다. 또 올바른 방식의 완벽한 모델이 되는 데 초점을 맞춘다. 이들은 자신의 방식이 옳다고 주장하는데, 자신이 객관적 가치관이나 사회규범을 대표한다고 믿기 때문이다.

③ 강한 신념을 가짐

SO1은 자기가 옳다고 생각하는 가치관에 관해 토론하기를 마다하지 않지만, 타인에게서 이런 자질을 발견하면 그것을 높이 평가한다. 이들은 다른 사람들을 자기 생각에 동조하도록 하게 하는 등 자신이 필요하다고 생각되는 개혁을 위해 끈기 있게 노력한다.

④ 분노 표출방법

SO1은 분노의 열기를 차갑게 변형시킨다. 분노를 표현하지 말아야 할 감정으로 여기기 때문이다. 따라서 이들은 분노의 50%를 숨겨 놓고 분노를 다른 형태로 표현한다. 즉 분노를 지식의 우월감으로 표현하든지 타인들보다 더 많이 아는 것처럼 행세한다.

C. 혼동되는 유형

SO1은 5유형처럼 보일 수 있다. 이들은 완벽하고 우월해 보이기 때문에 많은 사람과 분리되어 있다.

D. SO1 예시인물: 왕윤

삼국지 인물 중 왕윤이 사회적 본능 1유형에 해당한다. 왕윤의 성격은 정의에 대한 집착으로 소신을 꺾지 않으며, 잘못된 일이라면 윗사람에게도 대드는 성격이고, 청렴하고 강직하며, 독선적이다.

2. 2유형의 격정과 부속유형

1) 2유형의 격정 - 교만 (Pride)

교만은 자신을 부풀리고 싶어 하는 욕구이고 유혹과 자기격상을 위해 상대방에게 거짓 관대함으로 표현된다. 2유형의 부풀려진 자존감은 존중받기 위해 사랑을 받아야 한다고 생각하게 만든다. 이는 자기 이상화와 과장이라는 패턴을 조장하는데, 자신의 위치를 자각하면 평가절하와 자기비판으로 이어진다.

2) 2유형의 부속유형

가. 자기보존 본능 2유형 (SP2)

A. 성향 - 특권 (me first - 나 먼저)

특권은 타인에게 무엇을 제공하느냐가 아니라 존재자체로 사랑받고 우선시되고 싶은 욕구를 반영한다. 2유형의 본능은 특권의식으로 나타나는데, 이들은 무의식적으로 다른 사람들이 자신의 욕구를 해결해 주기를 바라며 타인이 자신을 돌보아야 한다고 생각한다. 이들은 방치당하고 자신의 필요가 충족되지 않을까 봐 두려워하므로, 생존에 대한 불안 때문에 타인을 돌봄으로써 타인이 자신을 돌보도록 한다.

B. 특징

①아이처럼 유혹함

SP2는 어른 앞에 있는 아이처럼 유혹한다. 보살핌을 받고 싶은 무의식적 욕구에 의해 어린아이는 사랑스러워 당연히 사랑받을 가치가 있다는 식으로 표현한다. 이들은 어린애 같은 우선순위를 주장하며 타인이 자신의 욕구를 해결해 주기를 바란다. 어린애는 베풀기 때문이 아니라 그 존재자체로 사랑받기를 원하고, 어린애는 아무것도 하지 않아도 관심의 중심이 되어야 한다고 생각한다. 어린 시절에는 특권을 바라는 것이 당연하지만,

어린이 단계를 지나 나이가 들어서도 특별대우를 받기 위해 귀여운 상태로 머물기 때문에 성인처럼 보이지 않는다.

② 타인을 조종함

SP2는 자기희생적인 면모가 있지만 타인이 자신의 봉사에 대해 빚을 졌다고 생각한다. 이들은 유태인 어머니처럼 타인을 먼저 생각하고 타인을 자기보다 우선순위에 두는 것처럼 보인다. 그런데 사실은 타인이 자신을 위하게끔 조종하는 것이고, 자만의 열정은 숨겨진 특권의식이 자신의 봉사에 대한 보상으로 타인이 자기를 돌봐야 한다고 생각한다. 또한 자신이 먹을 음식으로 제일 맛있는 부분을 떼어놓을 자격이 있다는 신념으로 나타난다.

③ 의존욕구가 있음

SP2는 타인의 필요를 채워 주는 데 열중하고 자신의 욕구를 억누른다. 이들은 남들의 식사를 챙겨 주느라 자신은 잘 챙겨 먹지 못한다. 타인을 즐겁게 해 주는 것을 즐기지만, 자신이 주관하는 행사를 즐기지 못한다. 그런데 이들은 타인을 위해 봉사와 희생을 충분히 했기 때문에 자신이 필요한 것을 누릴 자격이 있다고 생각하므로, 무의식적으로 자신의 욕구를 타인이 충족시켜 주기를 원한다. 그러나 이들은 직접 그것을 요청하는 일은 없으며 보상심리로 무절제한 행동을 한다.

④ 교만 표출방법

SP2는 타인과 연결되는 것을 두려워하는 양가감정이 있어서 교만을 표출하지 못한다. SE2나 SO2는 타인을 향해 적극적으로 다가가지만, SP2는 타인에 대해 방어적이다.

SP2는 교만을 거의 표현하지 못하므로 <역유형>이다.

C. 혼동되는 유형

SP2는 온화한 6유형이나 4유형처럼 보일 수 있다. 두려움이 많고 대인관계에 있어 양가감정이 많고 사랑에 대해 많은 감정과 갈망을 표현하기 때문이다.

D. SP2 예시인물: 맹달

삼국지 인물 중 맹달이 자기보존 본능 2유형에 해당한다. 맹달은 현실 감각이 뛰어나 상대방을 조종하고, 힘을 좇아가는 의존욕구가 강하며, 타인을 현혹시키는 재주가 많고, 타인이 위급하여 도움을 청할 때 이해득실을 철저히 따지는 성격의 소유자다.

나. 개인적 본능 2유형 (SE2)

A. 성향 – 유혹 (Seduction)

유혹은 상대방의 헌신과 갈망을 얻어 내는 방법으로써 감정을 통해 일어나며, 유혹 뒤에 숨겨진 목적은 삶의 모든 문제와 필요를 해결하려는 것이다. 이들은 자신이 매력 있는가에 대한 불안 때문에 성별에 따라 상대방이 자신과 사귀도록 유혹하거나 강요한다. 일단 이들이 교제하게 되면 성별에 따라 상대방이 자기가 의도한 대로 하게 만들거나 꾀어내거나 밀어붙인다. SE2는 가장 유혹적인 사람이다.

B. 특징

① 집착함

SE2인 여성은 자신이 욕망의 대상이 되고 싶다는 욕구에 집착하고, 남성은 결합을 위해서 모든 장애물을 극복하는 것에 집착한다. 남녀 모두 사랑을 통해 자신의 가치를 찾으려고 하고 친밀한 관계를 원하며 마음이 끌리는 사람에게는 적극적으로 다가간다. 이들은 상대방이 자기에게 무관심한 경우에 더 매달린다. 여러 사람들과 친교를 맺기보다는 누군가와 가장 친한 사람이 되고 싶어 하므로, 친구에게도 애인처럼 구는 경향이 있다. 이들은 독점욕이 강해 자신의 친구들 사이도 서로 떼어놓고 싶어 한다.

② 열정적임

SE2는 상대방에게 적극적으로 구애하거나 쫓는 것을 두려워하지 않는다. 이들은 누군가로부터 열정적인 애착을 받고 싶어 하고, 여러 사람들이 자기에게 관심을 갖도록 하는 기술을 익히려고 노력한다. 자만의 열정은 타인이 자신을 원하는가의 여부에 대한 극단적 민감함으로 나타난다. 때로는 성적인 정복의 횟수에 대한 우쭐함으로 나타나고 야성미가 있다. 요부나 바람둥이 기질이 넘친다.

③ 추진력이 있음

SE2는 어떤 일에 일단 몰입하면 결론을 도출할 때까지 파고든다. 자기가 좋아하는 것에 빠지면 에너지와 추진력이 나타난다. 자신이 매력 있는가에 대한 불안으로 상대방이 자신과 사귀도록 유혹하고, 일단 사귀게 되면 상대방이 자기가 원하는 방식대로 하도록 밀어붙인다.

④ 교만 표출방법

SE2는 자신의 교만을 만족시키고 욕구를 충족하는 방식으로 특정인을 유혹한다. 자신의 욕구를 채워 줄 수 있고 바라는 모든 것을 채워 줄 능력이 있는 파트너를 매력적으로 유혹한다.

C. 혼동되는 유형

SE2는 4유형이나 온화한 6유형처럼 보일 수 있다. 개인적 본능 2유형은 두려움이 더 많고, 관계에 있어 양가감정이 더 많다. 또 사랑에 대해 더 많은 감정과 갈망을 표현한다.

D. SE2 예시인물: 장송

삼국지 인물 중 장송이 개인적 본능 2유형에 해당한다. 장송의 성격은 자기 마음에 드는 사람을 찾는 데 열중하고, 자기를 알아주는 사람에게 충성하며, 일을 해내고자 하는 박력이 있으나 신중하지 못하다.

다. 사회적 본능 2유형 (SO2)

A. 성향 – 야망 (Ambition)

SO2의 본능은 야망으로 나타나 사회적으로 출세하려고 노력하고 사회적 계층구조를 예민하게 감지한다. 이들은 소속되지 못했다는 느낌을 해결하기 위한 방법으로 상층부에 있는 사람에게 인정받고 어울리려고 애쓴다.

자신이 누구와 교제하며 그 사람들이 얼마나 중요한가 하는 것이 이들에게 높은 사회적 지위의 느낌을 준다. 이들은 맨 위에 존재하고자 하는 욕구를 실현하고 아주 높은 위치에 오름으로써 이익과 혜택을 취한다.

B. 특징

① 과시욕이 강함

SO2는 모임을 주관하거나 사람들을 소개해 주는 것을 즐기고, 성공한 사람들과 교분을 쌓아 영향력을 행사하고 싶어 한다. 이들은 남들에게 관심을 끌기 위해 남들 일에 조언을 해 주고, 유명한 사람들과 친분이 있는 것처럼 이야기한다. 또 타인의 삶에 영향을 주는 것을 좋아하므로, 자만의 열정이 자신이 좇던 사회적 위치와 신분을 달성했을 때 일어나는 스스로 가치 있는 기분으로 나타난다. 이들은 나이에 비해 조숙해 보인다.

② 중요인물이 되고 싶어 함

SO2는 사회적으로 출세하고 싶어 하므로, 지도자가 되거나 영향력 있는 사람의 측근이 되기를 원한다. 이들은 사회적 계층구조를 매우 예민하게 감지해 상층부에 있는 사람들에게 인정받고 어울리려고 애쓴다. 중요한 사람들과 교제하는 것이 이들에게는 높은 사회적 지위에 있는 듯한 느낌을 주기 때문이다. SO2는 2유형 중 가장 교만한 인물이고 교만을 채우기 위해 중요한 인물이 되고 싶어 한다.

③ 타산적임

SO2는 'Give and Take'가 철저해서 최대한으로 얻어 내기 위해 준다. 따라서 이들은 남에게 줄 때 무언가를 얻기 위한 전략적 시각과 계획을 갖고 있다. 이는 무의식적 수준에서 일어난다. 이들이 관대함을 보일 때는 언제나 전략적 시각을 가지고 있다.

④ 교만 표출방법

SO2는 청중을 장악하는 데서 오는 만족감으로 교만을 드러낸다. 자만의 열정이 자기입증과 자신이 좇던 사회적 위치와 신분을 달성했을 때 일

어나는 스스로 가치 있는 기분으로 나타난다. 이들은 자신이 일원이 되거
나 연결되고 싶다고 동경하는 집단 내에서 특별하고 화려하게 보이고 싶
어 한다.

C. 혼동되는 유형

SO2는 3유형 혹은 8유형과 비슷해 보인다. 이들은 열심히 일하고 많은
일을 성취하며, 권력의 자리 혹은 높은 자리를 획득하려고 하기 때문이다.

D. SO2 예시인물: 손권

오나라 황제인 손권이 사회적 본능 2유형에 해당한다. 손권의 성격은
인내심이 강하고, 넘버 2의 인생철학을 가졌으며, 참모를 도와주고 이들을
육성하지만 결단력이 부족하다.

3. 3유형의 격정과 부속유형

1) 3유형의 격정 - 허영 (Vanity)

허영은 다른 사람들의 시각에 따라 살아가는 것이다. 허영은 자신의 이
미지에 대한 열정적인 관심이고 타인에게 거짓 이미지를 나타내는 동기가
된다. 3유형은 어떤 이미지든 그 상황에 가장 성공적이고 적절한 이미지로
바꿀 수 있고 자신이 가치 있는 존재라고 여긴다. 3유형은 사랑받고 있다
고 느끼기 위해 성공적으로 보이기를 원한다. 이들은 자신이 가치 있고 의
미 있는 존재로 평가받기 위하여 다른 사람들을 평범한 사람으로 여김으
로써 자신을 꼭 필요한 사람으로 여기게 하는 경향이 있다.

2) 3유형의 부속유형

가. 자기보존 본능 3유형 (SP3)

A. 성향 - 안전 (Security)

SP3는 경제적 안정을 무엇보다 중요시하고 좋은 건강상태를 유지하기

위해 애쓰며 인정과 삶의 의미 속에서 안전을 찾고자 한다.

B. 특징

① 일 중독에 빠짐

SP3는 열심히 일하고 효율적이고 좋은 사람이 되려고 한다. 이들은 효율성에 대한 강한 집착으로 일 중독에 빠지기 쉬우며, 목표성취를 위해 새로운 기술을 배우고 자신이 일하는 분야의 최신 정보를 놓치지 않으려고 애쓴다. 이들은 일을 놓고 쉬는 적이 없고 휴가를 갈 때도 일을 가져갈 때가 많다.

② 좋은 사람이 되려고 함

SP3는 단지 좋게 보이는 것에 만족하지 않고 좋은 사람이 되려고 분투한다. 좋은 사람이 되고 어떻게 살아야 하는지에 대한 완벽한 모델이 되고자 한다. 이들은 타인들과 협력해서 일을 잘하고 타인들과 잘 지내고 갈등을 피하려고 노력한다. 어떻게 살아야 하는지에 대한 완벽한 모델과 일치하도록 좋은 사람이 되려고 하고, 완벽한 모델이 되는 것은 미덕을 갖추는 것이며 미덕은 허영이 없는 것이라고 생각한다.

③ 자립적임

SP3는 자신을 돌보는 데 적극적이고 뛰어나며 매사에 책임감을 느낀다. 이들에게 성공의 의미는 리더가 되거나 관심의 중심이 되는 것이다. 이들이 경쟁상대로 여기고 만족시키려고 노력하는 대상은 자신이다. 이들은 경제적인 안정을 중시하고 재산을 통해 자신의 가치를 인정받으려고 한다. 인정과 삶의 의미 속에서 안전을 찾으며 건강상태를 유지하기 위해 노력한다.

④ 허영 표출방법

SP3는 허영이 없다는 것을 표출한다. 즉 이들은 허영심이 없다는 허영을 가지고 있다. 이들은 사람들이 자신을 매력적이고 성공적으로 봐 주길 바란다. 하지만 그렇게 바란다는 것을 아무도 알아차리지 않기를 원하므로 자신의 긍정적인 특성들을 적극적으로 광고하지 않는다.

SP3는 허영을 부인하기 때문에 <역유형>이다.

C. 혼동되는 유형

SP3는 1유형 혹은 6유형과 비슷해 보인다. 형식상 외적으로 올바른 일을 하여 완벽에 집중하기 때문에 1유형처럼 보일 수 있다. 그리고 안전에 대해 걱정하고 선해 보이는 겉모습 이면에 두려워하고 불안해할 수 있다는 점에서 6유형과 유사하다.

D. SP3 예시인물: 허유

삼국지 인물 중 일을 해내고자 하는 성격을 가진 허유가 자기보존 본능 3유형에 해당한다. 허유는 일 처리에 탁월한 능력을 가지고, 계책을 잘 내며, 재물에 대한 욕심이 많으며, 상대방의 입장을 생각하지 않고 경거망동하고 입방정을 떠는 성격이다.

나. 개인적 본능 3유형 (SE3)

A. 성향 - 매력

SE3의 성향은 매력으로 남성성과 여성성(Masculinity/Femininity)이다. 이들은 금전이나 명예보다 성적 매력이나 아름다움에 목표를 둔다.

B. 특징

① 수줍음을 탐

SE3는 내향적이다. 이들은 자신의 이야기를 하는 것을 쑥스러워하므로 자기가 돕고 싶은 다른 사람들에게 초점을 맞추고 타인을 만족시킨다.

② 매력적임

SE3는 개인적 매력을 통해 성취하는 것에 초점을 맞춘다. 이들은 좋은 사람보다 성적 혹은 남성적 매력 혹은 여성적 매력이라는 관점에 초점을 맞춘다. 카리스마·성공·성적 매력·힘으로 상대방에게 강한 인상을 주려고 애쓴다. 자신을 매력적으로 보이게 하기 위한 재주가 많고 옷차림에도 신경을 쓴다. 이들은 멋있는 사람과 특별한 관계를 맺어 사람들의 부러움을 사려고 한다. 설득하기에 실패할 것 같은 사람은 아예 설득하려고 들지 않는다.

이들은 사람들이 자신을 정말로 알게 되면 자신을 받아들이지 않을지도 모른다는 우려를 한다. 인기를 끄는 것으로 자신의 가치를 인정받으려고 하므로 이상적인 남성상, 여성상을 연출하고 연기한다. 하지만 자신이 연출하는 이미지를 유지하지 못할까 봐 불안해한다. 친밀한 관계를 원하면서도 3유형의 특성상 그것을 두려워한다. 타인을 유혹하기는 잘하지만, 친분관계를 끊임없이 유지하는 데는 능숙하지 못하다.

③ 타인을 도움

SE3는 지위와 성취에 관심을 두지 않으며 사회적 가면을 쓰지 않고 자신의 감정을 표현한다. 또 타인을 돕는 것에 집중하고 타인을 기쁘게 하려는 데 에너지를 쏟는다. 이들은 타인의 노력을 지지하는 일에서 훌륭한 치어리더가 될 수 있다.

④ 허영 표출방법

허영을 부인하지도 않고 나타내지도 않으면서 은근히 허영을 표출한다.

C. 혼동되는 유형

SE3는 남을 돕기 때문에 2유형처럼 보일 수 있다. 긍정적이고 열정적이며 사람들을 격려하므로 7유형과도 비슷하나.

D. SE3 예시인물: 가후

삼국지 인물 중 가후가 개인적 본능 3유형에 해당한다. 가후의 성격은 때와 형편에 따라 일을 잘 처리하는 권변이 뛰어나고, 당장의 위세보다 장래성을 택하는 안목이 있으며, 자기가 처한 상황에서 최선을 다하는, 처세의 달인이며 철새 정치인의 원조이다.

다. 사회적 본능 3유형 (SO3)

A. 성향 - 명예 (Prestige)

SO3는 타이틀·학위 등을 중요하게 생각한다. 이름 없는 사람이 된다는 점을 무엇보다 치욕스럽게 생각하고, 자신이 활동하고 있는 그룹에서 선봉에 서기를 원한다. 이들은 사회적 안정의 증거가 되는 좋은 직업·이력·자격증·상장 등에 집착하고 박수받기를 원한다.

B. 특징

① 두각을 나타내고자 함

SO3는 눈에 띄고 싶어 하고 타인들에게 영향력을 행사하고 싶어 하며, 무대 위에 서는 것을 좋아하고 조명받는 것을 좋아한다. 자신이 매사에 선봉에 서야 하고 모든 사람들이 자기를 따르기를 원한다. 이들은 열정이 많고 효율적이며 결단력 있는 지도자이다.

② 경쟁심이 강함

SO3는 경쟁과 승리에 관심이 높아 지위가 높은 사람들과 친분관계를 갖고 있는 것에 자부심을 가진다. 성공을 위해 좋은 기회를 부여하는 단체에 속하기를 원하며, 폭넓은 대인관계가 능력이라고 평가하여 사람을 사귀는 데 많은 시간을 투자한다. 이들은 대화하는 법과 사회계층의 사다리를 오르는 법을 알고 있다. 또 최대이익을 얻기 위해 신중하게 말을 해야 한다고 생각하는데, 올바른 인상을 주고 자신이 원하는 것을 얻어서 목표에 도달하려고 하기 때문이다.

③ 이미지 메이킹에 능숙함

SO3는 자신이 홍보하기를 원하는 제품이 무엇이든 판매하고 마케팅할 수 있는 능력이 있다. 올바른 이미지를 잘 만들기 때문에 이들에게서 결함을 찾기 어렵고, 상황에 따라 태도를 바꿈으로써 다양한 그룹에 맞추고자 한다. 이들은 사람들이 가까이 다가오지 못하게 하려는 성향이 있다. 매사에 긍정적으로 보이기를 원해서 사람들이 자신의 이미지를 꿰뚫어 볼지도 모른다는 두려움이 있기 때문이다. 이들은 좋게 보이고 일이 완수되도록 성취하는 것에 초점을 맞추고, 좋은 인상을 주는 일에 가치를 두므로 비판은 이들에게 치명적이다. 3유형 중 가장 경쟁적이고 공격적이다.

④ 허영 표출방법

SO3는 타인에게 주목받고 영향을 행사하고자 하는 욕구를 통해 허영을 보여준다. 사람들이 일을 잘하고 문제해결방안을 찾도록 동기를 부여한다. 이들은 이름 없는 사람으로 남는 것을 무엇보다 수치스럽게 생각한다.

C. SO3 예시인물: 조조

삼국지 인물 중 조조가 사회적 본능 3유형에 해당한다. 조조의 성격은 노력파이고, 상황판단을 잘하며, 성취를 위해 수단방법을 가리지 않고, 도덕보다 능력을 중시하고 명분보다 실리를 추구하는 실용주의자이다.

4. 4유형의 격정과 부속유형

1) 4유형의 격정 - 시기 (Envy)

시기는 결핍되었다고 느끼는 것을 갈망하며 고통스러운 결핍감으로 나타난다. 이것은 이들이 잃어버렸지만 정말 필요하다고 여기는 것을 자신이 얻을 수 없다는 생각이다. 시기는 어린 시절의 상실감에서 온다. 시기는 자신에게는 없고 다른 사람에게는 있는 것을 얻기 위해 열심히 노력하는 모험을 강행하는 동기를 부여한다. 하지만 시기가 너무 커지면 내면에 깊은 소용돌이가 일어나고 불안상태에 빠진다.

2) 4유형의 부속유형

가. 자기보존 본능 4유형 (SP4)

A. 성향 - 불굴 (Dauntlessness)

불굴은 미래에 대하여 이들의 꿈을 키우는 원동력이다. 이들은 주변 환경에 제한받지 않고 원하는 것을 가져야 한다는 생각을 무모하게 하므로, 자신의 환경을 어렵게 한다. 경제적으로 어려움에도 불구하고 어떤 물건 없이는 못 견딜 것 같아 이를 무리하게 사들여 빚더미에 빠지게 된다.

B. 특징

① 내향적임

SP4는 사람들과 떨어져 홀로 지내기를 좋아하므로 혼자서 지내는 시간이 편하고 즐겁기를 바란다. 자신의 주변 환경에 까다롭고 강박적이므로 은은한 벽지, 격조 있는 조명, 쾌적한 실내온도를 선호한다.

② 극기심이 강함

SP4는 자신을 증명하고 사랑을 얻는 수단으로 열심히 일함으로써 자신의 괴로움을 느끼지 않거나 억누른다. 인내하고자 하는 강한 충동이 있으므로 스스로 견딜 수 있는 능력을 키운다. 이들은 힘든 상황 속으로 자신을 몰아넣어 자신을 시험하고 고통을 견디지만 타인과 괴로움을 공유하지 않는다.

③ 충동적임

SP4는 지루한 생활의 속박을 견딜 수 없어 신중함을 던져 버리는데, 순간적인 충동으로 해외여행을 떠나는 비행기 표를 사기도 한다. 이들은 분에 넘치는 여가생활을 하다가 재정적 난관에 봉착하기도 한다.

④ 시기 표출방법

SP4는 시기심으로 살아가는 대신에 자신에게는 없으나 타인은 가지고 있는 것을 얻기 위해 열심히 일하는 것으로 시기를 표출한다. 이들은 자신에게 많은 것을 요구하며 참으려는 인내와 노력하는 열정을 가지고 있다.

SP4는 극기심이 강하므로 <역유형>이다.

C. 혼동되는 유형

SP4는 경쾌하고자 하는 충동으로 7유형처럼 보일 수 있다. 이들의 경쾌함은 고통을 견디고 내면화하는 와중에 즐거움을 찾고자 하는 욕구를 반영한다.

D. SP4 예시인물: 조식

조조의 셋째 아들인 조식이 자기보존 본능 4유형에 해당한다. 조식은 문학에 대한 재주가 뛰어나고, 술에 취하면 천자의 전용도로를 멋대로 지나가기도 하는 충동적 기질이 있다. 또, 왕위에 오른 조조의 장남 조비가 왕의 자리를 노리는 동생인 조식에게 일곱 발자국을 떼는 동안 시를 지어 보라고 하자 칠보시를 지어 위기를 극복한 일화처럼 설득력이 강한 자였으나, 뜻을 펼치지 못해 평생 우울하게 지냈다.

나. 개인적 본능 4유형 (SE4)

A. 성향 - 경쟁 (Competition)

SE4는 나보다 더 행복하고 매력적인 사람을 부러워한다. 특히 그들이 이들과 비슷한 처지에 있을 때 더 그러하다. 이들은 사랑을 찾기 위해 같은 성별의 사람들과 치열하게 경쟁한다. 사랑이란 싸워서 쟁취해야 된다고 생각하기 때문이다.

B. 특징

① 낭만적임

SE4는 낭만주의자로 자신의 삶을 풍요롭게 해 줄 구원자가 나타나기를 간구한다. 따라서 이들은 돈독한 관계로 지내고 낭만적인 분위기를 조성해 줄 수 있는 사람을 물색한다. 이들은 먼 곳에 있고 자기 손에 잡히지 않는 것을 그리워한다. 이들은 영혼의 동반자나 왕자나 공주가 와서 평범한 생활에서 구원해 주기를 갈망하지만, 특유의 질투심과 경쟁심 때문에 관계를 망쳐 버린다.

② 시기심이 강함

SE4는 자신이 원하는 달란트의 소유자와 로맨틱한 관계형성을 원하면서도 상대방이 그런 달란트를 가졌다는 이유로 상대방을 미워하고 샘을 낸다. 이러한 시기심과 미움 때문에 관계가 깨져 버린다. 이들은 상대방을 이상화했다가 작은 결점 때문에 거부하기도하며, 사랑의 경쟁자뿐만 아니라 사랑하는 상대방에게도 질투심을 가지고 경쟁하려 한다. 이들은 경쟁자들과 애정의 대상에게 자기가 그들보다 낫다고 확신시키고자 애쓴다.

이들은 가까운 사람과 문제가 생기면 화가 나기보다 우울해진다. 친밀한 관계에서 밀고 당기는 과정을 반복함으로써 극적인 상황과 고통을 만들어 내는데, 어느 정도의 거리를 유지하며 주도권을 쥐고 있다는 생각을 한다. 이들은 때때로 자기 자신은 타인으로부터 진정한 사랑을 받을 수 있는 특별한 사람이 아니라고 생각한다.

③ 변덕스러움

SE4는 타인에 대한 감정이 급격히 변화하는 경향이 있다. 이들은 때때로 연인이나 보호자에 대해서도 변덕스러운 태도를 보인다. 나아가 자신의 감정적인 욕구를 좌절시켰다고 여기는 사람에게는 공격적인 행동을 취하기도 한다. 이들은 자신과 경쟁을 하고 있는 사람을 파멸시키거나 자신을 실망시킨 사람에게 상처를 주는 것은 당연한 일이라 생각한다.

④ 시기 표출방법

최고가 되기를 원하는 이들은 경쟁으로 시기를 표현한다. 이들의 내면 결핍의 고통은 무의식적으로 원하는 것에 대한 시기로 나타난다.

C. SE4 예시인물: 초선

삼국지 인물 중 대의명분을 위해 목숨까지 바치는 여성인 초선이 개인적 본능 4유형에 해당한다. 초선은 학문, 기예, 가무에 능숙한 낭만주의자이고, 자신을 희생해 여포와 동탁의 시기심을 유발시켜 이들 사이를 갈라 놓았으며, 계교를 꾸미는 계책에 능하고, 강한 신념을 가진 성격의 소유자다.

다. 사회적 본능 4유형 (SO4)

A. 성향 – 수치 (Shame)

SO4는 사람들이 따라야 하는 어떤 올바른 기준이 있다고 생각하지만, 자신은 그런 기준에 부합하지 않는다고 생각하므로 끊임없이 수치심을 느낀다. 수치심은 당혹스러움, 치욕, 자신감의 부족을 의미한다. 이들은 자신의 실수를 절대로 용납하지 못한다. 또 사회적인 기술이 없다고 느낄 때가 있어 이를 보완하기 위해 자신의 매력이나 자신감을 내세우기도 한다.

B. 특징

① 독특함을 추구함

SO4는 자신이 독특한 사람이라는 생각을 가지고 있다. 이들은 자신의 독특함을 타인에게 줄 수 있는 선물인 동시에 짐으로 여긴다. 특별함에 대한 선망이 있으며 남들과 비슷한 것을 싫어하고 평범한 것을 꺼린다. 이들은 타인들로부터 특별나다는 평가를 받기 원한다.

② 수치심이 많음

SO4는 자신의 욕구와 바람을 드러내지 못하고 성과 분노를 부끄러워하며 자신의 욕구와 필요에 강한 수치심을 느낀다. 또 자신의 이상에 도달하지 못한 것에 부끄러움을 느끼며 자기비하를 한다. 타인과 자신을 비교하고 자신이 가장 못났다고 결론을 내린다. 자신을 타인과 비교하며 자신의 부족한 모습을 찾기 때문에 타인과 경쟁하지 않는다. 오히려 부족한 자신을 보여주는 것이 타인에게서 자기가 필요한 것을 끌어낼 수 있다고 생각한다.

이들은 수치심 때문에 평범한 사람들처럼 살아가는 방법을 모른다고 느끼며, 자신이 잘 적응하지 못한다는 느낌에 대한 보상으로 성공에 집착한다. 이들은 자신을 방어하기 위해 사람들과 멀리 떨어져 있지만, 사람들이 자기에게 관심을 가져 주기 바란다.

③ 열등감에 사로잡힘

SO4는 자기비하의 욕구가 있어 타인과 자신을 비교하고 자신이 가장 못났다고 생각한다. 이들은 형식에 사로잡히고 경직된 경향이 있어서 몸가짐에 주의를 기울인다. 타인과 비교하며 자신의 부족한 모습을 찾으므로 경쟁심이 없다. 이들은 적절한 예법을 갖춰 행동하는 것이 매우 중요하다고 생각하지만, 그렇게 행동하지 못한다는 자격지심에 내면 깊은 곳의 느낌을 감추고자 한다. 이들은 괴로워하고 우울을 느끼는 데서 편안함을 느낀다.

④ 시기 표출방법

시기는 자신의 열등감에 초점을 맞추고, 희생자 역할을 선택하며 한탄을 늘어놓는 것으로 시기를 표현한다. 이들은 타인과 경쟁하지 않는 대신에 자신과 타인을 비교하고 자신의 결핍을 찾는다.

C. SO4 예시인물: 주유

삼국지 인물 중 제갈량과 더불어 화공법(火攻法)으로 적벽대전을 승리로 이끈 주유가 사회적 본능 4유형에 해당한다. 주유는 독창적 혁신가이며, 겸손하고, 예술적 감각이 뛰어나지만 시기심이 많은 성격이다.

5. 5유형의 격정과 부속유형

1) 5유형의 격정 – 탐욕 (Avarice)

5유형의 탐욕은 고갈의 두려움에서 벗어나기 위해 시·공간 및 자원을 비축하여 보유하는 것이다. 이들의 탐욕은 더 많이 획득하려는 충동보다는 이미 가지고 있는 것을 지키려는 보유의 충동이다. 탐욕은 가지고 있는 것을 놓치지 않는 것이고, 탐닉은 끊임없는 새로운 갈증이며 욕망은 강렬함을 추구하는 것이다.

2) 5유형의 부속유형

가. 자기보존 본능 5유형 (SP5)

A. 성향 – 은둔 (Castle)

SP5는 스스로 움츠러들어 물러나 타인들로부터 자신을 분리시킬 수 있는 편안한 거처를 물색함으로써 자신의 삶을 보호하려고 한다. 이를 위해 은신처를 찾아내고 이를 지켜 내는 데에 몰두한다. 자신의 공간과 사생활을 보호하고 자신을 돌보는 방법으로 타인과 세상으로부터 뒤로 물러서서 은거한다.

이들의 탐욕의 열정은 은신처로 피신하고 재산을 축적하는 데로 향한다. 이들은 벽 뒤에 숨어 있으며 그곳에 삶을 유지하는 데 필요한 수단이 구비되어 있다는 사실을 알고 있다.

B. 특징

① 고독을 즐김

SP5는 고독을 사랑하고 사회적인 접촉을 피하고, 세상과 타인들로부터 자신을 보호하기 위해 두꺼운 벽을 쌓아올린다. 이들은 자신에게 필요한 것을 최소화시킴으로써 타인으로부터의 독립성과 분리를 얻으려고 노력한다. 또 독립성과 프라이버시를 침해당하는 것을 싫어하므로 사람들과 함께 있으면 쉽게 지쳐 버린다. 이들이 다른 사람들과 친해지려면 많은 시간이 걸리며, 재충전을 위해 집에 혼자 있는 시간이 필요하다.

이들은 세상 밖으로 나갈 필요가 없도록 벽 안쪽에 모든 것을 갖추어 놓으려 한다. 타인과의 사이에 경계선을 두며, 자신의 경계선에 대해 통제권을 가지는 것을 중요하게 여기고, 외부의 침입으로부터 자신을 보호하고 자신의 경계를 통제하기를 원한다.

② 에너지를 비축함

SP5는 타인의 도움을 필요로 하는 것을 피하기 위해 자신의 에너지와 자원을 아끼므로, 자신이 처한 여건하에서 최소한의 물자를 취하려고 힘쓴다. 이들은 집과 직장을 철저히 지키며 물자를 절약하고 요란한 생활을 지양하고 조용히 지내려고 한다. 또 생계와 취미생활, 가족이나 가까운 사람의 안위에 관심이 많다.

③ 욕구를 줄임

SP5는 독립성과 타인으로부터의 분리를 꾀하기 위해 과다한 필요와 욕구를 포기하고 최소한의 자원으로 살아간다. 따라서 이들은 욕구와 필요를 제한하여 타인에게 의존하는 것을 회피한다. 이들은 자기에게 필요한 것을

최소화하기 때문에 적은 돈을 쓰면서도 살 수 있다. 이들과는 의사소통이
어렵다.

④ 탐욕 표출방법

경계를 고수함으로써 탐욕을 표출한다.

C. SP5 예시인물: 양수

먹자니 먹을 것이 없고 버리자니 아깝다는 의미를 지닌 '계륵(鷄肋－닭
갈비)' 사건의 주인공인 양수가 자기보존 본능 5유형에 해당한다. 양수의
성격은 명석한 두뇌와 번뜩이는 재치를 자랑하고, 상대방의 마음을 읽어
내는 재능이 탁월하며 보필하는 사람의 보좌를 잘하지만, 자신을 너무 내
세우며 처신을 잘하지 못한다.

나. 개인적 관계 5유형 (SE5)

A. 성향 - 자신감 (Confidence)

SE5는 자기매력과 연애능력, 성적인 능력에 대한 자신감이 결여되어
있어 스스로 능력이 없고 멋이 없다는 생각에 대한 보상으로 가식된 자신
감을 나타낸다. 하지만 호감이 가는 사람에게 다가가는 것이 어렵다. 따라
서 이들에게는 자신의 억압을 극복하기 위해 함께 있으면 안전하다고 느
낄 수 있는 의지할 사람이 필요하다. 탐욕의 열정은 거부당할까 봐 두려워
서 애정을 거두어들이지만, 일단 목표로 삼으면 애정의 대상을 꽉 붙잡고
놓지 않는다.

B. 특징

① 상상력이 풍부함

SE5는 열정과 지성이 결합하여 상상력이 풍부하다. 타인과 친밀감을
원하면서도 5유형의 특성상 그것을 회피하기도 한다. 이들은 이상적인 파
트너와의 환상적인 만남을 상상하므로 현실에 절망하기도 한다.

② 상대방과 신뢰구축

SE5는 인간관계에서 신비스러운 결합을 추구하므로 상대방에 대한 신

뢰와 욕구가 크다. 이들은 이상적인 신뢰를 구축하여 파트너십을 형성하고
자 한다.

③ 민감함

SE5는 감정적으로 민감하고 고통을 받으며 욕구를 더 많이 표현한다.
예술적인 창작물을 통한 활기찬 내면의 삶을 가진다.

④ 탐욕 표출방법

예술적 창작물을 통해 탐욕을 표현한다.

SE5는 가지고 있는 것을 지키기보다는 내놓으려는 방식으로 탐욕을 표
출하므로, <역유형>이다.

C. SE5 예시인물: 제갈량

천하삼분지계로 유비를 도와 촉한을 건국한 제갈량이 개인적 본능 5유
형에 해당한다. 제갈량은 분석력이 탁월하고, 천문지리에 능통하며, 일 처
리가 공정하고 외유내강한 성격의 소유자로 상대하기가 어려운 인물이다.

다. 사회적 관계 5유형 (SO5)

A. 성향 - 토템 (Totem)

SO5는 자신이 따를 이상적 인물을 갖고 있고 사회적 계급구조를 민감
하게 알아차린다. 토템은 공동체 내에서의 숭배대상으로 가족이나 사회집
단을 나타내는 상징이나 표상이다. 토템이라는 말이 의미하듯이 받드는 물
건이나 동물이 그려진 형상들 중에 원하는 것의 그늘 아래서 살고 또한 그
것이 되고 싶어 한다. 이들은 잘 알고 있는 사회적 원형을 구현하고 싶어
하므로 어떤 모델이나 지식의 샘이 되기도 한다.

B. 특징

① 필요한 존재가 되기 위해 지식과 지혜를 사용

SO5는 리더가 되고자 하는 포부가 커서 전문인이나 지식인 그룹의 구
성원이 되고자 한다. 이론적으로 복잡한 주제나 깊이 있는 주제를 다루는
것을 선호하지만, 평범한 대화나 일상의 대화 그리고 의례적인 대화는 피

하려고 한다. 이들은 특수하고 특정한 분야에 관해 전문지식을 쌓기를 원한다. 이들의 탐욕의 열정은 이들에게 명예와 부를 쥐게 하는 것이라면 어떤 것이든 수중에 넣을 수 있는 습성으로 나타난다.

② 전문가 집단의 일원이 되고자 함

이들은 리더가 되기 위해 풍부한 지식축적과 연구활동의 경험을 바탕으로 하여 전문가 집단의 구성원이 되기를 바란다.

③ 비범함을 추구함

SO5는 삶의 정수와 비범함을 찾는 데 집중한 나머지 일상의 삶에 흥미를 잃을 수 있다. 따라서 평범한 자신은 아무 의미가 없다고 생각한다.

④ 탐욕 표출방법

감정적 유대보다는 가치를 공유하고 지식을 통해서 타인과 공통적 관심사를 연결시킴으로써 초이상의 필요를 통해 탐욕을 표출한다. 이들의 탐욕은 지식과 연결되며 인간관계의 지속에 대한 필요는 정보에 대한 목마름으로 대체된다.

C. 혼동되는 유형

SO5는 자신이 흥미를 느낄 만한 일이 없을 때 지루해하므로 7유형과 혼동된다. 사회적 본능 5유형은 집중을 위해 주변이 조용하기를 바라지만 7유형은 침묵을 잘 못 견딘다.

D. SO5 예시인물: 사마의

삼국지 인물 중 사마의가 사회적 본능 5유형에 해당한다. 사마의는 겉으로는 볼품이 없으나 대단한 지략가이고, 이기기보다는 지지 않기 위한 전략을 구사하며, 나락으로 떨어질 때마다 특유의 지모를 펼쳐 재기하고, 시치미 떼기의 명수로서 기회가 포착되면 상대방을 단숨에 해치는 성격의 소유자다.

6. 6유형의 격정과 부속유형

1) 6유형의 격정 - 두려움 (Fear)

6유형에게 두려움은 가장 나쁜 일이 발생할 것 같고 타인을 믿을 수 없거나 자신을 표현하기 어려운 불안, 근심 및 공황에 빠지게 한다. 두려움은 알 수 없는 위험에 대한 불쾌한 감정이고 생리적인 반응이다. 두려움은 보통 불안과 밀접하고 하위유형에 따라서 덜 인식하거나 더 인식될 수 있다. 불안은 위험의 완전을 알 수 없거나 인식할 수 없고, 자신의 마음으로부터 생길 수 있는 예상된 위험과 관련된 걱정, 긴장, 우려를 포함한다.

2) 6유형의 부속유형

가. 자기보존 본능 6유형 (SP6)

A. 성향 - 온화 (Warmth)

SP6는 따뜻하고 친절하며 붙임성이 있다. 이들에게 온화함은 사람들이 자신에게 우호적이고 화나지 않게 만들어서 자신이 공격받지 않게 하는 방법이다. 이들은 자신의 삶을 보호하고 영위하는 방안으로 타인이 자기 자신을 좋아하고 따르게 만든다.

B. 특징

① 의존성이 강함

SP6는 공포가 가장 강하다. 공포순응형은 타인에게 신용을 받으려 하고 안전함을 추구하며, 타인에게 의존하는 것을 통해 공포감을 해소하고자 한다. 이들은 자기 자신을 충분히 신뢰하지 않으므로 외부의 지원 없이는 외로움과 무력함을 느낀다. 적대감 없이 따뜻하게 보호받을 수 있는 장소에서 가족으로 받아들여지기를 바란다. 의존성은 타인의 공격성 앞에서 자신의 공격성을 약화시킨다.

② 관계에 집중함

SP6는 살면서 안전하다는 느낌을 갖기 위해 관계에 집중한다. 이들은 자신을 지켜 내는 열쇠로 타인의 애정의 대상이 되고자 한다. 이들은 타인을 자기 생존의 위협으로 인식하므로, 자신의 싹싹함을 활용하여 타인과 친분관계를 돈독히 함으로써 타인이 자신을 공격할 가능성을 상쇄시킨다. 두려움의 열정은 자기보호를 둘러싼 염려로 나타나 내 편이 될 수 있는 사람을 찾기 위해 온갖 정성을 쏟는다. 이들은 상냥하고 믿음직한 사람으로 보이기 위해 노력하고 보호적 동맹을 추구하므로 따뜻하며 친근하다.

③ 안전을 추구함

SP6에게 안전함은 타인, 조직과의 연결로써 만들어지고 타인이 자신에게 관심을 가지는지에 신경을 쓴다.

④ 두려움 표출방법

두려움은 불안정하다는 것으로 표현된다.

C. 혼동되는 유형

SP6는 다른 사람들을 잘 챙기고 도와주므로 2유형처럼 보이는 경우가 많다.

D. SP6 예시인물: 공손찬

삼국지 인물 중 충직한 성격의 소유자인 공손찬이 자기보존 본능 6유형에 해당한다. 공손찬은 타인에게 의지하려는 성향이 강해 측근들과의 관계형성에 집중했다. 대규모 토목공사로 거대한 성채를 지어 안주에 힘을 기울인 반면, 안목이 부족해 모험심이 약했다.

나. 개인적 본능 6유형 (SE6)

A. 성향 - 강함 (Strenth)/아름다움 (Beauty)

SE6에게는 사람들이 자신의 성적 매력을 인정해 주는지와 사람들이 진정으로 자신을 따르는지에 대한 의구심이 내면에 깔려 있다. 이들은 다른 사람들로부터 사랑을 받지 못할 것에 대한 두려움을 가지고 있으므로, 사랑을 받기 위한 열정이 이들에게서 강하게 나타난다. 그런데 이러한 열정은 오히려 상대방과의 긴밀한 유대관계를 맺는 것을 두려워한다. 따라서 남성은 강한 측면을 내세워 사나이답게 강인해 보이려고 애쓴다. 여성은 아름다움을 과장해서 이러한 두려움을 숨기려고 한다. 또 여성은 자기매력을 한껏 발휘해서 자신의 유혹능력을 상대방과 결합하는 수단으로 이용하기도 한다.

B. 특징

① 도전적이고 도발적임

SE6는 강함으로 두려움에 맞선다. 이들에게는 두려울수록 공격이라는 최고의 방어 프로그램이 작동하여 사나워 보일 수 있다. 이들은 위험으로부터 숨거나 피하는 대신 직접 대면하는 데에서 안전을 느끼고 불안한 상태가 되면 권위에 도전한다. 또 안전치 못한 상태에 놓이거나 타인과의 연결이 끊어질 상황이면 폭발적인 감정반응을 보인다. 이들은 불안감에 대처하기 위해 암벽등반가, 스카이다이버, 스턴트맨 등 위험을 감내해야 하는 취미생활을 하거나 직장생활을 하기도 한다.

② 육체적 매력 개발

SE6는 체육관에서 시간을 보내기 좋아하는데, 이는 체력단련의 목적이라기보다는 자신의 몸매와 매력을 과시하기 위한 것이다. 이들은 힘이 있을 뿐만 아니라 능력도 겸비한 사람들이 자신에게 다가오기를 바란다.

③ 에너지가 넘치고 경쟁적임

SE6는 목표를 이루기 위해 열심히 일한다.

④ 두려움 표출방법

SE6는 두려움을 적극적으로 표현하고 두려움에 대항한다. 이들은 다른 사람보다 자신을 더 신뢰하며, 겁에 질릴 때는 최고의 방어가 최고의 공격이라는 내면의 프로그램을 가지고 있다.

SE6는 강함으로 두려움에 맞서는 공포대항형으로 <역유형>이다.

C. 혼동되는 유형

SE6는 힘에 의존해서 주장자인 8유형처럼 터프한 행동을 하기도 하여 "나를 건드리지마"라는 생각을 가지고 있다. 또한 이들은 타인의 마음을 빼앗고 지원을 끌어내기 위해 5유형과 유사한 방법으로 성적 매력을 사용한다.

D. SE6 예시인물: 조운

삼국지 인물 중 조운(조자룡)이 개인적 본능 6유형에 해당한다. 조운은 무예와 용기를 겸비하고, 자신의 공을 자랑하지 않으며, 자신이 몸담고 있는 조직의 발전을 먼저 생각하지만, 결벽증이 있는 성격의 소유자다.

다. 사회적 본능 6유형 (SO6)

A. 성향 - 의무 (Duty)

SO6는 사회적 책무라고 여기는 일을 원활하게 수행하는 것이 자기가 원하는 단체의 구성원이 될 수 있는 최선의 길이라고 생각한다. 이들은 정치 지도자나 종교단체의 지도자에게 봉사하고 헌신하고 충직함으로써 자신의 사회적 문제를 해결하려고 한다. 이를 위해 이들은 각종 단체의 리더의 권위를 위해서 수행될 일이라고 생각되면 어떠한 것이든 충직하고 헌신적이다. 심지어 비위를 맞추고 아첨하면서까지 수행한다.

B. 특징

① 규범을 준수함

SO6는 절차와 의무에 충실하다. 이들은 권위로부터 인정받지 못하는 것을 두려워하므로 안전한 길은 옳은 일을 하는 것이라고 믿는다. 옳은 일을 하는 방법은 명확한 규칙을 갖는 것이어서 의무, 약속을 통해서 안도감을 갖기를 원한다. 이들에게 두려움의 열정은 권위를 가진 사람의 뜻에 거스르는 것을 두려워하고, 사회규범을 준수하지 못하고 사회적 의무를 다하지 못할까 봐 두려움에 휩싸이는 것으로 나타난다. 이들은 정확함을 사랑하고 모호함에 과민하며 권위로부터 인정받지 못하는 것을 두려워한다. 따라서 이들에게 안전한 길은 옳은 일을 행하는 것이다.

② 공동체에 충실함

SO6는 자신이 소속된 단체가 자신보다 더 잘되기를 바라고, 자신이 속한 단체의 안전을 위해서 기꺼이 희생한다. 이들은 타인이나 소속된 그룹을 위해서는 많은 공을 들이지만, 스스로의 발전이나 성공을 위해서는 소극적이다. 동지애와 의리를 중시하고 이상주의적인 성향이다.

③ 지원군을 만들어 냄

SO6는 안정과 동의를 구하기 위해 친구를 찾으며 타인과 관계를 맺기위해 노력한다. 이들은 불안감이 많으므로 어떤 일을 결정하거나 착수를하기 전에 다른 사람의 의견을 듣고 동의를 얻어 낸다.

④ 두려움 표출방법

확실성과 정확성에 초점을 맞추어 두려움을 표출한다.

C. SO6 예시인물: 관우

삼국지 인물 중 덕장으로 유명한 관우가 사회적 본능 6유형에 해당한다. 관우는 충성심이 강하고, 의리가 있고 정정당당하며, 의협심이 강하지만 자만심이 지나친 성격의 소유자다.

7. 7유형의 격정과 부속유형

1) 7유형의 격정 - 탐닉 (Gluttony)

탐닉은 쾌락에 과도하게 빠지는 것이다. 이것은 사람, 물건, 아이디어, 경험들과 같은 모든 종류의 새로운 자극에 대하여 만족하지 않고 속도를 늦추지 않는 갈망이다. 탐닉은 더 많은 것을 원하고 주어진 상황으로부터 얻을 수 있는 모든 것을 이용하고자 하는 바람이다. 이러한 탐닉에는 타인을 이용하려는 복선이 깔려 있다고도 볼 수 있다.

2) 7유형의 부속유형

가. 자기보존 본능 7유형 (SP7)

A. 성향 - 방어 (Keepers of the Castle)

SP7은 타인과 단합하고 평소에 유대관계가 좋은 사람들을 보살핌으로써 자기의 생존을 보장받으려고 노력한다. 이들은 가장이 되어 자신의 가족을 보살피고, 수호주의자인 6유형이 가진 친화력의 특성을 공유하여 포용력이 있고 협조적이며 자상한 아버지와 같은 모습을 보인다.

B. 특징

① 네트워크를 조직함

SP7은 동맹을 형성하고 인적 정보망을 통해 안전을 확보하며 함께 단결하는 친한 파벌을 만든다. 즐거움, 정보, 자극을 공유할 수 있는 비슷한 생각을 가진 사람들을 찾는다. 또 안전의 느낌을 찾는 데 주의를 기울이고 실용적이고 이기적이며 모든 기회마다 유리한 거래를 만들어 낸다.

② 즐거움을 추구함

SP7은 붙임성 있고 유쾌한 스타일이며 여행, 놀이를 좋아한다. 이들은 영화목록 작성, 여행가이드, 카탈로그 제작 등 취미생활이나 여가생활을 보내는 데 도움이 되는 정보를 제공하고 안내하는 일을 직업으로 삼기도 한다. 편안하고 만족스러운 삶을 살기 위해 전형적인 소비자로 살아간다. 이들은 쇼핑, 여행, 취미생활에 몰두하고 수다 떨기를 좋아하며 쾌락주의적이고 플레이보이 스타일이다.

③ 사교적임

SP7은 타인에게 의존하는 것을 두려워하지만 타인도 자신에게 의존하는 것을 원치 않는다. 이들은 자신의 욕구가 채워지지 않을까 두려워하고 불편한 상황이 되면 평정심을 잃는다.

④ 탐닉 표출방법

SP7은 동맹을 형성하는 것을 통해 탐닉을 표현한다. 모든 기회마다 좋은 거래를 만들려고 하는 지나친 관심의 형태로 탐닉을 표출한다.

C. SP7 예시인물: 여포

삼국시대 제1의 무술스타이며 자유를 구가하는 여포가 자기보존 7유형에 해당한다. 여포는 에너지가 넘치고, 대장부의 매력이 있으며, 배려심이 있고 자유분방한 성격의 소유자다.

나. 개인적 본능 7유형 (SE7)

A. 성향 - 피암시성 (Suggestibility)

피암시성은 언제든지 순수하고 최면에 걸리기 쉬운 상태이며 상상을 통해 세상을 바라보는 것이다. SE7은 이들이 대하는 어떤 일에 대한 구상이나 절차와 방법 또는 타인과 융합하려는 성향이 있다. 이들은 인생의 반려자나 사랑하는 사람 또는 멋지다고 생각되는 사람들로부터 영향을 잘 받는다.

이들은 이성과 교제할 것이라는 생각이 들면 방향을 설정하고 이정표를 세운다. 이들에게는 애정관계가 미래로 투사되어 무한한 가능성이 넓은 바다 위로 펼쳐질 것으로 상상한다. 이들은 마음속에 동요의 파문이 쉽게 일고 애정관계로 생겨난 환상 속으로 잘 빠져든다. 따라서 이들은 암시에 걸리기가 용이하다.

B. 특징

① 이상향을 추구함

SE7은 상상대로 살고자 하는 이상적인 몽상가이다. 즉 이들은 삭막하고 평범한 현실보다 나은 것을 상상하고 꿈을 꾸며 더 높은 세상을 향해 나아가는 이상주의자다.

② 낙관적임

SE7은 긍정적 세상에 초점을 두고 이상적인 세상, 즉 사람과 경험을 실제 있는 그대로 보기보다 더 좋게 보려는 마음이 강하다. 따라서 공상을 하고 과할 정도로 행복해하거나 열정적이며 자신이 원하고 상상하는 방식의 삶을 살고자 하며 쉽게 열정에 빠진다. 근심, 걱정이 없으며 장밋빛 안경을 통해 세상을 바라본다. 이들은 부정적이고 불편한 것을 인지하는 내면의 감정 등을 무의식적으로 회피하고 긍정적 경험을 피난처로 삼으며 고통스럽고 지루하고 두려운 것을 회피한다.

③ 호기심이 많음

SE7은 여러 분야에 관심이 많아서 첨단이라고 여겨지는 새로운 아이디어나 주제에 매료당한다. 이들은 관심이 가거나 신선하다고 여겨지는 사람들에게 끌리며, 이들의 레이더에 포착되면 주저 없이 다가가 적극적인 관심을 보인다. 또한 이들은 모험에 대해 상상하는 것을 즐기며 유머와 재치가 있고, 끊임없이 새롭고 특별한 관심사를 찾아다니지만 어디에도 매이는 것을 싫어한다.

④ 탐닉 표출방법

낙천적으로 생활함으로 탐닉을 표현한다. 즉 평범한 현실보다 더 나은 무언가를 상상하는 욕구를 통해 탐닉을 표출한다.

C. SE7 예시인물: 강유

삼국지 인물 중 강유가 개인적 본능 7유형에 해당한다. 강유의 성격은 병법과 감성이 풍부하고, 무모하게 도전하는 몽상가 기질이며, 타인의 공명심을 부추기고 상대방을 깔보는 성격이다.

다. 사회적 본능 7유형 (SO7)

A. 성향 - 희생 (Sacrifice)

SO7에게 희생은 봉사하고자 하는 의지이다. 이들은 개인의 자유와 꿈을 사회적 이상에 양보하고, 타인을 위해 책무를 다하고자 하며 타인의 욕구를 채우기 위해 자신의 욕구를 희생시킨다. 따라서 이들은 자기의 책무라고 생각되는 일을 완수하기 위해 최선을 다해 희생해야 한다고 느낀다.

이들이 생각하는 희생은 타인의 욕구를 충족시키기 위해 자신의 욕구를 절제하고, 자신을 위해서는 물질을 적게 갖는 것이 미덕이라고 생각하고 이를 실현시키려고 계획하는 것이다.

B. 특징

① 금욕적임

SO7은 자신을 위해서는 적게 갖고 살아가는 것을 미덕으로 생각한다. 따라서 이들은 자신의 선함을 증명하기 위한 노력으로 더 많이 원하는 탐욕스러운 욕구에 대항하여 타인에게 더 많이 주고 자신은 덜 가지려 한다.

② 선하게 보이길 원함

SO7은 희생을 통해 사회적 규범에 의해 정의되는 좋은 사람으로 보이길 갈망한다. 따라서 이들은 자신의 욕망을 희생시킴으로써 좋게 보이려는 격정을 가지고 있다. 또 타인에게 더 많이 주고 자신은 덜 가진다. 희생을 통해 선하게 보이길 원하며 지나친 기회주의를 피한다.

③ 역할에 충실함

SO7은 가정과 직장에서 역할에 충실하느라 희생자로 살기 쉽다. 이에 대한 반발로 권위에 대항한다. 이들은 신뢰를 쌓으려는 사회적 본능과 구속받기를 좋아하지 않는 7유형 사이에서 갈등을 일으킨다.

④ 탐닉 표출방법

타인을 돕는다. 즉 타인을 위해 희생한다는 것을 외형적으로 표현하며 이상을 위해 자신의 욕구를 뒤로 연기한다.

따라서 SO7은 <역유형>이다.

C. 혼동되는 유형

타인을 돕고 봉사하려는 두드러진 욕구 때문에 SO7은 2유형처럼 보일 수 있다.

D. SO7 예시인물: 장료

삼국지 인물 중 오나라의 장료가 사회적 본능 7유형에 해당한다. 장료는 죽음을 두려워하지 않고 직분에 충실하며, 상대방에게 신의를 지키는 인간미가 있고, 매사에 솔선수범하여 앞장서며, 접근하기 어려운 냉담한 성격의 소유자다.

8. 8유형의 격정과 부속유형

1) 8유형의 격정 – 욕망 (Lust)

욕망은 모든 자극에 대해 과도하고 강렬하며, 신체적인 만족을 통해 내면의 공허감을 채우려는 충동이다. 욕망은 과도한 격정 또는 지나친 정열이며 여러 만족의 원천 중 하나가 성적 만족이다. 이는 자신의 감정과 연약함을 피하거나 부정하는 방법으로, 일, 음식, 즐거움 등 다양한 대상에 대하여 만족을 위한 과도하고 강렬한 욕구를 보인다.

2) 8유형의 부속유형

가. 자기보존 본능 8유형 (SP8)

A. 성향 – 만족 (Satisfaction)

SP8은 자기가 욕구의 만족을 이루는 주체가 되리라고 믿는 것에 집착한다. 이들은 자신이 필요하다고 생각하는 것을 모두 채우느라 실제로 필요한 욕구의 충족을 희생시킬 때가 많다. 또 만족을 얻으려는 충동 때문에 자신에게 정말로 필요한 것이 무엇인지 파악할 여지가 거의 없다. 이들의 불안은 자기 영역이라고 생각되는 부분에서 타인을 지배하고 통제하려는 데서 나타나고, 욕망의 열정은 이들의 만족을 향한 욕구의 탐욕으로 나타난다.

B. 특징

① 축재에 몰두함

SP8은 물질이 필요할 때에 적시에 이를 채우고자 하는 욕구가 매우 강하다. 따라서 이들은 재산을 많이 축적하려고 한다. 재산은 세상을 향한 자신의 힘과 영향력을 행사할 수 있는 도구라고 생각하기 때문이다. 이들은 필요나 욕구를 충족시키지 못하는 좌절을 견디지 못한다.

8유형 중에서 가장 가정적인 이들은 가정에 충실한 반면에 남성이든 여성이든 온 집안을 다 통제하려 한다. 이들은 강력하고 욕정적인 방식으로 생존에 필요한 것들을 추구하고 좌절을 견디지 못한다. 자신의 재산에 대해 걱정하는 경향이 있어 자신의 소유물을 철저하게 관리하므로, 8유형 부속유형 중에서 가장 물질주의적이다. 이들은 충동욕구에 대한 과다한 이기심이 있다.

② 척박한 환경에서 생존법을 알고 있음

SP8은 어려운 환경에서 살아남는 기술을 연마하는 데 몰두하고, 어려운 상황에서 생존하는 법을 알고 있으며, 자신이 바라는 것을 수중에 넣는 법을 인지하고 있다. 이들은 자신이 필요한 것을 얻을 때 전능함을 느끼며 육체적인 전투력이 태생적으로 강하고, 기본적으로 굶주린 야생 들개 같은 느낌이 있다. 이들은 비즈니스 하는 법, 즉 물물교환 하는 법, 흥정하는 법, 어떤 상대에게도 우위에 서는 법을 알고 있다. 8유형 중에서 무장이 제일 잘 되어 있다.

③ 사회성이 부족함

SP8은 규범에 관해 관심이 없다. 이들은 다른 사람들의 도움이 없이도 세상에서 살아남을 수 있다고 생각하므로 사회성이 부족하다. 스스로 이익을 도모하고 어느 누구도 자기에게 맞설 수 없다는 것을 나타낼 수 있는 것이라면 망설임 없이 타인을 공격한다. 8유형 중 표현이 가장 적고 자신의 몫을 잘 챙긴다.

④ 욕망 표출방법

생존에 필요한 것을 얻어 냄으로써 욕망을 표출한다.

C. 혼동되는 유형

1유형과 혼동된다. 8유형은 사회성에 민감하고 규범에 관심이 없는 반면에, 1유형은 사회성이 부족하고 규범에 관해 걱정이 많다.

D. SP8 예시인물: 동탁

한나라가 멸망하는 데 결정적인 역할을 한 동탁이 자기보존 본능 8유형에 해당한다. 동탁은 독재자가 되어 커다란 창고를 지어 30년 동안 먹을 양식을 비축하는 등 탐욕스럽고, 황건적과의 전투에서 수차례 패배하여 위기에 몰렸으나 십상시에게 뇌물을 주고 살아남을 정도로 생존에 능했다. 상대방을 무자비하게 억압하고, 거칠고 음모가 뛰어나 폭정을 일삼는 성격의 소유자다.

나. 개인적 본능 8유형 (SE8)

A. 성향 - 소유 (Possession)

SE8의 성향은 소유로서, 이는 상황과 주변을 강력하게 장악하고자 하는 것이다. 물질적 안전을 추구하는 대신에 이들은 사람과 물건을 지배하려고 하여 배우자와 애인을 소유하고 통제하려고 한다. 남성과 여성 모두 관계를 정복으로 여기고 관계에서 주도권을 쥐고 싶어 하기 때문에 사랑에 있어서 약하거나 의존적이지 않다. 특히 여성은 그럴 가치가 있어 보이는 상대에게 통제권을 양보하고 싶어 한다. 그러나 겉으로는 열렬하게 양보의 몸짓을 하지만, 여전히 거의 주도권을 쥐고 있다. 이들에게 욕망의 열정은 사랑하는 대상의 몸과 영혼을 소유하고 싶은 욕구로 나타난다.

B. 특징

① 경쟁심과 성취욕이 강함

SE8은 자신의 인기와 매력을 과시하며 가까운 사이에서도 자신이 우위를 차지하고 통제하는 힘을 갖고자 한다. 이들은 간사하고 꾀가 많고 익살스럽게 표현하는 감각이 있으며 도덕적 기준에 어긋나는 것을 즐기는 편이다. 또 긴장감을 고조시켜 이를 즐기기 위해 다른 사람들과 치열한 경쟁을 하는 성향이 있으며 사랑싸움을 즐긴다. 이들은 경쟁에서 쉽게 승부가 나면 재미를 못 느낀다.

② 상대방을 지배하려 함

SE8은 주위에 있는 사람들에게 간섭하고 그들의 삶에 영향을 끼치고자한다. 성격이 강해서 사람들을 지배하는 유형이다. 아주 가까운 사람들에게도 통제하고 영향력을 행사하려고 하므로 거칠어지기도 한다. 이들은 물질적 안전보다 사람과 물건을 지배하려고 한다. 친한 사람들과는 장난을 치고 토론을 즐기지만, 꼼꼼하게 따지는 사람들에 대해서는 참을성이 없다.

③ 반항적임

SE8은 반사회적 성향이 강할 뿐더러 도발적 성향이 있다. 이들은 저항을 노골적으로 표현하며 타인의 눈치를 보지 않는다.

④ 소유 표출방법

SE8은 사람들의 주의를 사로잡기 위한 욕구와 반항을 통해 욕망을 표현한다.

C. 혼동되는 유형

강렬함과 분노를 표현하는 측면에서 4유형과 혼동된다.

D. SE8 예시인물: 장비

삼국지 인물 중 호탕하고 시원시원한 장비가 개인적 본능 8유형에 해당한다. 장비의 성격은 다혈질이고, 용기 있는 행동파이며, 맞서는 사람을 좋아하고, 감정조절을 하지 못한다.

다. 사회적 본능 8유형 (SO8)

A. 성향 - 우정 (Friendship)

소속되지 못한 느낌을 해결하기 위한 시도로 친밀한 사회적 관계를 유지한다. 동지가 되는 것이 이들에게 있어 사회적 불안정을 해결할 열쇠이기 때문이다. 우정이란 아주 깊은 유대감으로서 영원한 신뢰와 충성, 형제애 같은 무리의 일원이라는 뜻을 함축한다. 이들에게는 지배적이고 통제적인 성향이 사회적 관계의 영역에서 나타나는데, 신뢰나 우정의 배반은 복수를 부를 수도 있다. 이들에게 용서하는 것은 쉬운 일이 아니다. 이들의

욕망의 열정은 다른 사람들과 맺은 유대관계의 격렬하고 강한 독점욕으로
나타난다.

B. 특징

① 관계 맺기를 좋아함

SO8은 명예와 신의를 중요시하여 믿을 수 있는 사람들과의 친교를 선
호하고, 다른 사람들과 끈끈한 정을 통해 자신의 영향력을 확인한다. 이들
은 완벽한 의리와 우정을 추구하기 때문에 배신감이 들면 참지를 못한다.
어려움이 있거나 사람들에게 거부당하고 있다고 느낄 때, 자신이 의지할
수 있고 자신을 순수하게 생각해 주는 사람들과 교제를 함으로써 난관을
극복해 나가려고 한다. 이들은 가까운 사람들과 얘기하느라 밤을 지새우기
도 하고 주말에 파티를 열어 여가를 즐긴다.

② 약자를 보호함

SO8은 누군가가 힘을 더 많이 가진 사람에게 박해받거나 착취당하는
상황을 감지하는 데 민감하다. 따라서 이들은 힘 없는 사람들을 보호하기
위해 행동하는 경향이 있다.

③ 친절함

부드러우면서도 뜨거운 동정심을 나타내며 친절하다.

④ 욕망 표출방법

SO8은 타인과 연대한다. 이들은 타인을 위하고 사람들의 주의를 사로
잡기 위해 힘의 절제를 통해 욕망을 표출한다. 이들은 자신이 좋아하는 사
람들을 테스트해서 유대관계를 돈독히 할 뿐만 아니라 안전지대를 공고하
게 한다.

SO8은 <역유형>이다. 타인을 위해 지원하고 보호하는 것에 초점을
맞추기 때문이다.

C. SO8 예시인물: 여몽

어떤 사람의 학식이나 재주가 갑자기 달라졌음을 의미하는 '괄목상대

(刮目相對)'라는 고사성어로 유명한 오나라의 여몽이 사회적 본능 8유형에 해당한다. 여몽은 무학으로 졸병에서 대도독이 된 입지전적인 인물로서 자신을 모함한 사람도 더 높은 자리에 천거하는 포용력이 있고, 자세를 낮추어 능력을 발휘할 줄 아는 성격의 소유자다. 하지만 대도독이 된 후에 식견을 지나치게 뽐냈다.

9. 9유형의 격정과 부속유형

1) 9유형의 격정 - 나태 (Laziness)

나태는 내면의 감정, 욕구를 알아차리는 일과 관련해서 활력을 쏟지 않고 직면하기를 거부하며, 변화에 저항하고 노력하지 않는 것이다. 나태는 행동하기를 싫어한다기보다는 내면에서 무슨 일이 일어나고 있는지를 돌아보아야 할 때에 자기 자신에게 무관심하고 타성에 젖어 있는 것을 의미한다. 태만은 자기 자신의 감정, 욕구 및 충동에 주의를 기울임으로써 자신이 가장 원하는 행동을 취할 수 없게 되는 무기력한 것이다. 태만은 소극적인 자세로서 변화에 대해 저항하고 노력하기를 아주 싫어하는 것으로, 특히 그들 내면의 감정, 감각, 욕망의 인식과 관계가 있다.

나태는 행동을 싫어하기보다는 내면에서 무슨 일이 일어나고 있는지를 돌아보아야 할 때에 자신의 의지에 관심을 두는 것에 대하여 주의를 기울이지 않는 것이다.

2) 9유형의 부속유형

가. 자기보존 본능 1유형 (SP9)

A. 성향 - 식욕 (Appetite)

SP9은 자기욕구와 허기를 충족시키길 원한다. 식욕은 먹는 것이라기보다는 신체적 욕구가 충족되는 경험이 주는 안락한 연합을 통해 보호를 받고 싶어 하는 것이다. 나태가 여기에서는 자신이 정말로 필요로 하는 것 대신에 별로 중요치 않은 만족을 좇는 습성으로 나타난다. 가장 깊은 차원에서는 참된 정신적 만족을 물질적 만족으로 대신하는 데서 드러난다.

비본질적으로 대체하는 성향이 더 표면적인 차원에서 드러나는데, 이들은 필요한 영양가 있는 식사 대신 초코바를 먹는 것과 같다. 식욕이라는 단어가 암시하듯이 탐닉하는 경향이 있다. 양분을 받지 못할까 봐 불안한 마음 때문에 실제로 필요한 양보다 훨씬 많이 섭취하고 흡수한다.

B. 특징

① 느긋함

SP9은 소박한 욕구만 충족되어도 만족해하며 편안하고 느긋하다. 이들은 살아가면서 과욕을 부리지 않는 편안하고 느긋한 성격으로, 패스트푸드레스토랑에서 식사를 하거나 TV 재방송을 보다가 소파에 드러눕는 즐거움에도 만족을 느낀다. 이들 중에는 재능을 가진 사람들이 많지만 야심은 없다.

② 활력이 없음

SP9은 감동이 없고 스스로를 돌보지 않아 자신이 필요한 것을 획득하거나 자기보존의 욕구를 충족시키는 데 어려움을 겪는다. 이들은 불안을 해소하기 위해 바쁜 삶에 빠져들거나 큰일을 감당해야 하는 것을 피하기 위해 작은 일에 매달린다. 이들에게는 이들이 바라는 것을 좇지 않는 데 대한 불안감이 내면에 억압되어 있다.

③ 강한 존재감

SP9은 타인에 의해 자신의 좋은 기분이 방해받는 것을 원치 않으므로 반응하지 않는다. 이들은 조용히 있음으로써 사람들에게 저항한다.

④ 나태 표출방법

억압된 분노를 먹는 것으로 푼다.

C. SP9 예시인물: 원소

삼국지 인물 중 원소가 자기보존 본능 9유형에 해당한다. 원소는 준수한 풍모에 패권의 조건을 갖추고, 명문가에서 태어나 인망이 두터우며, 사람의 판단기준을 옳고 그름이 아닌 좋고 싫음에 두었다. 의심이 많고 우유부단한 성격의 소유자이다.

나. 개인적 본능 9유형 (SE9)

A. 성향 - 융합 (Fusion)

SE9은 삶에서 중요한 사람, 즉 동반자인 부모와 자녀, 가까운 친구 등과 융합한다. 상대방의 사랑에 대한 욕구와 융합에 대한 욕구에 의해 움직이며 그것이 행복으로 가는 열쇠처럼 보인다. 이들에게는 상대방과의 완전한 융합이 자신이 완전해지는 데 필요한 것으로 보인다. 이들은 타인에게 쉽게 몰입하고 그 과정에서 자기 자신과의 연결을 잃는다. 정말로 융합해야 하는 대상인 자신의 본질적 바탕을 어떤 다른 사람으로 대체하는 것이 나태열정의 핵심이다. 이렇게 '실제'와의 상실로 남겨진 구멍을 상대방의 사랑으로 채우려는 시도를 한다.

B. 특징

① 거만함

SE9은 거만하여 잘난 체하고 남을 업신여기며, 대인관계가 원만하지 않고 어려워지면 쉽게 화를 낸다.

② 배우자에게 집착함

SE9은 자신의 인생보다는 우리의 인생에 대해 생각하면서 이상적인 배우자를 찾는다. 이들은 배우자를 이상적인 인물로 만들기를 원하므로 배우자의 결점을 보려 하지 않는다. 다른 9유형에 비해 외향적이고 적극적이다. 이들은 어떤 사람과 완전한 결합을 상상하며 그 사람이 자기 정체성의 구심점이 되므로, 배우자를 이상화하거나 집착하는 문제가 생긴다.

③ 공격성 없음

SE9은 독립적으로 존재하기에는 너무 힘들다고 느끼므로, 타인의 의견이나 태도를 무의식적으로 취한다. 이들은 친절하고 상냥하며 수줍어하고 공격적이지 않다.

④ 나태 표출방법

타인에게 동화됨으로써 나태를 표출한다.

C. 혼동되는 유형

SE9은 아주 낭만적이어서 4유형과 비슷하다. 개인적 본능 9유형에게는 현실적이지 못한 공상, 타인에게 의존하여 보살핌을 받고 싶어 하는 여성의 의존적인 심리상태인 신데렐라 콤프렉스, 좋아하고 가까운 사람들에게 집착하는 문제가 나타나기도 한다.

D. SE9 예시인물: 유표

삼국지 인물 중 유표가 개인적 본능 9유형에 해당한다. 유표의 성격은 사람 사귀기를 좋아하고, 위기상황에서도 풍류를 즐기고 유유자적하며, 어려움에 처한 사람을 돕고, 난세에는 어울리지 않는 결단력이 부족한 성향이다.

다. 사회적 본능 9유형 (SO9)

A. 성향 - 참여 (Participation)

SO9에게는 소속되고 싶은 욕구가 많은데 자신이 참으로 소속되어 있다는 확신이 부족하기 때문이다. 자신이 정말로 환영받는지 아닌지에 대한 민감성 때문에 이들은 사교적 상황에서 편안한 느낌을 갖지 못한다. 이들은 어떻게 해야 구성원의 일부가 될 수 있는지 모르겠다고 느낄 때가 많다. 있는 그대로의 자기 자신이 되기보다 사회적으로 받아들여지는 행동과 친교형태를 흉내 냄으로써 자신을 끼워 맞추려고 한다. 이는 필연적으로 타인들과 진실로 접촉하고 있지 않다고 느끼게 만든다. 그 결과 소속되지 못하고 버려진 듯한 기분이 더욱 강화된다. 이들의 나태의 열정은 사회적 관습을 통해서 참여하려고 하는 태도와 거기에서 비롯되어 타인과 피상적인 접촉을 하는 것으로 나타난다.

B. 특징
① 중재역할을 함

SO9은 친구가 많고 다양한 사람들과 잘 어울리며 사람들과 관계 맺는 것을 좋아하고 사람들을 모아들여 평화를 만드는 데 관심이 많다. 모든 이들의 의견을 수용하고 집단 내 갈등을 피하고자 서로 다른 의견들을 중재한다. 하지만 이러한 일이 자신에게 무거운 짐이 되거나 심하게 휘둘릴까봐 걱정이 돼 갈팡질팡한다. 이들은 모든 사람들과 잘 지내기를 원하므로, 부탁을 받으면 거절을 잘하지 못하여 산만해지기 쉽다.

② 이타적임

SO9은 그룹 마인드를 가지며 타인이 자신에게 부여한 책임감을 충족시키려고 자신을 희생할 정도로 타인의 욕구를 만족시키는 재능이 있다. 이들은 일하는 것이나 타인을 돕는 것을 꺼리지 않는다. 그러나 다른 사람이 자기에게 무엇을 해 주길 바라는지를 알고 싶어 한다.

③ 자신을 드러내지 않음

SO9은 다른 사람들 뒷전에 있는 것에 만족해하며 겸허한 사람으로 인식됨으로써 자신의 존재나 의견은 중요하지 않다고 느낀다. 자신의 겸허한 삶이 기쁨과 행복을 가져다줄 것이라고 생각하기 때문이다. 그러나 이러한 생각은 사람들에게서 소외가 될 수 있을 뿐너러 삶의 중요한 기회를 놓칠 수가 있다.

④ 나태 표출방법

일을 열심히 하여 부여받은 책무를 다함으로 나태를 표출한다. 이들은 잘 놀고 사회적이지만, 열심히 일할 때는 자신의 고통을 보이지 않고 자신의 스트레스를 타인에게 전가하지 않는다.

따라서 SO9은 <역유형>이다.

C. 혼동되는 유형

SO9은 타인의 욕구를 충족시키므로 2유형과 비슷하고, 열심히 일하기 때문에 3유형과도 비슷하다.

　D. SO9 예시인물: 유비

　삼국지 인물 중 아무런 기반도 없이 맨주먹으로 관우, 장비와 의형제를 맺고 책사 제갈량의 도움으로 촉한의 황제가 된 유비가 사회적 본능 9유형에 해당한다. 유비는 신축성과 신중함이 있고, 친화력이 강하며, 성심성의를 다하지만 지구력이 부족한 성격의 소유자다.

Ⅳ. 참된 나를 발견하게 하는 27가지 프로그램

　위에서 에니어그램 9가지 성격유형의 격정과 27가지 부속유형의 내용을 분석해 보았다. 에니어그램의 27가지 부속유형은 '참된 나는 누구인가?'라는 물음에 대한 심오한 통찰력으로 자신의 내면을 볼 수 있도록 돕는 프로그램이다. 따라서 우리는 27가지 부속유형을 통하여 자신에게 숨어 있는 집착을 발견하고, 그 원인을 깨달아 강박충동을 극복할 수 있다. 이를 통하여 누구나 타고난 재능과 능력에 기초한 전략을 계발함으로써 안정감을 느끼게 되고, 자신이 처한 환경에 대처하는 법을 배우게 된다. 에니어그램의 27가지 부속유형은 '참된 나'를 발견함으로써 온전함을 지향하여 가는 자기수련과정이다.

　인간에게 무엇이 좋은 삶을 만드는가? 무엇이 사람을 행복하게 하는가? 우리를 행복하고 건강하게 하는 것은 부와 명예가 아니라 좋은 인간관계이다. 사회적 연결은 유익하며 고독은 해롭다. 고립되어 있으면 덜 행복하다. 또 친구 수는 중요하지 않고 관계의 질이 중요하므로, 주위에 아는 사람이 많아도 이들 사이에 갈등이 생기면 힘들어지게 마련이다. 그리고 관계가 좋으면 몸뿐만 아니라 뇌를 보호한다. 가장 행복하게 산 사람은 가족, 친구, 공동체가 있는 사람이다. 좋은 인간관계가 좋은 삶을 만든다. 삶을 행복하게 만드는 것은 우리 곁에 있는 사람들이다.

| 표 4 | 부속유형 비교표

1유형의 부속유형		
유형	1유형 (완벽주의자)	
격정	분노	
하위유형 명칭	자기보존 1유형 (SP1)	개인적 2유형 (SE1)	사회적 1유형 (SO1)
특질	• 자신이 완벽하려고 함 • 진정한 완벽주의자	• 타인을 개선시켜 완벽하게 함 • 개혁주의자	• 자신의 완벽을 타인에게 보이는 데 완벽함 • 올바른 역할 모델
성향	불안	열의	부적응
특징	두려움(많음)	개혁적 사고	완고함
	책임감(강함)	자신의 기준을 타인에게도 적용	타인을 비판함
	단호함	상대방을 통제함	강한 신념을 가짐
	따뜻하고 친근함	열정이 넘치고 대의명분에 헌신함	준비성 있고 지적임
(분노) 표출방법	• 분노를 억압함 • 열심히 일함	• 노골적으로 화냄 • 자신의 옳은 방식을 따르지 않으면 화냄 • 늘 화가 난 것처럼 보일 수 있음	• 완벽한 모델이 됨으로써 분노표현 • 옳은 방식을 알고 타인에게 맞추지 않는 방식으로 분노표현
혼동유형	6유형 ∵불안과 두려움 많음 (SP1)자신감 있음 (6유형)의문제기	8유형 ∵타인을 강압적으로 제압	5유형 ∵우월해 보임 많은 사람과 분리됨
비고		역유형 ∵충동과 분노를 겉으로 드러냄	

작성 : 조성민 (2021.1.7.)

2유형의 부속유형		
유형	2유형 (협조주의자)		
격정	교만		
하위유형 명칭	자기보존 2유형 (SP2)	개인적 2유형 (SE2)	사회적 2유형 (SO2)
특질	• 보살핌을 받고 싶어 함 • 어린애처럼 상대를 유혹	• 필요를 충족시켜 줄 사람을 찾음 • 베푸는 것으로 특정인을 유혹	• 보호자가 되고 싶어 함 • 능력으로 집단을 유혹
성향	특권의식	유혹/공격	야망
특징	특권을 바람	집착함	과시욕 강함
	타인을 조종함	열정적임	중요인물이 되고 싶어 함
	의존욕구가 있음	추진력 있음	타산적임
	쾌활하고 유머러스함	매력적이고 특별함	영향력 있고 유능함
(교만) 표출방법	거의 없음	특정인을 유혹함	청중을 장악함
불건강 상태	자만심에 빠짐	인간관계 난잡	필요한 사람을 묶어 둠
혼동유형	4유형－양가감정 사랑을 갈망 6유형－두려움 많음		3유형－열심히 일하고 많은 일을 성취함 8유형－높은 자리를 획득고자 함
비고	역유형 ∵타인과 연결되는 것을 두려워하고 교만을 찾기 힘듦		

작성 : 조성민 (2021.1.7.)

3유형의 부속유형		
유형	3유형 (성취주의자)		
격정	허 영		
하위유형 명칭	자기보존 3유형 (SP3)	개인적 3유형 (SE3)	사회적 3유형 (SO3)

특질	• 자신과 경쟁함
	• 좋게 보이는 것을
	  느끼기 위해
	  타인보다 더 나아
	  보이려고 않음
		• 타인과 경쟁보다
		  관계를 형성함
		• 이기는 것보다
		  타인을 위한
		  치어리더가 됨
			이기기 위해 타인과
			경쟁함

성향	안전	매력	명예
특징	일 중독에 빠짐	수줍음 탐	두각을 나타내려 함
	좋은 사람이 되려 함	매력적임	경쟁심이 강함
	자립적임	타인을 도움	이미지 메이킹
	타산적임	꾀가 많음	능력을 중시함
(허영) 표출방법	허영을 부정함	매력적으로 보이게 함	영향력을 행사함
불건강 상태	일을 위해 인간관계 희생시킴	인간관계 –패싱적, 공격적	인정받기 위해 성취나 배경을 속임
혼동유형	1유형–완벽 추구 6유형–안전 걱정	2유형–남을 도움 7유형–열정적, 타인을 격려함	
비고	역유형 ∵일 잘하는 좋은 사람이 되려고 노력 함으로써 허영을 부인		

작성 : 조성민 (2021.1.7.)

4유형의 부속유형		
유형	4유형 (감정주의자)	
격정	시기	
하위유형 명칭	자기보존 4유형 (SP4)	개인적 4유형 (SE4)	사회적 4유형 (SO4)
특질	스스로 고통을 견딤	타인을 고통스럽게 함	고통을 드러내어 괴로워함
성향	불굴	경쟁	수치
특징	내향적임	낭만적임	독특함을 추구함
	극기심 강함	시기심 강함	수치심이 많음
	충동적임	변덕스러움	열등감
		예술적 감각 뛰어남	낭만적임
(시기) 표출방법	물질적 만족	경쟁심	타인과 비교
불건강 상태	약물중독에 빠짐	대인공포증	
혼동유형	1유형 - 자율적임 7유형 - 경쾌하고 충동적	2유형 - 교만함	
비고	역유형 ∵좌절감과 타협하고 고통을 참음		

작성 : 조성민 (2021.1.7.)

5유형의 부속유형		
유형	5유형 (분석주의자)	
격정	탐욕	
하위유형 명칭	자기보존 5유형 (SP5)	개인적 5유형 (SE5)	사회적 5유형 (SO5)
특질	타인에게 관심을 두지 않음	타인과 감정을 공유하고 싶어 함	감정보다 지식을 통해 관계를 맺고자 함
성향	은둔	자신감	토템
특징	고독을 즐김	상상력이 풍부함	(필요한 존재) 지식 사용
	에너지를 비축함	상대방과 신뢰구축	전문가 집단의 일원이 되고자 함
	욕구를 줄임	민감함	비범함을 추구함
	사적 공간을 가지기를 원함	특정인들과의 교류를 좋아함	지적 관심사에 초점을 맞춤
(탐욕) 표출방법	경계를 만듦	예술적 창작물로 표현	공통적 관심사를 지식으로 연결
불건강 상태	사회적 접촉 회피	성도착증에 빠짐	반사회적 성향
혼동유형		4유형 − 욕구가 많음 괴로움 많음	7유형 − 침묵을 잘 못 견딤
비고		역유형 ∵탐욕을 표출함	

작성 : 조성민 (2021.1.7.)

6유형의 부속유형		
유형	6유형 (수호주의자)	
격정	두려움	
하위유형 명칭	자기보존 6유형 (SP6)	개인적 6유형 (SE6)	사회적 6유형 (SO6)
특질	• 위협을 두려워 함 • 자신을 보호해 줄 사람을 찾음 • 공포순응형	• 두려움에 맞섬 • 강력한 방식으로 대처함 • 공포대항형	• 두려움을 해결하기 위해 일처리 기준을 찾음 • 기준에 따라 행동하면 편안해짐 • 권위자에게 순종함
성향	온화 (따뜻함-다정함)	강함/아름다움 (뜨거움-공격적)	의무 (차가움-충실함)
특징	의존성 강함	도발적임	규범을 준수함
	관계에 집중함	육체적 매력 개발	공동체에 충실함
	안전을 추구함	에너지가 넘침	지원군을 만듦
	자타를 의심해 결정이 애매모호함	자신의 능력에서 확실성을 찾음	권위자에게서 확실성을 찾음
(두려움) 표출방법	불안정함으로 표현	최고의 방어는 최고의 공격	확실성과 정확성에 초점 맞춤
불건강 상태	지나친 의존성	우울하고 변덕스러움	맹신에 빠짐
혼동유형	2유형-타인을 잘 챙기고 도와줌	8유형-직면대면으로 안전을 느낌	1유형-형식에 구애됨 3유형-능력에 관심
비고		역유형 ∵강인함으로 위험에 맞섬	

작성 : 조성민 (2021.1.7.)

7유형의 부속유형		
유형	7유형 (만능주의자)		
격정	탐닉		
하위유형 명칭	자기보존 7유형 (SP7)	개인적 7유형 (SE7)	사회적 7유형 (SO7)
특질	• 탐닉을 위해 쾌락을 추구함 • 실용주의자	• 이상적 추구로 탐닉함 • 이상주의자	• 희생함으로 반탐닉을 나타냄 • 지원주의자
성향	방어	피암시	희생
특징	네트워크를 조직함	이상향을 추구함	금욕적임
	즐거움을 추구함	낙관적임	선하게 보이길 원함
	사교적임	호기심 많음	역할에 충실함
	물질적 안전을 중시함	재미없는 현실로부터 도피	자기이익을 취하지 않음
(탐닉) 표출방법	필요한 것을 얻음	낙천적인 삶	타인을 지원함
불건강 상태	거칠고 무력해짐	스릴 좇다 탈진함	
혼동유형			2유형-타인을 돕고 봉사하려는 욕구
비고			역유형 ∵자신의 욕구를 뒤로 미룸

작성 : 조성민 (2021.1.7.)

8유형의 부속유형		
유형	8유형 (주장주의자)		
격정	욕망		
하위유형 명칭	자기보존 8유형 (SP8)	개인적 8유형 (SE8)	사회적 8유형 (SO8)
특질	욕정적 방식으로 필요한 것 추구	도발적 방식으로 관습에 맞섬	불의에 맞서고 타인을 보호함
성향	만족	소유	우정
특징	생존을 위해 축재에 몰두함	관심의 중심에 서고자 함	관계맺기를 좋아함
	생존법을 연마함	상대를 지배하려 함	약자를 보호함
	사회성이 부족함	반항적임	친절함
	피아를 구별함	상황 장악력이 뛰어남	강자에게 강함
(욕망) 표출방법	물질적 안전추구	욕구와 반항을 통해 표현	타인과 연대함
불건강 상태	이기적으로 행동함	독점욕이 강함	반사회적 성향 강함
혼동유형		4유형–강렬함과 분노 표현능력	
비고			역유형 ∵타인을 지원하는 일에 초점을 맞춤

작성 : 조성민 (2021.1.7.)

9유형의 부속유형		
유형	9유형 (평화주의자)	
격정	나태	
하위유형 명칭	자기보존 9유형 (SP9)	개인적 9유형 (SE9)	사회적 9유형 (SO9)

특질	• 안락함에 융합
	• 공허감이 주는
	  고통을 회피함
		• 가까운 친지들과
		  융합
		• 내면에서 찾을 수
		  없는 존재감을
		  얻으려 함
			• 집단과 융합
			• 갈등을 피하기
			  위해 타인에게
			  맞춤

성향	식욕	융합	참여
특징	느긋함	거만함	중재역할을 함
	활력이 없음	배우자에게 집착함	이타적임
	고집이 셈	공격성 없음	자신을 드러내지 않음
	타성에 젖음	자기주장이 강하지 않음	상냥함
(나태) 표출방법	먹는 것으로 표현	타인에게 동화됨	부여받은 책무를 다함
불건강 상태	무기력하고 냉담해짐	타인과 어울리지 못해 힘들어 함	갑자기 분노를 터트림
혼동유형	8유형 – 강한 존재감	4유형 – 낭만적임 비슷한 주제와 감정을 경험	2유형 – 타인의 욕구를 충족시킴 3유형 – 열심히 일함
비고			역유형 ∵ 부여받은 책무를 다함

작성 : 조성민 (2021.1.7.)

너는 목련화

조성민

밤새 내린 빗물이
도심의 일상을 벗어나
흔적 없이 사라진다

하늘을 떠도는
구름 한 조각
햇살에 부딪혀 사라지고

창밖엔
목련화 함박웃음 지으며
내일의 돌아감을
아는지 모르는지

그대, 그 모습
그대로 멈추어다오.

제3장

한눈에 읽는
삼국지

제3장

한눈에 읽는 삼국지

Ⅰ. 십상시 횡포와 동탁의 득세

1. 황건적 난과 도원결의

진나라이 시한게가 중규을 통일히고 100년 후에 힌나디를 새운 유빙이 다시 천하통일을 이루었다. 후한 말에 나이 어린 영제가 즉위하자(13세) 환관들이 득세한다. 환관들은 그들의 양자나 일족을 관리로 중용하고 관료나 호족과 결탁하여 중앙이나 지방의 요소요소에 세력을 확장함으로써 권력을 독점했다. 그들은 뇌물을 받고 부정한 방법으로 관리를 등용하고 백성들을 착취하여 호화 방탕한 생활을 하게 되니 부정과 부패가 극에 달했다.

그러자 농민들은 부패한 정권 속에서 서서히 몰락해 갔는데, 설상가상으로 메뚜기 떼와 홍수와 가뭄 등으로 인한 거듭된 대기근은 생존을 위협했다. 이때 좌절과 실의에 빠진 농민들 사이에서 신흥종교인 태평도가 나타나 물밀 듯이 퍼져나갔다. 태평도는 부적을 살라서 물에 타 마시면 병이 낫는다고 하여 절망적 가난 속에서 질병의 공포와 불안에 시달리던 농민들의 마음을 사로잡았는데, 이는 일종의 심리요법이었다. 태평도는 발생한 지 10여 년 만에 화북동부에서 장강(양자강)에 걸쳐 수십 만 명의 신자를 얻었다. 이 시기에 발생한 황건적(黃巾賊)의 난은 태평도의 각 지부가 군사조직으로 전환되어 일어난 대규모 농민봉기로서 장각, 장량, 장보가 주동이 되었다(184년). '불에서 흙이 생성된다'는 오행설을 신봉한 이들은 불(화덕: 火德)에 해당하는 한나라는 곧 몰락하고 흙(토덕: 土德)에 해당하는 황건의 세상이 다가올 것이라고 굳게 믿고, 머리에 새 세상을 상징하는 황색의 띠(황건: 黃巾)를 동여맸다.

황건적의 난이 일어나자 조정에서는 관군을 파견하는 한편, 천하의 호걸들을 모으는 방문(벽보)을 붙였다. 이때 탁현(북경 부근)에 살던 20세의 유비가 이 방문을 보고 있을 때, 장비가 나타나서 자신의 재산을 처분할 테니 고을의 장정들을 모아 황건적 토벌에 참가하자고 하여 주막으로 갔다. 주막에서 우연히 만난 관우와도 의기투합을 하였다. 세 사람은 장비집 뒤의 복숭아동산(도원: 桃園)에서 의형제가 되는 '도원결의(桃園結義)'를 맺어, 유비가 형이 되고 관우가 둘째, 장비가 셋째가 되었다. 의형제가 된 세 사람은 의병 500명을 모집하여 황건적 토벌에 참가했다.

30년간 지속된 황건적 난이 평정되었으나 공을 세운 무장들이 공정한 예우를 받지 못하고, 환관에게 아부한 자들만 중용되었다. 그 후 영제가 사망하고 14세의 소제(영제의 첫째 아들―유협: 영제와 하태후 사이의 소생)가 즉위했다. 이에 따라 소제의 어머니 하태후(영제의 황후)가 섭정을 하게 되었고, 하태후 오빠인 하진이 대장군으로서 정권을 장악했다. 바야흐로 권력이 환관세력에서 외척세력으로 넘어갈 분위기였다. 하진(대장군)이 환관들을 주살하려고 사람들 모았는데, 환관타도에 동조한 원소와 조조가 참여했다. 동탁을 불러들이면 화근이 될 것이라는 참모들의 반대에도 불구하고, 대장군 하진이 동탁과 그의 군사들을 낙양으로 불렀다.

그러자 하진의 계획을 미리 알아차린, 당시 세력이 가장 유력했던 10명의 환관(십상시)들이 선수를 쳐서 하진 가문을 몰살하는 십상시의 난을 일으켰다(189년). 십상시 난으로 하진이 살해당하자, 이에 분개한 원소와 조조가 군사를 동원하여 궁궐로 들어가 환관 천여 명을 몰살시켰다. 얼마 후에 하진의 부름을 받고 뒤늦게 20만 대군을 이끌고 낙양으로 들어온 동탁이 권력을 장악했다.

2. 반동탁연합군의 결성

동탁이 권력을 손아귀에 쥐더니 소제를 폐하고(5개월 재임), 영제의 둘째 아들인 9세의 헌제(유변: 영제와 왕미인 사이의 소생)를 새 황제로 세우고 정치를 독주하기 시작했다(189년). 형주자사 정원이 소제 황제를 폐하는 것에 반대하자, 동탁이 정원을 제거하려 했으나 방천화극이라 불리는 창을 쓰는 솜씨가 뛰어난 정원의 양자인 여포 때문에 불가능했다. 동탁이 꾀를 내어 적토마와 금은보화를 여포에게 주고 여포를 회유하자 여포가 양부인 정원을 죽이고 동탁의 양자가 되었다. 여포를 얻자 동탁의 위세는 한층 더 커져서 낙양성 안에서는 동탁에 대항할 만한 세력이 없게 되었다. 이때 소제의 폐위문제를 둘러싸고 원소가 동탁에게 맞섰지만, 세의 불리를 느낀 원소는 근거지인 기주로 줄행랑을 쳤다.

그 후에 조조가 나서서 제후들에게 정치독주를 하는 동탁을 타도하자고 궐기할 것을 호소했다. 그러자 원소를 맹주로 하여 원술, 공손찬, 손견, 유비, 조조 등을 중심으로 반동탁연합군이 결성되었다(190년). 이때 기주목인 원소가 조정에서 벼슬을 하다가 동탁의 전횡을 견디지 못하고 낙향한 강직한 성품의 순욱을 만나 예우했다. 그러나 순욱은 원소가 대업을 이룰 수 있는 인물이 아니라고 판단하고 조조에게로 갔다. 그때부터 순욱이 조조의 핵심인물이 되어 책사로 활약하기 시작했다.

반동탁연합군은 목숨을 걸고 동탁군과 싸웠다. 호로관 전투(190년)에서 방천화극(창)과 적토마를 가진 동탁의 양자인 여포와 장팔사모(창)를 쓰는 장비, 청룡언월도(칼)를 쓰는 관우, 쌍고검(칼)을 쓰는 유비 삼형제가 싸웠지만, 이들은 승패를 가르지 못한 채 여포가 퇴각한다. 무예가 뛰어난 동탁도 격렬하게 싸우는 반동탁연합군의 기세에 눌린다. 황건적 난의 진압과 십상시의 난 등으로 조정에는 돈과 양식이 부족했는데 낙양에는 부자가 많았다. 동탁은 부자들을 원소의 무리로 몰아 재산을 몰수하고 낙양에 불을 지르고 황제(헌제)를 겁박하여 장안으로 천도하였다.

동탁이 장안으로 도읍을 옮기자 조조는 원소 등 다른 제후들에게 동탁을 뒤쫓자고 제안했지만, 맹주인 원소는 동탁을 추격하지 않았다. 반동탁연합군은 대의보다 실리를 따져, 각자가 실권을 장악하겠다는 마음을 품었기 때문이다. 그러자 조조만이 혼자 군사를 이끌고 장안을 공격했으나 동탁군에게 패배했다. 이제 천하는 군웅할거시대로 돌입하게 되었다.

조조가 동탁에게 패배하자 화재로 폐허가 된 낙양성에 손견이 제일 먼저 입성하고 여러 제후들이 뒤따라 들어왔다. 손견은 성내에 남아 있던 동탁의 잔당소탕과 정비작업에 힘쓰다가, 폐허가 된 궁궐 우물 속에서 옥새를 발견했다. 이 옥새는 십상시 난 때 없어진 전국옥새(傳國玉璽)였다. 전국옥새는 진시황 때부터 사백 년이 넘는 세월을 한의 황제에게서 황제로 이어 온 아주 귀중한 것이다. 이 옥새는 각 제후들의 야망을 부추기는 촉매제로 작용하게 되는데, 원소가 옥새를 몹시 탐냈다. 원소는 옥새를 빼앗기 위해 유표를 사주하여 손견을 치게 했다. 이로 인해 손견은 유표와의 전투에서 옥새를 그 아들 손책에게 물려주고 37세에 전사했다.

동탁을 타도하지 못한 상태로 연합군 본진에서 조조가 떠나고 옥새 문제로 원소와 갈등을 겪던 손견이 사망하자, 낙양에 있던 제후들 간에 분열이 생기기 시작했다. 특히 군량이 모자란 연주자사 유대가 동군태수 교모

에게 군량을 빌려 달라고 청했으나 거절당하자, 유대가 교모를 급습하여
살해했다. 이 일로 제후들은 서로 의심하여 연합이 유지되기 힘들어지게
되었다. 이에 맹주였던 원소가 군사를 거두어 물러가니 반동탁연합은 사실
상 붕괴되었다.

3. 동탁의 몰락

장안에 입성한 동탁은 사치하고 오만방자했으며 외출 시에 황제의전을
갖추는 등 독주가 극에 달했다. 그러자 충신인 사도 왕윤이 동탁을 제거하
기 위해 노심초사했다. 동탁과 여포는 호색한이었는데, 왕윤이 양녀이자
절세미인인 초선을 이용하여 연환계를 써서 동탁을 제거하려고 마음먹었
다. 왕윤이 여포를 만나 날을 잡아 초선을 첩으로 주겠다고 했다. 그런데
며칠 후에 왕윤이 동탁에게 초선을 바치겠다고 하면서 초선을 승상부로
보냈다. 이를 안 여포가 화를 내자, 왕윤은 동탁이 양자인 여포와 짝을 지
어 준다고 하면서 초선을 데려갔다고 여포에게 거짓말을 했다. 그러자 여
포가 왕윤에게 속아 동탁을 살해했다(192년).

동탁이 죽자 왕윤이 정권을 잡게 되어 황제(헌제)는 비로소 동탁의 꼭두
각시에서 벗어날 수가 있었다. 하지만 왕윤은 사관 채옹이 동탁의 시신 앞
에서 눈물을 흘렸다는 이유로 그를 처형시키는 등 오만해지고 덕이 없는
행동을 하였다.

한편 동탁의 장수였던 이각과 곽사는 동탁의 근거지인 서량으로 피신
해 있으면서, 왕윤에게 자신들을 사면시켜 달라고 했으나 거절당했다. 그
러자 이각과 곽사가 장안을 공격하고 여포의 응전으로 이들은 중남산으로
들어가 여포 군사와 대치했다. 그러던 중 여포의 부하장수인 장제와 번조
가 동탁의 잔당과 내통해 장안성을 급습하여 장안성 전투가 벌어졌다. 이
에 당황한 여포가 장안성으로 돌아가려고 했지만, 이각과 곽사의 맹렬한

공격으로 왕윤은 죽임을 당하고 여포는 남양태수 원술에게로 달아났다. 하지만 여포를 믿지 못하는 원술이 받아 주지 않자 원소에게로 갔다. 여포와의 장안 전투에서 승리한 이각과 곽사가 조정을 장악했다.

실권을 쥐게 된 이각과 곽사는 황제를 위협하여 후양군·미양군의 작위를 받았고, 나중에 이들은 스스로 대장군이라 칭했다. 얼마 지나지 않아 두 사람 사이에 알력이 생겨 상호 간에 비방과 공격이 끊이질 않아 궁중이 불태워지고 장안이 거의 폐허가 되었다. 헌제가 장안에서 동쪽으로 옮기자 반목했던 이각과 곽사는 다시 합세하여 헌제를 추격했다. 이에 조조가 이각과 곽사의 군사들을 무찌르고 헌제를 영접했다.

4. 산동 일대를 장악한 조조

동탁의 사망 후에 조정이 평안해지는 듯했으나 청주 땅에서 황건적의 잔당들이 발호하는 일이 벌어지자, 조정의 중책을 맡고 있던 주전이 황제에게 조조를 연주목으로 천거했다. 연주목이 된 조조가 황건적 잔당을 토벌하자 조조는 진동장군이 되었다. 산동 일대에서 세력을 떨치게 된 조조는 진류 땅에 있는 부친 조숭을 모셔오게 했다. 조숭 일행이 서주를 지날 때 조조와 친분을 맺고 싶어 하던 서주자사 도겸이 이들을 융숭히 대접했다. 조숭 일행이 떠날 때에 도겸이 황건적 잔당이던 부하 장수 장개에게 호위하게 했다. 그런데 도중에 황개가 조숭 일행이 가지고 있던 재물이 탐나 이들을 몰살시켰다.

이 소식을 들은 조조는 분노하여 도겸을 치기 위해 서주를 공략했다. 이에 당황한 도겸이 북해태수 공융에게 구원을 청하자, 공융이 유비를 추천하여 유비, 관우, 장비가 도겸에게로 왔다. 유비가 조조에게 도겸과 화해하라는 편지를 보냈다. 마침 이때 원소에게 의탁하고 있던 여포가 조조의 근거지인 연주성을 공략했다. 이 급보를 받은 조조가 유비에게 화해에 응한다는 답장을 보내고 연주성을 되찾기 위해 퇴각했다. 이 소식을 들은 여포는 연주성을 부하장수 이봉에게 맡기고 복양까지 와서 조조와 맞섰다. 자신감을 가진 여포군에게 조조군은 패해 달아났다. 그 후 일전일퇴를 거듭하다가 그 해 메뚜기 떼가 창궐해 양 진영에 군량미가 부족해지면서 휴전상태에 들어갔다. 그러던 중 조조는 일가친척을 모아 용맹스럽게 황건적 잔당과 대항하고 있던 허저를 부하장수로 삼았다.

한편 여포의 지시로 연주성을 지키던 이봉이 성 밖에서 노략질을 일삼느라 성을 자주 비운다는 첩보가 조조에게 보고되었다. 기회를 잡은 조조가 허저를 선봉에 세워 공략하자, 허저가 이봉을 베고 연주성을 함락시켰다. 연주성을 되찾은 조조가 여세를 몰아 여포가 있는 복양성으로 향했다. 조조진영에서는 허저를 도와 하후돈, 하후연, 이전, 악진, 전위 등 6명의 장수가 성문 밖에서 기다리던 여포를 협공했지만 승부를 가리지 못한 채 여포가 달아났다. 여포는 복양성으로 들어가려 했으나 조조 편을 드는 부하들이 성문을 닫아 들어가지 못하고 정도성으로 달아났다. 그러나 거기까지 조조군이 추격해 와 여포는 정도성을 버리고 서주로 갔다. 조조는 여포에게 빼앗겼던 본거지를 다시 되찾은 후에 세력을 떨쳐 산동 일대를 장악하는 맹주가 되었다.

5. 서주를 차지한 유비

서주를 공략하려던 조조가 물러나자, 연로한 도겸은 유비의 덕택이라고 생각하고 서주를 유비에게 넘기겠다고 하였다. 이에 유비는 서주를 도우러 왔는데 이를 차지하면 세상 사람들이 의리가 없다고 비웃을 것이라며 대의명분을 내세워 극구사양했다. 그러자 도겸이 서주성에서 가까운 소패성에 머물면서 서주를 지켜 달라고 청했고, 이를 유비가 받아들여 관우, 장비와 함께 소패성으로 갔다.

그 후 병세가 악화된 도겸이 소패성에 있는 유비를 서주성으로 불러 서주를 맡아 달라고 부탁했지만, 이번에도 유비는 서주를 다스릴 능력이 되지 않는다며 사양했다. 그러는 사이에 도겸이 사망했는데도 유비는 서주자사가 되기를 마다했다. 그러자 서주 백성들이 유비에게 몰려와 서주를 맡아주기를 간곡하게 부탁했다. 이렇게 하여 유비는 화살 하나도 쏘지 않고 서주를 차지하게 되었다. 바로 이때 조조에게 패한 여포가 유비를 찾아왔다. 주위의 반대에도 불구하고 유비는 여포를 받아들였고, 그다음 날 여포를 소패성에 자리 잡도록 했다.

II. 승상이 된 조조의 독주

1. 대권을 잡은 조조

조정에서는 황제의 권위를 찬탈한 이각과 곽사 사이가 틀어져 싸우는 동안, 헌제가 장안에서 우여곡절 끝에 낙양으로 돌아왔다. 그런데 낙양은 너무나 황폐해져 버려진 땅이 되어 버렸다. 이에 헌제가 사직을 지켜 줄 신하로 삼기 위해 산동에 있는 조조를 낙양으로 불러들이자, 조조는 드디어 세상을 얻을 기회가 왔다고 쾌재를 불렀다.

조정으로 들어온 조조는 동탁을 능가할 정도로 횡포와 악독을 자행한 이각과 곽사를 무찌르고 가장 유력한 제후가 되었다. 조조는 황폐된 낙양을 복원하기 힘들다는 명분을 내세워 수도를 조조의 근거지인 허도(허창)로 옮기고 둔전제를 실시하였다(196년). 이때부터 조조는 사실상 권력의 2인자가 되었다. 천하를 차지했으나 조조는 서주의 유비와 소패성에 있는 여포가 손을 잡고 공격해 올 것을 걱정했다.

이때 조조의 걱정을 알고 있던 순욱이 조조에게 황제의 조서를 내려 유비를 서주목에 제수하고 여포를 죽이게 하라는 계책을 냈다. 순욱의 계책

에 따라 조조가 황제의 명으로 유비를 서주목으로 삼고, 유비에게 밀서를
보내 여포를 치도록 했다. 이러한 조조의 술책을 안 유비가 이를 여포에게
알려 주었다. 계책이 실패하자 순욱이 조조에게 원술에게는 유비가 쳐들어
온다는 거짓정보를 흘리고, 유비에게는 원술을 치라는 황제의 조서를 내리
라고 또 다른 계책을 주었다. 이 계책은 유비와 원술이 싸우면 여포가 다
른 마음을 품을 거라 생각했기 때문이다. 아니나 다를까 원술은 거짓정보
에 흥분해 전투태세를 갖췄고, 유비는 조조의 계략일 줄 알면서도 서주성
을 장비에게 맡기고 황명을 받들어 원술을 치러 갔다.

2. 서주성을 가로챈 여포

유비는 출동을 하면서 장비에게 술을 마셔서는 안 되고 병사들에게 매
질을 해서는 안 된다고 당부를 했다. 그럼에도 장비는 도겸의 옛 부하이자
여포의 장인인 조표가 술잔을 거부하자 매질을 했다. 분이 난 조표는 장비
가 만취되어 있는 틈을 타서 소패성에 있는 여포에게 서주성을 공략하여
접수하라는 편지를 보냈고, 여포가 군사를 일으켜 서주성을 차지해 버렸다.
서주성을 가로챈 여포는 미처 피하지 못한 유비 가족을 극진히 대우했다.
한편 원술과의 전투에서 군사 대반을 잃은 유비는 여포와 화친하기로
하고 서주성으로 돌아왔다. 여포는 장비가 술을 마시고 부하에게 행패를
부렸기 때문에 자기가 서주성으로 들어와 지키게 되었다고 변명했으나, 유
비는 깨끗이 서주성을 포기했다. 유비는 군사를 이끌고 소패성에 자리를
잡았다.
어느 날 장비가 전력보강을 위해 독단적으로 여포 부하들에게서 말
150마리를 빼앗았다. 이 소식을 들은 여포가 화가 나 군사를 이끌고 소패
성으로 가서 유비에게 항의를 했다. 이 내용을 모르는 유비는 말을 뺏은
적이 없다고 했고, 여포는 거짓말하지 말라며 다그쳤다. 그러다가 여포와

장비 사이에 싸움이 벌어졌는데 승부가 나지 않았다. 유비가 여포에게 말을 돌려줄 테니 군사를 물리라고 화해를 청했다. 이때 여포의 모사인 진궁이 지금 유비를 제거하지 않으면 앙갚음을 당할 것이라고 하자, 여포가 명을 내려 군사들에게 소패성을 공격하라고 했다. 여포의 군사력에 크게 뒤진 유비는 소패성을 버리고 허도에 있는 조조에게 의탁하게 되었다.

3. 여포와 조조의 하비성 전투

조조는 참모들의 반대에도 불구하고 유비를 맞아들이고 황제에게 청해 그를 예주목으로 삼았다. 조조는 유비에게 세력을 키워 여포를 치라고 당부했다. 한참 후에 서주성을 차지하고 싶은 조조가 자신에게 의탁해 있던 유비에게 여포를 치게 했으나 실패하자, 조조 자신이 여포를 공격했다. 이 싸움에서 여포가 패해 서주성을 함락당하고 하비성으로 후퇴했다. 조조는 여포를 추격하여 하비성을 공략했다(하비성 전투). 조조가 공격해 오자 주색에 빠져 있던 여포가 반성하고 군사들에게 금주령을 내렸다.

어느 날 여포의 장수 후성의 부하가 말을 훔쳐 유비에게 바치려고 성을 나섰는데, 후성이 이를 알고 추격하여 그 군사를 죽이고 말을 되찾아왔다. 후성이 이 사실을 동료 장수들에게 알리자, 그들이 후성을 축하하고자 모여들었다. 후성이 이들을 접대하기 위하여 담가 두었던 술을 가지고 여포에게 가서 허락을 받고자 했다. 이에 금주령을 내린 여포는 화가 치밀어 후성의 목을 베려 했지만, 다른 장수들이 간청하는 바람에 곤장 50대를 치게 했다. 치욕을 당한 후성이 여포를 배반하고 적토마를 훔쳐 조조에게 바치고 투항을 하여 여포가 조조에게 생포되었다. 여포는 목숨을 구걸하였으나 조조는 그를 천하의 배신자로 몰아 청을 거절했다. 결국 여포는 조조에게 죽임을 당했다(198년).

4. 조조와 유비의 애증(愛憎)

조조가 여포를 토벌하고 부하장수인 차주에게 서주를 맡기고 유비와 함께 허도로 개선하였다. 조조가 황제에게 유비의 공이 크다며 상을 내려 달라고 하자, 헌제가 유비를 궁으로 불러들였다. 헌제는 유비가 황실의 종친이 된다는 말에 족보를 따져 보니 유비가 헌제의 아저씨뻘이었다. 헌제는 유비를 좌장군으로 삼고 의성정후로 봉했다. 또 유비와 숙질의 예를 올리고 '황숙(皇叔)'이라는 칭호를 붙여 주었다.

유비는 조조가 자기를 경계하지 않도록 하기 위해 자신의 몸을 낮추며 조심했다. 또한 농사를 지으며 하루하루를 보내고 있었다. 조조는 이러한 유비를 허도에 잘 묶어 두고 있다고 내심 반겼으나, 그 속내를 알고 싶어 어느 날 유비를 그의 거처로 불러 함께 술잔을 나눴다. 조조가 유비에게 천하에 영웅은 조조와 유비뿐이라고 하자, 마침 내리던 비가 천둥번개를 동반했고 유비는 젓가락을 떨어뜨리며 몸을 움츠렸다. 유비는 천둥번개를 핑계 삼아 속내를 들킬 뻔한 것을 무마하고 소심한 듯 행동했다. 조조는 이런 유비를 보고 마음을 놓았다.

두 사람이 얘기를 나누고 있을 때, 원소가 공손찬을 죽이고 하북일대(기주, 청주, 유주, 병주)를 차지했다는 소식을 조조의 부하가 전했다. 이 전갈을 들은 조조는 원소와 원술이 힘을 합쳐 공격해 올 것을 걱정했다. 원술이 원소에게 가려면 서주를 거쳐 가야 하는데, 공손찬이 원소에게 망했다는 소식을 들은 유비는 조조에게서 벗어나기 위해 원술의 길목을 치겠다는 구실을 댔다. 그러자 조조가 유비에게 군사 5만 명을 내주면서, 자신의 부하 장수인 주령과 노소를 딸려 보내 유비를 감시하게 했다. 드디어 허창을 벗어나게 된 유비는 원술진영을 향해 낮과 밤을 가리지 않고 급행군을 했다. 유비와 원술의 싸움에서 원술이 유비에게 패해 사망했다(199년). 이때 유비는 원술이 지니고 있던 전국옥새를 보았다. 유비는 자신이 조조의 5만 대군을 거두는 대신에 주령과 노소에게 전국옥새를 주어 허창의 조조에게로 보냈다. 화가 난 조조는 두 사람을 참수해 버렸다.

이제 5만 대군을 거느리게 된 유비는 조조의 병부(장수가 군대를 동원할 때 쓰는 징표)를 빌려 서주성을 지키고 있던 조조의 부하 차주를 속이고 성문을 열게 한 뒤 함락했다. 반란으로 서주를 차지한 유비는 조조의 공격에 대비해 원소와 손을 잡았다. 이에 배신을 당해 화가 치민 조조는 20만 대군을 일으켜 유비를 격퇴하고 소패성과 서주성을 취했다. 조조에게 패한 유비는 원소에게 의탁했고, 장비는 산속으로 도망쳐 행방불명되었으며, 관우는 하비성을 지키고 있어 이들 3형제는 뿔뿔이 흩어지게 되었다.

5. 조조의 포로가 된 관우

유비가 원소에게 의탁하고 있을 때 관우는 유비 부인 2명을 모시고 하비성을 지키고 있었다. 유비를 제압한 조조는 하비성으로 말머리를 돌렸다. 조조는 관우의 뛰어난 무예와 고상한 인격을 좋아해 그를 자신의 휘하에 두고 싶은 욕심이 생겼다. 무력으로 하비성을 함락시킬 수도 있었지만, 조조는 관우에게서 항복을 받아 내고자 했다. 그리하여 조조가 관우를 성 밖으로 유인하여 고립무원을 시켰다.

대군을 상대하기에 힘이 부친 관우가 다음의 항복조건을 내세워 조조에게 항복했다(200년). ① 한나라 황제에게 항복하는 것이지 조조에게 항복하는 것이 아니고, ② 유비 부인 2명에게 황제봉록을 내려 누구도 그 거처에 들어가지 못하게 해야 하며, ③ 유비의 종적을 알면 그에게 돌아간다는 것이었다. 조조는 극한상황에서도 의리를 저버리지 않는 관우에게 탄복을 하고 관우를 맞이했다.

조조가 하비성을 취하고 허도로 돌아가는 도중에 군신의 예를 어지럽힐 속셈으로 관우와 두 형수에게 한 방을 쓰게 했다. 관우는 밤에 등불을 들고 날이 밝을 때까지 두 형수의 방문 밖을 지켰다. 허도에 돌아온 조조는 관우에게 헌제를 알현하게 했고, 헌제는 관우에게 편장군의 벼슬을 내렸다. 조조는 관우에게 집을 주고 미인 10명을 보냈다. 그러나 관우는 미인을 취하지 않고 이들에게 두 형수의 시중을 들게 했다.

6. 원소와 조조의 관도대전

하북일대를 장악한 원소가 안량을 앞장세워 조조를 공격했다. 선봉장인 안량은 황하를 건너 조조의 전진기지인 백마성(하남성 황현 – 현재 황하 남쪽 강변)을 공격했다. 백마전투에서 조조에게 포로로 있던 관우가 안량을 죽임으로써 원소가 패배했다. 백마전투는 조조와 원소가 격돌한 관도 전역의 첫 전면전이었다. 이 전투에서 조조가 승리했지만, 조조는 관도를 지켜야 한다는 전략적 판단 아래 백마를 포기하고 남쪽으로 퇴각했다. 원소는 패배했지만 결과적으로 백마, 연진에 이르는 양자강을 건너는 주요 도하 거점을 확보했다.

몇 달 뒤에 원소가 문추를 선봉장으로 세워 관도(하남성 중모)로 가 조조를 공격했지만, 원소의 자만심과 치우친 용병술, 그리고 관우가 문추를 죽임으로 원소가 내패한다. 특히 원소의 저우에 불만을 품은 모사 허유가 조조에게 투항하여, 원소의 식량창고가 있는 오소의 방비가 허술하다는 정보를 알려 주었다. 조조는 정예군 5천 명을 이끌고 야습을 감행하여 군량미를 잿더미로 만들었다. 이 급보를 들은 원소가 오소에 구원부대를 급파하고, 관도에 공격부대를 파견했으나 두 부대가 모두 패했다. 이 전투가 2만의 군사로 10만의 원소군대를 섬멸한 것으로 유명한 '관도대전'이다(200년). 관도대전의 패배로 건강이 악화된 원소는 병사했고(202년), 조조는 관도대전의 승리로 중국대륙의 북부일대를 자기의 세력권에 들어오게 함으로써 명실상부한 하북의 패자가 되었다.

관도대전을 치르면서 관우가 유비의 행방을 알게 되자, 관우가 유비에게 돌아가겠다고 했다. 조조의 부하 채양이 관우를 사로잡겠다고 하자, 조조가 옛 주인을 잊지 않는 것은 진정한 장부이니 너희들도 본받으라고 했다. 또 조조는 재물·직위·봉록으로는 관우의 의지와 바꿀 수 없으므로 관우를 존경한다고 했다.

관우는 조조로부터 미처 여행증명서를 받지 못하고 떠나게 되었다. 그런데 관우가 하북의 원소에게 의탁 중인 유비가 있는 여남으로 가기 위해서는 조조의 장수들이 관할하고 있는 다섯 관문을 통과해야만 했다(오관돌파: 五關突破).

① 유비가 머물고 있는 여남으로 향하는 첫 번째 관문은 동령관이었다. 동령관을 지키는 수문장 공수는 관우가 조조의 적인 원소의 하북 땅으로 가는 것을 저지하기 위해 조조가 발행한 여행증명서를 요구했다. 두 사람이 실랑이를 벌이다 관우가 공수를 베어 버리고 동령관을 돌파했다.

② 제2관은 낙양성으로, 태수 한복이 관우를 막으려고 했다. 한복의 심복인 맹탄이 관우를 유인하여 화살로 쏘아 죽이자고 하고, 맹탄이 관우와 맞서는 척하며 관우를 낙양성 앞으로 유인하다가 죽임을 당했다. 한복이 관우에게 활을 쏘아 팔을 맞췄으나 관우가 한복을 베어 버렸다.

③ 제3관은 기수관으로, 수문장 변희가 관우를 극진히 대접했다. 이는 관우를 안심시켜 진국사라는 절 안으로 유인해 자객들로 하여금 처치하려는 음모를 꾸몄기 때문이다. 마침 관우의 고향사람 보정 스님에 의해 변희의 음모를 알게 된 관우가 자객들과 변희를 죽여 버렸다.

④ 제4관은 형양성인데 태수 왕식이 관우를 환대하는 척하며 숙소에서 불태워 죽이려는 음모를 꾸몄다. 관우가 숙소에서 이를 알고 도망쳤는데, 왕식이 추격해 오다가 죽임을 당했다.

⑤ 제5관은 활주관으로, 하후돈의 부하인 진기가 수문장이었다. 진기가 관우에게 통행증을 요구하자 관우가 그를 베어 버렸다.

관우는 어렵게 오관을 돌파하여 배를 얻어 타고 여남으로 가서 유비, 장비와 재회를 했다.

7. 유비와 조조의 여남전투

조조가 원소와 관도대전을 치르기 위해 허도를 비우자, 여남에 있던 유비가 이를 노리고 허도를 공격했다(201년). 그러자 조조는 군사를 돌려 15만 대군을 이끌고 허도로 가는 길목인 양상에서 유비와 결전을 벌였다. 첫 전투에서 조자룡이 허저를 무찔러 유비가 승리했다. 그러자 조조는 10일 동안 응전을 하지 않다가 하후연을 시켜 유비의 군량미 수송부대를 공격하게 하여 유비의 부하 장수 공도가 전사했다. 이에 장비가 나서지만 조조군에게 패해 포위되고, 조조가 하후돈을 시켜 유비의 본거지인 여남을 공격하자 유비가 관우를 시켜 막도록 한다.

그러나 관우마저 조조군에게 포위당하자, 유비는 어두운 밤을 이용해 여남으로 후퇴하려다가 조조에게 기습을 당해 크게 패하고 군사들과 헤어져 산길로 피신한다. 다행이 여남을 지키던 장비의 부하 장수 유벽과 손건이 유비의 가족을 데리고 합류하여 산길을 빠져나가려고 했지만, 조조의 장수 고담과 마주쳤다. 유벽이 유비를 시키려고 맞서지만 고담에게 전사하고 유비는 위기에 빠졌다. 그러자 조자룡이 나타나 고담을 베어 유비를 구하고 관우는 포위망을 뚫고 나가 장합을 무찔렀다. 그리고 장비와도 합류해 전열을 재정비하지만 패배를 당했다. 유비는 여남전투에서 조조에게 패하고 형주의 유표에게 의탁하게 되었다(201년).

8. 삼고초려로 얻은 제갈량

유비의 꿈은 한나라 황실을 재건하고 요, 순 임금과 같은 성군의 시대

가 다시 오기를 바랐다. 유비는 관우와 장비 같은 용장은 있었으나 책략가
가 없는 것을 아쉬워했다. 유표의 배려로 유비가 양양의 신야현에서 지낼
때 만난 서서가 유비에게 융중 땅에 사는 제갈량을 얻으면, 한나라 고조가
장자방을 얻는 것과 같다고 했다.

어느 날 유비가 관우, 장비와 함께 신야에서 20리 떨어진 융중으로 제
갈량을 찾아갔으나 부재중이라 만나질 못했다. 삼형제는 겨울에 눈길을 헤
치고 두 번째로 제갈량에게 갔으나 또 허탕을 쳤다. 며칠 후에 유비는 세
번째 융중으로 가서 삼고초려(초가집을 세 번 찾아감) 끝에 드디어 제갈량을
만났다(207년). 어렵게 제갈량을 만난 유비는 그에게 가르침을 청했다. 제
갈량이 유비에게 조조가 원소를 물리치고 100만 대군을 이끌어 천하를 호
령하고 있으므로 그와 대적하는 것은 불가능하고 했다. 또 강동의 손권과
는 잘 지내는 것이 우선이고 형주와 익주를 얻은 후에 낙양으로 들어가면
한나라를 다시 세울 수 있다고 했다. 그러면 북쪽의 조조, 남쪽의 손권과
더불어 천하를 삼분지계(三分之計)하는 것이라고 역설했다.

유비가 제갈량을 얻은 후에 신야에서 병사들을 훈련시키고 있었다. 이
소식을 들은 조조가 하후돈에게 10만의 군사로 유비를 공격하게 했으나,
제갈량의 신출귀몰한 용병술로 하후돈을 물리쳤다. 이때 평소에 제갈량이
어리다고 무시하던 관우와 장비가 공명의 군사작전에 감탄했다. 하후돈이
유비에게 패한 후에 조조 자신이 대군을 이끌고 다시 쳐들어왔다. 조조에
게 대적할 수 없는 유비는 신야를 버리고 번성으로 갔다가 다시 남하하여
당양에서 결국 패하고 말았다. 조조가 형주를 취하고 유비는 한수(장강 지
류)를 건너 강하로 피신했다. 유비가 제갈량에게 강동으로 가서 손권을 설
득해 조조에게 함께 대항하도록 하자고 했다.

Ⅲ. 강동을 제패한 손권

1. 오나라의 국론분열

손견이 사망한 후 그의 장남인 손책은 원술에게 의탁하고 있었다. 손책은 아버지 유품인 옥새를 원술에게 맡기고 군사를 빌려 강동으로 와서 강동일대를 평정하고 독립했다. 손책은 주유, 장소 등 인재를 모아 오나라의 기반을 다졌으나, 자객의 습격으로 26세에 사망했다. 그러자 손책의 동생인 손권이 그의 뒤를 이어받았다(200년). 손권은 대권을 물려받은 후에 수성과 안정을 기본정책으로 삼았다.

하북을 통일한 조조가 영토확장을 위해 대군을 이끌고 남하했다. 이때 제갈량이 손권에게 와서 오나라와 유비가 연합군을 결성하여 적벽에서 조조에게 맞서자고 제안했다. 그러자 손권의 참모들 사이에 항복하자는 주화파와 싸우자는 주전파로 의견이 대립되었다. 주화파인 장소와 고옹 등은 다음과 같은 이유를 들어 항복을 주장했다. ① 조조는 100만 대군을 거느리고 황제의 이름으로 전쟁을 하고 있으므로 대항하기가 어렵고, ② 오나라의 강점은 장강을 이용하는 것인데, 조조가 형주의 수군을 얻어 수전에서 이로운 점이 없다는 점을 들었다. 이에 대해 주전파인 정보, 황보, 한낭 등은 ⓐ 조조군사는 보병이라 육전에는 강하나 수전에는 약하고, ⓑ 엄동설한에 말에게 줄 마초가 부족하며, ⓒ 조조군사는 중원에서 수백 리를 이동했으므로, 물과 풍토가 맞지 않아 질병에 많이 걸리는 점 등을 내세워 결전할 것을 주장했다.

이와 같이 전쟁을 반대하는 신하들과 조조와 싸우겠다는 신하들로 국론이 분열되자, 손권은 제대로 먹지도 못하고 잠도 설치게 되었다. 이때 손권은 나라 안의 일은 장소와 논하고 나라 밖의 일은 주유와 논하라는 손책의 유언을 떠올렸다. 손권은 파양호에서 수군을 조련하고 있는 주유를

불러들이게 했다. 주유가 사상으로 돌아올 때 노숙이 나가 영접하며 그간
의 과정을 모두 말해 주었다. 주유는 노숙에게 제갈량을 만나게 해 달라고
부탁했다.

　　제갈량을 만난 주유는 조조가 황제를 앞세웠으니 거스를 수 없을 뿐만
아니라 싸우면 완패가 뻔하고, 항복은 쉬운 일이니 주공인 손권을 만나면
항복을 권할 생각이라고 했다. 이 말은 들은 제갈량이 두 여인을 배에 태워
조조에게 보내면 조조가 물러날 것이라는 계책을 말했다. 주유가 기뻐하며
두 여인이 누구냐고 묻자, 제갈량은 당대 최고의 미인으로 음악은 물론 문
장에도 뛰어난 팔방미인인 대교와 소교 자매라고 능청스럽게 답했다. 그리
고 조조가 강동의 대교와 소교를 탐낸다는 시를 읊었다(제목은 동작대부: 銅雀
臺賦). 주유가 제갈량의 계책을 듣고 갑자기 얼굴이 벌개지더니 화를 버럭
내며, 대교는 손책의 부인이고 소교는 주유 자신의 아내라는 것을 모르냐고
따졌다. 제갈량은 모든 것을 알고 있으면서도 시치미를 떼며 몰라서 실언했
다고 주유에게 사과를 했다. 그러자 주유가 좀 전에 자기가 항복하겠다고
한 것은 제갈량의 속내를 알아보기 위한 것이었다고 하면서, 사실은 처음부
터 조조와 싸울 생각이었으니 도와 달라고 제갈량에게 부탁했다.

　　다음 날 손권이 여러 장수들을 소집하여 어전회의를 열어, 주유의 의견
을 물었다. 주유는 조조가 한나라의 승상이라고는 하나 사실은 역적이고,
손권 주공께서 부친과 형님이 남긴 가업을 이었기 때문에 조조에게 항복
할 수 없으며, 오나라는 군사가 용맹하고 물자가 풍부한 까닭에 조조와 한
판 승부를 가려 볼 절호의 기회라고 했다. 주유의 말은 들은 손권이 갑자
기 일어나 칼을 빼어 들더니 옆에 놓인 탁자를 잘라 버리며, 다시 항복이
라는 말을 꺼내는 자가 있으면 탁자처럼 될 것이라고 했다. 이와 같이 주
유의 의견에 따라 손권이 조조와 한판 승부를 벌이는 것으로 결정되었다.
손권은 그 자리에서 주유를 대도독, 정보를 부도독, 노숙을 친군교위로 임
명했다.

2. 오·촉 연합군과 조조의 적벽대전

1) 적벽대전의 상황

대도독에 임명된 주유는 제갈량을 만나 조조군을 화공(火攻)으로 공격하자는 데 합의했다. 주유의 계책을 부탁받은 당대의 명사인 방통이 조조 진영으로 갔다. 그는 조조에게 북방군사들은 배멀미에 약하니 배 50척을 쇠고리로 연결해 하나로 묶고 그 위에 널빤지를 깔면, 강한 바람이 불어도 배가 흔들리지 않아 평지처럼 자유자재로 활동할 수 있는 연환계를 쓰라고 했다. 방통의 계책대로 조조군의 배들이 모두 이어졌다. 조조의 참모 정욱이 연환계를 쓰면 좋으나, 오나라 군사의 화공에 대비해야 한다고 충언했다. 이에 조조가 지금은 엄동설한이니 서풍이나 북풍만 불뿐, 남풍이나 동풍은 불지 않으므로 걱정하지 않아도 된다고 했다.

한편 주유에게는 커다란 고민거리가 생겼다. 화공으로 조조군을 공격하려면 동남풍이 불어야 하는데, 그것은 겨울이라 불가능하기 때문이었다. 주유의 고민에, 천문학에 밝은 제갈량이 칠성단을 쌓고 기도를 하여 사흘 동안 동남풍을 불게 하겠다고 했다. 약속한 날 밤에 주유가 막사 밖으로 나가 보니 깃발이 북서쪽으로 향하고 있었다. 한겨울에 동남풍이 불어오자 주유는 깜짝 놀랐다. 주유는 제갈량의 비범한 능력에 감탄하면서 그를 살려 두면 유비와 함께 화근이 될 것이라고 생각하여, 정봉과 서성 두 부하 장수에게 칠성단으로 가서 제갈량을 살해하라고 명령했다. 그러나 주유의 속내를 읽은 제갈량은 미리 대기하고 있던 조자룡의 호위를 받으며 장강 하구에 있던 유비의 군영으로 무사히 귀환했다.

항상 자신보다 한발 앞서 대책을 세우는 제갈량이었지만, 주유는 화만 내고 있을 상황이 아니었다. 동남풍이 부는 동안 주유는 조조를 물리쳐야 하기 때문이었다. 주유는 동남풍을 이용하여 돛단배 20척을 조조진영으로 접근시켜 불을 질렀고, 조조진영의 배들이 순식간에 불길에 휩싸였다. 주유는 불길이 번지자 모든 군사들을 일시에 일으켜 조조군을 살육했다. 이 날 조조의 군사들은 불에 타 죽지 않으면 물에 빠져 죽었고, 물에서 헤엄쳐 나왔다가도 오나라 군사들의 창에 찔리고 화살에 맞아 죽었다. 궁지에 몰린 조조는 기병 백여 명을 거느리고 강 언덕으로 도주했다. 이리하여 오나라 군사보다 월등한 전력을 가졌음에도 조조의 100만 대군은 오나라군의 화공에 속수무책으로 완패를 당한다. 이 전쟁이 유명한 '적벽대전'이다 (208년).

2) 조조를 놓아준 관우의 의리

주유의 손아귀에서 벗어나 초나라 군영으로 돌아온 제갈량은 모든 장수를 소집해 지시를 내렸다. 조자룡과 장비 등 여러 장수들에게는 조조를 치기 위한 임무를 부여했지만, 관우에게는 눈길 한 번 주지 않았다. 관우가 못마땅해하며 자기에게는 임무를 맡기지 않는 이유가 무엇이냐고 따지자, 제갈량이 가장 중요한 임무를 맡기려고 하는데 걸리는 게 있다고 했다. 조조가 패해 화용도로 달아날 게 분명한데, 관우가 그곳을 지키면 전에 포로로 있을 때 입은 은혜를 생각하여 조조를 놓아줄 것이 분명하기 때문이라고 했다. 이에 관우가 놓아주면 군법에 제재를 받겠다는 군령장을 쓰고, 400명의 군사를 데리고 화용도로 가서 매복했다.

적벽대전에서 패한 조조가 불타는 함선에서 강 언덕으로 나와 패잔병들과 험난한 산길로 들어섰다. 얼마쯤 가다가 새벽비로 진흙구덩이가 된 산길에 앞서 가던 군사들의 말발굽이 빠져 행군이 멈춰 섰다. 군사들이 갈팡질팡하고 있을 때, 조조가 군대는 산을 만나면 길을 내서 가야 하고 물을 만나면 다리를 만들어 건너는 법이라고 호통을 쳤다. 그리고 풀과 갈대를 베어다 진흙구덩이를 메우면서 험한 비탈길을 오르도록 독려했다. 조조의 군사들은 화상에다 추위와 굶주림에 시달리며 힘겹게 행군을 해 나갔다.

이때 관우가 적토마를 타고 500명의 군사를 이끌고 나타났다. 관우가 조조에게 군사(軍師) 제갈량의 명을 받고 여기 화용도에서 오래 기다렸다고 했다. 이에 조조가 자신은 싸움에 패해 더 이상 빠져나갈 길이 없으므로, 옛정을 생각해 길을 비켜 달라고 했다. 이에 관우가 이미 안량과 문추를 베어 은혜를 갚았고, 오늘 일은 사적이 아니라 공적인 것이라고 했다. 조조가 다시 대장부는 신의를 중시한다면서 길을 터 달라고 간청했다. 의리를 중시하는 관우는 옛날 조조가 베푼 은혜가 떠올라 마음이 동했을 뿐만 아니라, 조조의 군사들이 처량한 기색으로 눈물을 흘리는 것을 보고 더더욱 불쌍한 생각이 들어 마음이 흔들려 조조에게 길을 터 주었다.

조조를 살려 보내고 하구에 돌아온 관우에게 제갈량이 군법대로 시행하겠다고 언성을 높이고, 무사들에게 관우의 목을 베라고 명령했다. 얼굴이 백짓장이 된 유비가 제갈량에게 운장이 군법을 어기기는 했으나, 도원결의로 같은 날 죽기로 맹세를 했으므로 운장에게 공을 세워 속죄할 기회를 달라고 간청했다. 유비의 간청에 제갈량은 못이기는 척 관우를 사면해 주었다.

3) 적벽대전의 대차대조표

오나라와 위나라가 전쟁 중에 유비는 형주의 남부를 장악하여 근거지를 마련했다. 따라서 적벽대전의 결과 손권의 강남의 지배가 확정되고 유비도 형주 서부에 세력을 얻어 천하삼분의 형세가 확정되었다.

적벽대전에서 패배하여 화용도로 도주하다가 관우의 의리로 생명을 부지한 조조가 허도로 돌아가면서 조인에게 남군성을 지키게 하고 형주성은 조홍, 양양성은 하후돈에게 지키라고 했다. 손권은 조조가 힘을 잃은 사이에 형주를 차지하기 위해 먼저 남군을 점령하고자 했다. 이때 손권의 명령을 받은 주유가 적벽대전에서 대승을 거둔 기세를 몰아 군사를 이끌고 남군성을 지키고 있는 조인의 군사와 공방을 벌였다. 오나라 군사와 위나라 군사가 공방전을 벌이고 있는 사이에 제갈량이 조자룡을 앞세워 잽싸게 남군성을 차지해 버렸다. 제갈량이 남군성을 얻는 과정에서 조인의 병부 (장수가 군대를 동원할 때 쓰는 징표)를 수중에 넣고, 이를 이용하여 형주를 지키는 조조군사들에게 남군성이 위험하니 원군을 보내 달라고 속임수를 썼다. 제갈량에게 속은 형주의 병사들이 남군성으로 이동하는 틈을 타서 장비가 형주를 점령했다. 또 제갈량은 양양을 지키는 병사들에게도 병부를 이용하여 그들을 성 밖으로 끌어낸 뒤 관우를 시켜 양양을 점령했다.

　이렇게 되자 손권은 적벽대전에서 대승을 거두고도 사실상 얻은 게 없었다. 손권이 노숙을 유비에게 파견하여 형주를 되돌려 달라고 요청했다. 제갈량이 노숙을 설득하여 서천을 얻을 때까지 형주에 머물겠다고 하면서, 오나라로부터 형주를 잠시 빌렸다는 문서를 만들어 노숙에게 주었다. 노숙을 만난 주유는 계책을 만들어 그를 다시 형주로 되돌려 보냈다. 유비를 만난 노숙은 오나라가 서천을 치고 점령하면 서천을 줄 테니 그때 형주를 돌려 달라고 했다. 유비는 이를 승낙했다. 주유의 계책은 서천으로 가는 척하면서 길목에 있는 형주를 치려는 것이었다.

　그러나 제갈량은 주유의 계책을 이미 꿰뚫고 있었다. 주유는 군사 5만 명을 이끌고 형주로 향했다. 형주성에 도착하자 성 위에서 유비의 장수 조자룡이 전투태세로 나타났다. 주유가 조자룡에게 서천을 치러 가는 중에 유비에게 인사를 하겠다고 하자, 주유의 계책을 안 제갈량에게서 성을 굳건히 지키라는 명령이 있었다고 조자룡이 말했다. 이에 당황한 주유가 말머리를 돌려 성을 떠나려는데, 엄청난 군사들이 몰려와 주유를 사로잡으라고 외쳐 댔다. 충격을 받은 주유가 말에서 떨어져 배로 옮겨져 안정을 취했으나, 후유증으로 끝내 사망했다(210년). 당시 주유 나이 36세였다. 주유의 뒤를 이어 노숙이 오나라의 군사지휘권을 행사하게 되었다.

IV. 촉 황제가 된 유비

1. 유비가 한중을 차지함

적벽대전에서 패한 조조는 손권과 유비가 결탁해 공격해 올 것을 염려해 남정계획을 세웠다. 순유가 조조에게 먼저 오나라를 취한 다음에 유비를 공략하라고 조언했다. 순유의 말에 따라 조조가 군사 40만을 일으켜 오나라를 향해 진군했다. 이때 허도에서는 조조의 측근들이 황제에게 청해 조조를 위공(황제가 누리는 권한을 같이 행사는 높은 자리)으로 논하자는 논의가 한창이었다.

그런데 조조의 책사 순욱이 반대하면서 조조를 적극적으로 도우려 하지 않자 조조가 괘씸하게 생각했다. 출병을 함께 했던 순욱은 중간에 병을 핑계 삼아 조조를 따라가지 않았다. 조조가 순욱에게 음식을 내렸는데 그릇이 비어 있었다. 순욱은 조조가 자기에게 줄 것이 없다는 뜻으로 받아들이고 스스로 목숨을 끊었다. 순욱의 반대에도 불구하고 조조는 위공이 되었다.

위공이 된 조조가 오나라 침공을 위해 출병하자, 전에 조조에게 죽임을 낭한 마등의 아들 마초가 아버시의 복수를 위해 서량태수와 함께 조조가 없는 틈을 타 장안을 공격해 함락시켰다. 그러자 오나라로 진군하던 조조가 급보를 받고 회군하여, 혼전을 거듭한 끝에 조조가 마초를 물리쳤다. 조조는 장안을 하후연에게 맡기고 허도로 돌아왔다. 이때 조조의 추종세력들이 황제(헌제)에게 조서를 올려 조조는 위왕의 자리에 오르고(216년), 황제와 같이 행세하게 되었다.

한편 익주태수 유장은 한중태수 장로의 침공을 두려워한 나머지 유비를 촉으로 맞아들여 한중을 공격하자고 제의했다. 관우가 형주를 지키고 유비가 제갈량, 장비, 조자룡과 함께 익주(촉)로 들어갔다. 그러자 마초가

촉으로 와서 유비에게 항복하고 유장도 유비에게 서천성을 내주어 유비가
서천을 자연스럽게 취했다. 하지만 유비는 익주(서천)를 취하고도 손권에게
형주를 반환하지 않았다. 이어 유비가 한중을 공격하자 조조는 한중을 버
리고 장안으로 퇴각했다. 이에 유비를 따르던 여러 장수들의 추대에 의해
유비가 한중왕이 되었다(219년).

2. 관우와 장비의 최후

1) 관우의 최후

유비가 한중왕이 되자 분노한 조조가 그를 치려고 하자, 모사 사마의가
손권으로 하여금 형주를 치게 하면 유비가 군사를 움직여 형주로 갈 것이
니, 그때 한중과 서천을 점령하라는 계책을 냈다. 이에 조조가 손권에게
형주를 공격하면 위나라 군사가 호응해 유비를 물리치겠다는 서신을 보냈
다. 손권의 참모들이 조조와 화친하기를 바랐으나, 형주를 지키고 있는 관
우를 모두들 두려워했다. 제갈근이 손권에게 관우의 딸과 세자와 혼인을
주선하여 이에 응하면 조조를 치고, 응하지 않으면 유비를 치자고 제안했
다. 손권의 명을 받은 제갈근이 형주로 가서 관우를 만나자, 범의 딸을 어
찌 개의 아들에게 시집 보낼 수 있겠느냐고 화를 내며 혼사제의를 거절했
다. 자존심이 상한 손권이 조조와 손을 잡는 계기가 되었다.

기회를 잡은 조조가 손권과 결탁했다. 조조는 번성을 지키고 있는 조인
에게 형주를 공격하라고 했다. 이 첩보를 보고받은 유비가 관우에게 선수
를 쳐 번성을 공격하라고 명했다. 관우가 관평에게 번성을 공격하게 하자
조인이 맞섰다. 이 틈에 관우가 양양성을 점령했다. 관우는 여세를 몰아
강을 건너 번성을 포위했다.

이때 오나라의 대도독 노숙의 뒤를 이어 군사지휘봉을 이어받은 여몽
이 형주를 침공했다. 여몽의 뛰어난 계략으로 형주를 점령당하자, 관우는

오나라와 위나라의 연합군에 쫓기다 맥성으로 도주했다. 맥성전투에서 오
군에게 포위당하자 관우가 유봉과 맹달에게 구원을 요청했으나 거절당하
고, 관우는 서촉으로 도주하다가 여몽의 부하 장수인 마충에게 생포를 당
했다. 손권이 관우에게 투항하기를 권유했으나, 관우는 유비가 혈육의 정
으로 대해 주었기 때문에 의리를 버리고 항복할 수 없다고 하여 죽임 당하
니 58세였다(219년). 이때 형주가 오나라의 관할 아래로 들어갔다.

2) 장비가 피살됨

조조는 오나라와 촉나라의 일로 고민하다가 두통이 생겼는데 증상이
나날이 심해졌다. 명이 다했음을 안 조조는 맏아들 조비에게 대를 잇게 하
라는 유언을 남기고 숨을 거두니 그의 나이 66세였다(220년). 조비가 위왕
에 오르자 그는 조조보다 더욱 헌제를 핍박했다. 마침내 조비의 추종자들
이 헌제를 압박하여 황제의 자리를 빼앗았다. 조비는 국호를 대위라 하고
도읍을 낙양으로 옮겼다. 이로써 한 고조 유방이 천하를 통일하고 세운 한
나라는 사백 년 역사를 뒤로 한 채 멸망하고 말았다.

조비가 한나라 황실을 찬탈했다는 소식이 전해지자 한중왕 유비는 제
갈량에 의해 황제로 추대되었다(221년). 유비가 성도에서 관우의 죽음을
보고받고 와가 시달여 유봉을 죽이자 맹달은 위나라에 투항했다. 황제가
된 유비는 군사를 일으켜 오나라를 공격하려 했다. 이에 조자룡이 지금 천
하의 역적은 위나라지 오나라가 아니니 먼저 위나라를 쳐야 한다며 반대
했지만, 유비는 관우의 복수를 위해 오나라에 전쟁을 선포했다. 이에 제갈
량이 섣불리 군사를 움직이지 말고 오나라와 위나라가 반목할 때를 기다
려 침공하라고 간언했지만, 유비는 관우의 원수를 갚기 위해 70만 대군을
일으켰다.

낭중성에 있던 장비도 관우의 죽음을 비통해하며 하루하루를 눈물바다
로 보냈다. 휘하의 장수들이 이를 보다 못해 술을 권하며 장비의 슬픔을

달랬다. 그런데 술에 취하면 사람을 폭행하는 장비의 술버릇은 여전했으므로, 성 안에는 장비에 대해 두려움을 느끼는 군사들이 늘어갔다. 장비는 관우의 복수를 위해, 흰 갑옷과 흰 깃발을 3일 내로 만들어 내라고 범강과 장달에게 명령했다. 범강과 장달이 사흘 내에 만들기에는 벅찬 일이니 기한을 넉넉히 달라고 하자, 장비가 명령을 어기려 드느냐며 불같이 화를 내고 두 장수를 나무에 매달아 등허리 채찍질 50대씩을 쳤다. 범강과 장달은 억울한 마음이 들었을 뿐만 아니라, 사흘 안에 만들어 내지 못하면 죽을 수도 있다는 생각을 했다. 그날 술에 취해 곯아떨어진 장비가 두 장수에게 피살되었는데 그의 나이 55세였다(221년). 범강과 장달은 장비의 머리를 들고 손권 쪽으로 도망을 쳤다.

3. 촉나라와 오나라의 이릉대전

군사를 직접 이끌고 오나라로 출동한 유비는 전쟁 초기에 연전연승을 했다. 오나라 군대가 잇달아 패배하자 손권이 유비에게 강화제의를 하면서, 장비를 죽이고 투항한 두 부하와 형주를 돌려주겠다고 했으나 유비가 이를 거절했다. 강화제의가 결렬되자 손권은 육손을 대도독에 임명했다. 위급한 순간에 오군의 총사령관이 된 육손은 이릉에서 촉군과 대치했다. 그런데 육손은 장수들이 출전해 싸우는 것을 허락하지 않았다. 오나라 군사들이 싸움에 응하지 않자 유비는 속으로 초조했다. 선봉장 풍습이 날씨가 더운데다 물이 멀리 있어 불편하다고 하자, 유비는 숲이 무성하고 계곡이 가까운 곳으로 영채를 옮기게 했다. 화공법을 쓰려고 때를 기다리던 육손은 숲속에 설치된 촉군의 영채에 불을 지르며 야간기습으로 총공격을 하여 대승을 거두었다. 이것이 유명한 '이릉대전'이다(221년). 이릉대전은 촉나라 멸망의 직접원인 중의 하나가 되었고 천하삼분지계가 끝나는 계기가 되었다.

이 전쟁에서 유비는 군사 대부분을 잃고 백제성으로 피신했다. 이때 유비가 제갈량에게 위나라를 쳐서 한 황실을 재건하라는 유언을 남기고 사망했다(223년). 유비의 뒤를 이어 장남인 유선이 촉 황제가 되었다.

V. 진나라의 삼국통일

1. 초나라의 북벌전쟁

유비가 사망한 후에 제갈량은 오나라와 동맹을 회복했다. 황제가 된 조비는 오나라와 촉나라가 연합해 중원정벌에 나설 것을 염려하여, 먼저 오나라를 침공했다. 그러나 오와 촉의 연합군 앞에 전세가 불리하여 퇴각했다(224년). 위나라가 오나라의 공격을 멈추자 제갈량이 남쪽정벌에 나서 남만 왕 맹획을 7번 잡았다가 7번 놓아줌으로써(칠종칠금: 七縱七擒) 남만을 평정했다. 촉나라가 남만을 평정한 이듬해 위나라의 조비가 병이 들어 사망하고 그의 아들 조예가 15세에 황제(명제)가 되었다(226년). 이때 사마의가 형주와 예주를 관할하는 도독이 되어 완성에 주둔했다.

한편 남방을 평정한 제갈량이 유선 황제에게 출사표를 올리고(227년) 위나라 정벌(북벌)에 나섰다. 이때 지난 날 관우의 죽음에 원인을 제공한 후 조비에게 투항했던 맹달이 조비의 죽음으로 입지가 위태로워지자, 제갈량과 손을 잡으려고 했다. 그러자 사마의는 맹달이 지키고 있는 신성을 공격해 그를 살해했다. 그 후 사마의는 한중의 요충지인 가정을 탈환하려 했다. 이에 마속이 가정을 지키겠다고 자원하자, 제갈량이 2만 5천 명의 군사를 마속에게 주고 신중을 기하라고 당부했다. 마속이 가정 땅에 이르러 지세를 보니 산골짜기가 대군이 지나가기가 수월치 않아 보였다. 마속은 길목에 진을 쳐야 위나라 군사의 이동을 막을 수가 있지만, 산 위에 진을 치면 적군에게 포위되기가 쉽다는 의견을 무시하고 산 위에 진을 쳤다. 그는 높은 곳에 진을 치면 적의 움직임을 보고 싸울 수 있으니 요새가 된다는 것을 명분으로 내세웠다. 사마의가 가정에 도착하자마자 산을 포위하고 물길을 끊고 마속과 대치했다. 밥을 짓지 못하고 물을 마실 수 없게 된 촉군이 속속 위군에 투항했다. 사마의가 산에 불을 지르자 마속은 가까스로 도주하고 가정이 함락되어 1차 북벌은 실패로 끝났다(228년). 한중 땅으로 철수한 제갈량은 마속에게 책임을 물어 참수했다(읍참마속: 泣斬馬謖)

제갈량이 두 번째 북벌에 나서 진창을 포위했지만 군량미가 떨어져 회군했다. 이듬해에 제갈량이 세 번째 북벌에 나서 무도와 음평을 취했다(229년). 촉군이 네 번째 북벌에 나서 기산으로 진군하자 사마의가 장합을 거느리고 대항했다. 촉군이 여러 차례 승리했지만 식량이 떨어져 퇴각했다(231년). 촉나라가 다섯 번째 위나라 정벌을 시도했지만, 사마의와 대치하던 제갈량이 오장원에서 사망하니 54세였다(234년). 제갈량 사후에 촉의 장수 강유가 위나라와 전쟁을 벌였지만 패배했다.

2. 삼국이 멸망함

위나라 황제 조예가 사마의를 태위로 삼아 변방을 지키게 했는데, 요동의 공손연이 군사를 일으켜 반기를 들었으나 사마염이 이 난을 진압했다(238년). 이때 조예가 병을 얻어 조상과 사마의에게 어린 왕자 조방(8세)을 부탁하고 36세에 사망했다(239년). 대장군 조상이 권력의 중심에 서자, 제갈량의 북벌을 막아 내어 권세가 높아질 대로 높아진 사마의를 조상이 견제했다. 이에 사마의가 병을 핑계로 두문불출하여 조상을 안심시킨 후, 조상이 황제를 모시고 사냥을 간 사이에 정변을 일으켜 조정을 장악하고 조상을 살해했다(249년).

사마의가 정권을 잡은 지 2년 만에 죽고 그의 장남인 사마사가 정권을 장악했다. 이듬해 오나라에서는 황제 손권이 사망했다(252년). 위나라의 권력을 쥔 사마사가 조방을 폐하고 조모를 황제로 옹립했다(254년). 그런데 황제가 된 조모가 사마사를 제거하려다가 오히려 사마소의 부하 장수 성제에게 죽임을 당하자(260년), 사마사가 조환을 황제(원제)로 옹립했다.

　위나라가 촉나라를 공격하자 오나라가 군대를 파견하여 지원했지만, 결국 촉나라가 멸망했다(263년). 이때 강유가 촉의 부활을 위해 성도에서 정변을 일으켰지만 실패하자 스스로 목숨을 끊고, 촉 황제 유선은 안락공으로 봉해져 낙양으로 압송되었다. 사마사 사망 후에 그의 장남인 사마염이 황제 원제로부터 양위를 받아 진나라를 건국했다(265년). 진나라의 건국으로 위나라가 멸망했다. 그 후 진나라가 오나라를 침공하여 멸망시켰다(280년). 이리하여 진나라가 삼국을 통일함으로써 천하통일을 이루었다.

제4장

삼국지
27인의
성격분석

삼국지
27인의
성격분석

[I] 원칙을 고수하려는 사람들

I. 예형: 자기보존 1유형 (SP1)

1. 예형의 생애

자는 정평이고 청주 평원군 반현 출신이다(173-198년). 예형은 기인의 대명사이고 희대의 독설가이자 비평가이다. 그는 재주와 학문이 깊고 기설 종횡(寄說縱橫)의 설봉이 사람을 찌르고 뛰어난 학식과 고고한 성품으로 명성이 뛰어나다. 기질이 강하고 오만한데, 오만함은 천재적인 능력을 가진 사람이 자기 능력을 발휘할 만한 곳을 찾기 어렵고, 자기가 서 있을 곳을 찾지 못했을 때 가장 짧은 시간에 자기를 표현하는 하나의 방법이다. 고집이 센 독설가이므로 잘못된 것은 그냥 지나치지 못한다. 한 번 읽은 것을 그대로 외우고, 한 번 음악을 들으면 음률을 잊지 않는 신동이었다.

원소를 물리치고 하북을 평정한 조조는 피 한 방울 흘리지 않고 전략요충지인 형주를 손에 넣기 위해 먼저 외교교섭을 추진하기로 한다. 그래서 형주자사 유표에게 보낼 세객을 찾고 있을 때, 북해태수 공융이 예형을 추천한다. 조조와 면담을 하는 자리에서 예형이 예의를 갖추지 않고 무례한 행동으로 조조의 부하들을 능멸한다. 조조는 그가 마음에 들지 않았으나 천하의 기재라는 공융의 말에 어쩔 수 없이 그를 등용한다. 등용된 후에도 예형은 독설을 계속 쏟아 냈으므로, 조조는 방법을 궁리하다가 그를 형주자사 유표에게 보낸다. 예형은 세객으로 간 후에도 유표에게 거침없는 독설을 퍼부었다. 화가 난 유표는 그를 형주 변방의 강하태수 황조에게로 보낸다. 강하에서도 욱하는 성격의 황조를 욕하다가 그에게 죽임을 당했다.

2. 예형의 성격

1) 개성이 독특함

예형은 스무 살 연상인 공융과 친하다. 자기에게 잘하는 자에게는 좋게 대하지만, 자기를 잘 대해 주지 않는 자에게는 사람 취급을 안 한다. 그는 재주는 있으나 세상을 넓게 볼 줄 모른다. 괴팍한 성격으로 상대와 대면할 때 일부러 상대를 욕보인다. 원소를 물리치고 북방을 평정한 조조가 형주를 손에 넣기 위해 외교교섭을 추진할 때, 조조가 형주자사 유표에게 보낼 사절을 찾고 있었다. 예형의 천재적 재능을 인정하던 공융이 그를 추천하자, 조조 역시 예형의 뛰어남을 알고 있던 터라 그를 보고 싶어 했다. 예형은 조조를 증오했으므로 질병을 핑계로 조조와의 면담을 피했다. 예형이 조조를 여러 번 비판하자 조조가 분하게 생각하고 있었다. 결국에는 예형이 조조의 부름을 받고 만나게 된다.

2) 삐딱함

예형이 조조에게 예를 올렸으나 앉으라는 말을 하지 않자, 예형이 문무 백관들을 둘러보고 인물이 없다고 일갈한다. 조조가 불쾌해하며 자기 휘하 에는 지모가 깊은 인재들과 용맹을 지닌 무장들이 많다고 했다. 예형이 웃 으며 그들을 평가절하했는데, 이는 한조의 신하를 자임해 온 예형이 조조 의 역심을 간파하고 조조를 섬기는 무리들을 통렬하게 힐난한 것이었다. 조조는 화가 났지만 드러내 놓고 예형을 해칠 수가 없어 모욕을 주고자 했 다. 조조가 악단의 북치기 자리를 주려고 하여 예형의 음악적 재능이 있는 지 알아보기로 했다. 예형은 음악에 대한 조예가 깊어 망신 주려던 조조의 계획이 틀어졌다.

3) 독설가임

대연회가 열린 날 누더기 옷을 입고 온 예형에게 조조가 의관을 갖추지 않았다고 꾸짖으며 예형의 복식을 트집 잡았다. 그러자 예형이 옷을 벗어 던지고 알몸쇼를 했는데, 이것은 지성인이 할 수 있는 정신적 테러이다. 예형은 조조에게 하늘을 저버리고 천자를 속이는 무례와 부모에게서 물려 받은 몸을 보이는 무례 중 어느 쪽이 과하냐고 물었다. 또 명사를 불러 놓 고 북을 치게 하여 욕보이는 것은 소인배의 행동이라고 지적하며 제위를 노리는 권력자를 통쾌하게 꾸짖었다.

예형의 이러한 행동은 조조에게 대항하면서 항거하는 지성을 보여주는 것이었다. 한 황실은 운이 다하여 이름뿐이고 자신의 천재적인 재능을 발 휘할 수 있는 곳은 조조의 휘하 밖에 없는 현실을 받아들일 수밖에 없었기 때문이다. 그럼에도 예형은 오만한 성격과 남의 시선을 신경 쓰지 않았으 므로 독설을 쏟아 냈다. 여러 장수들이 예형을 죽이려고 했으나 조조가 제 지했다.

4) 세상 보는 안목이 좁음

조조가 예형에게 형주로 가서 유표를 설득하여 자기 휘하에 들어오도록 하면 중용하겠다고 했다. 예형이 형주자사 유표에게로 가서 두 사람이 밤낮으로 토론을 벌였다. 유표는 예형의 학식이 높음을 인정했다. 예형이 유표의 글을 훑어보고 찢은 뒤 다시 그대로 적는 기억력을 선보이자, 유표는 예형을 높이 평가했으나 예형은 유표에게 수차례 모욕을 주었다.

그러자 유표는 예형을 강하에 있는 성미가 급한 황조에게로 보낸다. 유표는 예형을 황조의 손을 빌려 처리하려고 했기 때문이다. 황조가 환영 술자리를 마련하고 조조진영에는 누가 참다운 인물이냐고 묻자 어른으로는 공융, 청년으로는 양수라고 대답했다. 황조가 자기는 어떠냐고 물었다. 그러자 예형은 황조에게 산신당의 귀신, 즉 제물을 도적질하는 허수아비라고 했고, 황조가 그 자리에서 예형을 죽였다(26세). 예형이 죽었다는 소식을 들은 조조는 썩은 선비가 혓바닥만 믿고 날뛰다가 저 세상으로 갔다고 하고, 또 예형뿐 아니라 선비의 약점은 바로 그런 반골기질에 있고, 대안도 없으면서 궤변만 떠드는 못난이라고 했다. 예형은 설검으로 자신을 찌른 것으로, 지성인의 결백이 빚어 낸 비극이었다.

예형의 죽음으로 조조와 유표 간의 외교관계는 단절되었다. 예형은 절개가 굳은 선비인가? 아니면 세상과 타협할 줄 모르고 혼자 잘난 체하는 선비인가? 하는 물음이 있다. 예형은 자기 똑똑한 점만 믿고 혀를 함부로 놀리다가 죽은 독설가이다. 언어는 생각의 표현이며 생각은 그 사람의 세계다. 언어는 그 사람의 세계를 보여주는 표현이며 그 사람의 인격을 보여준다. 예형은 고결한 이상을 가졌으며 권력을 두려워하지 않고 풍자한 문인이지만, 세상을 넓게 보는 안목을 갖추지 못했다.

II. 순욱: 개인적 1유형 (SE1)

1. 순욱의 생애

순욱의 자는 문약(文若)이다(163-212년). 그는 어려서부터 재주가 뛰어나 왕좌지재(王佐之才)라 불렸으며 용모가 단정하고 수려하다. 동탁이 소제를 폐하고 헌제를 제위에 올릴 때(189년) 순욱이 수궁령(守宮令)이 되었는데, 동탁의 전횡을 견디지 못하고 외직을 자청하여 시골 황보현의 현령에 임명되었다. 반동탁연합군이 결성되자 그는 관직을 버리고 낙향했는데, 기주목인 한복이 순욱을 책사로 초빙해 가는 도중에 원소가 기주를 빼앗았다.

원소가 순욱을 크게 예우했으나, 원소가 대업을 이룰 수 없다고 판단한 순욱이 조조에게로 가서 그의 핵심인물이 되어 책사로 활약하게 된다(29세). 조조가 동탁에 대해 묻자 동탁의 포악이 점점 심해지니 머지않아 비참한 꼴을 보게 될 것이므로, 그를 치기 위해 아무 힘도 쓸 필요가 없다고 순욱이 대답했다. 이 말을 들은 조조는 기뻐하며 앞을 내다보는 안목을 가진 순욱을 좋아하게 된다.

조조와 순욱이 만났을 때 헌제가 낙양을 탈출하여 장안으로 피신했다. 순욱이 조조에게 헌제를 맞아들여야 한다고 하여 조조가 헌제를 허도로 맞이했다. 조조가 대장군이 되어 헌제를 등에 업고 정치적 명분을 쌓게 된다. 이때부터 순욱은 조조의 핵심인물이 되어 책사로 활약하기 시작한다. 순욱은 조조군의 2인자로 전장에는 참가하지 않았지만, 조조의 근거지를 수비하는 역할을 하게 되었고, 조조는 전쟁할 때마다 순욱의 책략을 따랐다.

조조가 관도대전에서 원소를 제압한 후 승상이 되고, 조조의 딸과 순욱의 장남이 혼인하여 사돈이 되었다. 적벽대전 이후에 조조가 찬탈의사를 비추기 시작한다. 동소가 조조의 공훈을 표창하기 위해 순욱에게 자문을

구할 때, 순욱은 황제가 되려는 조조의 야망에 반대했다. 한나라를 유지하
겠다는 정치적 이상을 가진 순욱은 조조가 의병을 일으킨 목적은 조정을
바로잡고 국가를 안정시키기 위함이며, 그러기 위해서는 충정의 진실을 지
키고 물러나 사양하는 인품을 지녀야 하고, 군자는 사람을 덕망으로 대해
야 한다고 생각했기 때문이었다.

　　순욱의 지지를 얻지 못한 조조는 순욱에 대해 불만을 품게 되었고, 이
로 인해 두 사람 사이에 알력이 생겼다. 어느 날 조조는 병을 앓고 있는
순욱에게 빈 찬합을 보낸다. 조조에게서 텅 빈 그릇을 받은 순욱은 죽으라
는 명령으로 받아들이고 스스로 생을 마감했는데, 50세였다(212년).

2. 순욱의 성격

1) 원칙과 명분을 추구함

　　순욱은 대쪽 같은 기질의 특성을 소유한 원칙주의자로서, 사사로운 감
정에 얽매이지 않고 냉철한 판단력과 올곧고 강인한 의지력의 소유자였다.
그는 어린 황제인 헌제를 인정하지 않는 원소보다 한나라 황실의 정통성
을 받아들이는 조조를 선택했다. 순욱이 조조를 따른 이유는 '한나라 황실
의 부흥과 천하혼란의 종식'이라는 순욱의 정의관과 조조의 정의관이 맞아
떨어졌기 때문이다. 순욱이 조조와 조우한 후에 그는 정의관의 구현을 위
한 생활을 하기 위해 원칙과 명분을 지켜 나갔다.

　　순욱은 연주를 평정한 조조에게 후한의 마지막 황제인 헌제를 옹립하
여 허도로 맞이하라는 계책을 준다. 아무리 망하기 직전의 한나라라 할지
라도 황제를 앞세우면 명분을 확보할 수 있는 계기가 되어, 수많은 군웅들
과 호족들의 마음을 잡아 그들을 복종시켜 따라오게 할 수 있기 때문이었
다. 순욱의 계책에 따라 조조는 황제를 업고 정치적 명분에서 어떤 제후들
보다도 우위의 위치를 점하게 되었다. 또 황궁이 허도에 위치함으로써 허

도는 명실공히 조조가 만든 새로운 수도이자 중심지가 되었다.

2) 현명함

수많은 책사와 장수들이 조조에게 있었지만, 조조는 순욱을 가장 신임하고 존중했다. 조조의 첫 번째 책사가 된 순욱은 조조진영에서 중추적 역할을 담당하며 직무를 수행했다. 순욱은 조조가 인재를 선발할 때 뛰어난 능력을 발휘하여 조조로부터 무한한 신임을 받았다. 순욱은 조조로 하여금 수도를 허도로 옮기게 했고 여포를 정벌하게 했으며, 북방패권을 두고 조조가 원소와 관도대전을 치를 때 등 수많은 전투에서 여러 번의 위기에 처한 조조를 구하는 수훈을 세웠다. 조조는 의심이 많아 사람을 잘 믿지 못하는 성격이었으나 순욱만큼은 신뢰하고 의지했다. 무한한 신뢰 아래 순욱이 20년간 조조를 보좌하였다.

조조에게 있어서 순욱은 특별한 존재가 되었다. 순욱은 유비의 책사인 제갈공명처럼 전면에 나서서 권한을 행사하지 않았고, 오나라 주유처럼 화려하고 영웅적인 삶을 누리지도 않았다. 이것이 그의 현명함이다. 순욱은 일찍이 조조의 성품과 기질을 잘 알고 있었고 또한 조조를 영원한 주군보다는 한나라를 부흥시키는 동지로 생각했기 때문이다. 사마의는 순욱과 같은 현명한 사람을 보기 못했다고 했다. 순욱은 그그의 참모였지만 그그도 함부로 그를 대하지 못했는데, 순욱은 학자로서의 위엄과 기품을 항상 잊지 않았기 때문이다.

3) 불의와 타협할 줄 모름

적벽대전 패배 후에 '후한의 권위회복과 영광의 재현'이라는 조조의 정의관이 붕괴되었다. 이때부터 조조는 왕위를 찬탈하려는 야심을 추구했으므로, 조조와 순욱이 추구하는 정의관과 목표가 달라지게 되었다. 순욱은 조조를 통하여 한나라의 부흥을 꾀하려고 하였기 때문이다. 조조의 권세가 강해지자 조정의 신하인 동소가 조조에게 벼슬을 받고, 황제에게 구석(九錫)을 받으라고 조조에게 제안했다. 구석은 황제가 신하에게 내리는 아홉 가지 특권으로서 신하가 황제의 권위와 맞먹는 특권이었다.

조조는 동소의 의견을 받아들이려 했지만 순욱이 한의 신하로서 처음의 충성스럽고 곧은 뜻을 끝까지 지켜야 한다고 하면서 적극적으로 반대했다. 적벽대전의 복수를 위해 강남평정의 대군을 일으킨 조조가 순욱에게 함께 갈 것을 명한다. 순욱이 따라가지 않으면 명을 어긴 죄를 묻고, 따라나서면 어지러운 싸움터에서 적당한 구실을 붙여 순욱을 제거해 버릴 작정이었다. 조조의 속셈을 아는 순욱은 따라나서는 체하다가 도중에 병을 핑계로 더 나아가지 않고 드러눕는다.

4) 융통성이 없음

조정대신들의 건의에 의해 황제가 조조에게 위왕 임명장을 수여하려고 할 때, 조조가 두세 번 사양하는 시늉을 하다가 마지못해 위왕 자리의 명을 받으려고 했다. 이때 조조가 왕위에 올라서는 안 된다고 순욱이 반대를 한다. 조조의 개혁적이고 신선한 이미지를 훼손시키기 때문이라는 것과 승상의 권위는 황제 다음이고 승상인 조조가 위왕이 되면 그것은 손권과 유비에게 명분을 준다는 것이 이유였다. 그럼에도 불구하고 조조는 결국 위왕에 등극했다. 조조는 아끼던 순욱이 자기를 거역했다고 생각하고 용서할 수 없다고 마음먹는다.

순욱이 반기를 들지 않고 이에 동조했다면, 권세와 부귀를 누릴 수 있는 조조 다음의 2인자의 자리를 차지할 수 있었을 것이다. 순욱은 마지막 순간에 '막강한 2인자로 살 것인가? 한나라의 충신이 될 것인가?'의 선택의 기로에 서 있었다. 그는 자신의 신념을 버리고 타협하지 않고 충신으로 계속 남기로 작정했다. 이처럼 순욱은 세속의 욕심에 물들지 않고 자신의 신념을 끝까지 지킨 충신이었다. 융통성이 없는 순욱의 성격 때문에 그는 조조의 교묘한 강압에 눌려 스스로 목숨을 끊는 비운을 맞는다. 순욱은 청아하고 수려한 인품·능력·선비정신을, 자만과 오만에 빠지기 쉬우며 권세와 부귀를 누릴 수 있는 2인자의 자리와 바꾸지 않았다.

III. 왕윤: 사회적 1유형 (S01)

1. 왕윤의 생애

왕윤의 자는 자사이며 병주 태현군 기현 출신이다(137－192년). 왕윤은 어려서부터 정의를 숭상하고 공명에 뜻을 두어 학문에 전념했고, 불의를 참지 못하는 대쪽 같은 성격이었다. 또한 강하고 모가 나며 독전적 성격의 소유자다. 관직에 있으면서 잘못된 일에 대해서는 윗사람에게 대드는 강직한 성품이다. 19세에 벼슬살이를 시작했고 청렴했지만 융통성이 없었으며 소신을 꺾은 적이 없고 절개가 있고 정의에 대한 집착이 강하다.

동탁이 정권을 잡은 후 폭정을 일삼자, 왕윤은 자신의 생일에 여러 신하들을 자기 집으로 초청해 어지러운 현실을 한탄한다. 조조가 동탁을 죽이겠다고 나서자 칠성보도를 주고 성공을 기원하지만, 암살에 실패한 조조는 잔류를 달아나 가지의 제후들과 반동탁연합군을 결성한다. 동탁이 연합군에 밀려 장안으로 천도한 후에도 그의 행동은 달라지지 않는다. 왕윤은 절세미인인 수양딸 초선으로 하여금 연환지계로 동탁과 여포 사이를 이간질시킨다. 여포가 동탁을 죽일 결심을 굳히자, 이숙을 동탁에게 보내 헌제가 동탁에게 선양한다고 거짓으로 전해 궁궐로 불러들여 동탁을 죽인다. 왕윤은 동탁의 수하인 이각과 곽사의 반격을 받고 붙잡혀 죽임을 당했다.

2. 왕윤의 성격

1) 올곧음

왕윤은 기세 강한 관리라도 비리가 적발되면 죄질에 따라 처형까지도 서슴지 않았다. 그는 지방의 하급관리로 일할 때 세력 있는 환관이 탐욕과 횡포가 심하여 그 지역의 큰 근심거리였지만, 당시에는 환관의 세상이라 아무도 손대지 못하고 있을 때 그를 처단하여 3년의 옥살이를 했다. 또 황건적의 난이 일어났을 때 예주자사로서 난 진압에 일익을 담당했다. 왕윤은 환관 세력의 핵심인 장양이 황건적과 내통한 증거를 확보하고 장양을 탄핵했지만, 환관 세력의 중상모략으로 어려움을 당해 강호를 떠돈다. 하진이 집권한 후 하남윤에 임명되었다가 그 후 태복이 되었다. 군사력으로 정권을 잡은 동탁에 의해 중용되어 삼공(사도·태위·사공)의 하나인 사도가 되었다.

2) 대쪽 같음

왕윤은 동탁이 처음 집권했을 때 협조한다. 그러나 동탁의 전횡에 비분 강개하면서 한나라 황실에 충성을 다한 원로대신이다. 동탁은 대쪽 같고 굳은 신념의 인물로 명성이 높은 왕윤을 중용해서 자신의 정당성을 높이려고 했다. 왕윤은 동탁에게 힘으로는 맞서기 어렵다고 판단하고 겉으로는 동탁정권에 협조적으로 행동했으나, 내심으로는 동탁을 제거하려고 했다. 반동탁연합군이 결성되어 낙양을 위협하자, 동탁은 낙양을 불지르고 장안으로 천도한다.

3) 독선적임

동탁의 무자비한 장안천도 과정에서 왕윤은 서적들을 보호하여 진귀한 도서들이 소실되는 것을 막았다. 왕윤이 동탁을 지지했다면 부귀영화를 누렸을 것이지만, 황실 쪽에 더 마음을 기울였다. 왕윤이 조조를 시켜 동탁을 암살하려다 실패하고, 수양딸 초선을 이용한 연환계를 성공시켜 여포의 손을 빌려 동탁을 처단한 강골문사이다.

동탁 사후에 대권이 왕윤에게 돌아갔다. 그는 원흉인 동탁만 제거되면 그 이후엔 크게 거리낄 것이 없다고 생각했으므로, 대대적인 숙청을 감행했다. 조정을 장악한 왕윤은 교만해졌다. 왕윤은 동탁에게 못된 지혜를 준 모사 이유를 죽였다. 채옹이 동탁의 은혜를 입어 그의 최후를 보고 한탄하며 눈물을 흘렸다. 모두들 몸을 사려 동탁의 죽음을 애써 외면하는데 유독 채옹만은 자신을 알아준 동탁을 애도하는 데 주저하지 않았다. 이를 본 왕윤이 채옹을 꾸짖으며 옥에 가뒀다. 채옹이 왕윤에게 동탁은 만고의 역적이었으나 자신를 중용해 주었으므로, 한때나마 모셨던 주군이 비록 역적이라도 눈물을 보이지 않을 수 없었노라고 말하며 용서해 달라고 간청했다. 또한 여러 공경들이 선처를 부탁했지만 왕윤은 채옹을 죽였다.

왕윤이 조정의 대권을 잡은 후에 현명하게 후속조치를 취했더라면 황실의 권위도 쉽게 회복되었을 것이고, 천하대란도 조기에 수습되었을 것이다. 그러나 왕윤은 그의 독선적 성격 때문에 이 중차대한 사명을 성공적으로 수행하는 데 실패했다. 왕윤은 대문호 채옹이 동탁을 애도했다는 이유민으로 처형해 사대부들의 원성을 샀나. 또 몽탁과 봉향이라는 이유만으로 군심을 안정시키는 일에 절대적으로 필요했던 황보숭에게 서량병들의 관리를 맡기자는 의견을 묵살하고 해산시켜 버렸다.

4) 고지식함

왕윤은 동탁의 사병집단에 대한 사면을 거부함으로써 서량병들의 반란을 유발시켰다. 동탁 사후에 그의 부하 이각과 곽사가 용서를 빌며 항복의 사를 밝혔지만, 고지식한 왕윤은 용서하지 않았다. 왕윤이 이들에게 절대 사면불가 방침을 고수하자 이각, 곽사 등이 반란을 일으킨다. 동탁의 인척인 우보가 장안성 군대와 교전하여 승리했으나, 부하의 배신으로 우보가 죽임을 당하자 이각, 곽사, 장제, 번조 등이 군대를 해산하고 달아날 궁리를 한다. 가후가 이들에게 장안성으로 진군할 것을 주장하여 장안성을 포위했다. 여포가 필사적으로 장안성을 지키려 했으나, 성 안에서 반란군과 내통하는 자들에 의해 성문이 뚫린다.

여포가 왕윤에게 같이 달아날 것을 권유하자, 왕윤은 국가를 편안히 하는 것이 소원이요, 어린 황제가 자기를 의지하는데 구차하게 위기를 벗어나려 하는 것은 못할 짓이라고 하면서 충절을 지킨다. 왕윤과 그 일족들이 반란군에 의해 체포되고 여포는 왕윤을 두고 도성을 떠났다.

[2] 남을 도와주려는 사람들

I. 맹달: 자기보존 2유형 (SP2)

1. 맹달의 생애

자는 자도(子度)이다(176−228년). 맹달은 익주태수인 유장 휘하의 장수였지만 유비에게 항복하여 공을 세웠다. 그 후 유비가 촉에 들어왔을 때 의도태수에 임명된다. 맹달은 유비의 양자인 유봉과 함께 상용을 공격하여 점령하였고 이곳을 방비하는 역할을 맡았다. 오나라 손권과 치열한 전투를 벌이던 관우가 오나라 군사에게 포위되어 유봉과 맹달에게 구원을 요청했지만, 맹달은 유봉과 함께 상용 수비를 핑계로 관우를 지원하지 않았다.

관우가 오나라와의 전투에서 사망하자 유비의 원한을 사게 되었고, 맹달은 이에 위기를 느끼고 위나라에 투항하여 위나라 조비로부터 건무장군에 임명되는 등 파격적인 대우를 받았다. 조비가 사망하자 신변에 불안을 느끼고 다시 촉나라로 돌아가기 위해 반란을 기도했으나, 사마의에게 기습을 받고 사망하였다.

2. 맹달의 성격

1) 언변과 기지가 뛰어남

맹달은 언변과 기지가 뛰어났고 그의 겉모습과 말솜씨는 매우 훌륭했다. 늘 여유 있는 태도에서 아취가 가득한 풍모를 지녔다. 그는 군사적 지휘능력도 탁월해 촉과 위의 국경지대에 있는 군사적 요충지인 상용을 공격하여 점령했다. 또한 그는 가무와 음악 등 기예에도 뛰어났다. 맹달이 촉을 배신한 것은 그가 관우의 구원요청을 거절해 유비의 분노를 산 것 외에 그가 공들여 키운 군악대를 유비의 양자인 유봉에게 뺏긴 것도 중요한 계기가 되었다.

맹달은 위나라에 귀순하는 과정에서 위나라 황제 조비를 상대로 거래를 하며 자기의 주가를 높이는 데서 말솜씨의 진가를 발휘한다. 맹달의 능수능란한 언변에 말려든 조비는 그에게 상용지역 3개 군의 통치를 다 맡겼을 뿐더러 오래된 측근과 다름없이 신임하고 총애했다. 위나라 대신들도 그의 재능을 높이 평가해 장수와 재상의 능력을 겸비했다고 칭찬했다.

2) 상대방을 조종함

형주를 지키고 있던 관우가 여몽의 계략에 빠져 오나라를 경계하던 병력을 빼서 위나라의 번성을 공략하자 이를 노리던 여몽이 형주성을 빼앗는다. 허를 찔린 관우가 맥성으로 쫓겨 위급한 상황에 처하자 유봉과 맹달에게 지원을 요청한다. 맹달은 이미 패한 싸움에 목숨을 잃을까 두려워 의를 따르지 않고 실리를 취하기로 마음먹는다. 상용태수인 맹달의 속마음은 관우를 도와 상용까지 피신하도록 도와준다면, 상용의 실질적인 지배자는 관우가 될 수밖에 없으므로 그의 야망이 물 건너 간다는 것을 잘 알고 있었다.

그러므로 유봉을 조종하여 도와주지 않기로 마음먹는다. 전에 유비의 양자인 유봉을 후계자로 내정하려고 할 때, 관우가 유비에게 양아들이니 대위까지 잇게 해서는 안 된다고 반대한 적이 있었다. 이러한 사정을 알고 있던 맹달 역시 관우와는 좋은 관계가 아니어서 유봉의 관우에 대한 악감정을 부추겼다. 맹달이 유봉에게 당신은 관우를 작은 아버지로 생각할지 몰라도 관우가 당신을 조카로 생각할지는 의문이라고 하면서, 지금껏 관우는 유비의 친아들인 유선을 지지해 왔다고 했다.

이처럼 맹달이 유봉을 수수방관하도록 꼬드기고 조정한 다음, 상용은 최전방이므로 병력을 뺄 수 없다는 이유를 들어 원군을 보내지 않았다. 관우가 지원군 없이 맥성을 빠져나오다 오나라의 반장과 그의 부장 마충에게 생포되어 아들 관평과 함께 참수당한다. 이 일로 인해 맹달이 유비의 원한을 사게 되었다.

3) 간사함

관우에게 원군을 보내지 않았으므로 조정에서 그 책임을 물을 것이 두려워 유비에게 편지를 남기고 위나라에 투항하였다. 유비에게 남긴 편지내용은 다음과 같다.

"신이 헌신한 이후 저의 눈물이 산을 이루었습니다. 신은 안으로는 보좌의 그릇이 없고 밖으로는 장령의 재주가 없으나 공신의 열에 오르니 스스로 부끄럽습니다. 신의 마음을 근심하시고 신의 거동을 애도하시는 전하의 성은을 느끼어 깨닫습니다. 신은 진실로 소인이라 처음부터 한결같이 그것을 알 수 없었으니 감히 죄가 아니라 할 수 없습니다. 신은 매 사이를 절교할 때마다 나쁜 소리가 없었으매 나아가 원한 없이 떠납니다. 신은 군자의 가르침에는 틀렸으나 원컨대 군왕께서는 용서해 주시기 바랍니다."

4) 변신의 달인

맹달은 어느 해 기근을 피해 촉으로 들어가 익주목 유장에게 의탁했다.
이때 유장의 참모인 장송이 유비한테 익주를 넘길 뜻을 품고, 유장에게 유
비로 하여금 장로를 토벌해 한중을 취하라고 한다. 유장이 장송의 계략인
줄 모르고 맹달에게 각각 군사 2천 명을 줘 유비를 맞이하게 한다. 맹달은
상황판단이 빠르고 현실감각이 뛰어나 주인을 유장에서 유비로 바꾸어, 유
비가 서촉으로 들어갔을 때 공을 세우고 의도태수에 임명되어 상용을 공격
하여 점령한다. 그 후 관우의 구원요청을 거절해 처벌받을 것이 두려워 위
나라에 투항했다. 조비 사후에 그를 시기하는 무리가 많아 신변에 불안을
느끼고, 맹달이 다시 촉나라로 돌아가기 위해 제갈량이 북벌을 진행할 때
반란을 기도하다가, 위나라 총사령관인 사마의에게 기습을 받고 사망했다.
맹달은 반사회적 성격으로 남을 이용하고 속일 때 전혀 양심의 가책을
받지 않았고 세상의 윤리나 이목을 가볍게 여겼다. 그에게 군주에 대한 의
리나 충성심은 아무런 의미가 없었다. 맹달은 여러 주인을 배신하는 변신
의 달인이었다.

II. 장송: 개인적 2유형 (SE2)

1. 장송의 생애

자는 자교(子喬)이며 익주자사 유장을 섬기고 별가까지 올랐다(?-213년).
머리는 뾰족하며 코는 납작하고 뻐드렁니가 심하게 드러난 못생긴 인
물이다. 조조가 관중 및 한중까지 영향력을 행사하려고 하자, 유장은 한중
의 장로가 조조와 손을 잡고 자신을 공격할 것을 두려워했다. 이에 유장은
세 번에 걸쳐 조조에게 사자를 보내 신종의 뜻을 전한다. 장송이 세 번째

사자로 파견되었는데 마초를 물리치고 자신감에 차 있던 조조에게 냉대를 받는다. 조조의 참모 양수가 장송을 달래려고 초청하여 조조가 쓴 병서인 『맹덕신서(孟德新書)』를 보여준다. 장송이 그 책을 한 번 훑어보더니 모조리 암기하고 조조를 희롱하는 말을 서슴지 않았다.

화가 풀리지 않은 장송은 형주의 유비에게로 갔는데 유비가 환대했다. 극진한 대접을 받은 장송은 유비에게 서촉의 주인이 된다면 조조와 맞설 수 있을 것이라고 하면서, 원래 조조에게 주려고 했던 사천지리도를 유비에게 준다. 그리고 장송은 익주를 유비에게 넘기기로 결심한다.

익주로 돌아온 장송은 유장에게 조조가 익주를 차지할 욕심이 있다고 하며 유비와 동맹을 하는 것이 좋겠다고 한다. 천혜요충지인 한중을 먼저 점령하면 조조를 쉽게 막을 수 있다고 하고, 우리가 장로를 이기기 힘드니 용병술이 뛰어난 유비를 불러들여 한중을 점령하자고 한다. 그러자 일부 중신들이 장송 말대로 하면 서촉을 유비에게 뺏기고 만다며 반대를 한다. 장송에게 설득당한 유장이 유비를 초청한다. 그런데 유비의 장수들이 유장을 죽일 흉계를 꾸미자, 유비는 인의를 내세우며 허락하지 않는다.

그러던 중 한중의 장로가 익주로 쳐들어온다는 급보가 날아들고 유비가 군사를 이끌고 출전한다. 장로의 군사와 싸우던 유비가 유장에게 군사와 군량을 요청했는데, 유장의 중신들이 반대하여 요구를 들어주지 않았다. 이에 화가 난 유비가 형주로 철군한다고 소문을 내고, 반대로 서촉의 수도인 성도를 향해 쳐들어간다. 이런 상황을 모르는 장송이 형주로 돌아가지 말고 성도를 쳐서 서촉을 뺏으라는 밀서를 작성했다. 때마침 장송의 형인 광한태수 장숙이 찾아왔으므로, 장송이 급히 소매 속에 밀서를 숨기고 술판을 벌이다 밀서를 떨어뜨린다. 장숙이 밀서를 주워 집에 돌아와 읽어 보고 놀라 유장에게 밀고한다. 장송은 체포되어 반역죄로 처형되었다.

2. 장송의 성격

1) 해결사가 되고자 함

익주(서촉)는 중원에서 멀리 떨어져 있어 난세에도 독립적인 상태에서 평온을 유지할 수 있는 지역이다. 이곳을 황실의 종친 유장이 다스리고 있었는데, 지형이 험해 방어하기에 좋고 기름진 들판이 넓어 살기에 좋았다. 그런데 적벽대전에서 패배한 조조가 한발 뒤로 물러나자 서촉에도 전운이 돌기 시작한다. 적벽대전으로 형주를 차지한 유비가 호시탐탐 서촉을 노리고 있었기 때문이다.

서촉과 인접한 한중의 군벌 장로가 침범한다는 급보가 들어와 유장이 중신회의를 소집하고 대책을 논의한다. 유장은 사이가 좋지 않은 한중의 장로가 조조와 손을 잡고 공격해 올 것이 두려워 조조에게 사자를 보내 복종의 뜻을 전하고자 했다. 이때 장송이 나서며 세 치 혀로 장로가 서촉을 넘보지 못하도록 해 보겠다고 유장에게 말한다. 조조와 맞설 수 있는 사람은 없으므로, 허도로 가서 조조로 하여금 한중을 치도록 해 보겠다는 것이었다. 장송은 조조에게 바칠 예물 외에 서촉의 자세한 지리와 군세가 기록된 지도(사천지리도)를 가지고 허도로 간다. 장송은 유장이 난세를 헤쳐 나갈 인물이 못 된다고 판단하고 조조를 만나 보고 맘에 들면 지도를 넘겨줄 작정이었다.

장송은 허도에 도착하여 승상부로 가서 조조를 만나려고 했다. 그때 조조는 마초를 멸하고 나서 예전과 달리 교만방자한 사람으로 변해 있었다. 이제는 천하에 자기와 다툴 만한 상대가 없다고 자만해진 것이다. 조조는 날마다 연회를 베풀고 즐기며 시간을 보내고 있었으므로 외교사절을 만나는 일도 지연될 수밖에 없었다. 3일 만에 가까스로 조조를 만났지만 냉대를 받았는데, 장송의 못생긴 얼굴이 조조의 맘에 들지 않았기 때문이었다. 그는 생김이 괴이쩍어 얼굴은 깎아 낸 듯 삐딱하고 머리통은 뾰족하며 코는 찌그러지고 치아는 가만히 있어도 잇몸까지 드러나 보였다. 키는 다섯 자로 겨우 난쟁이를 면했고 목소리는 구리종 같이 댕댕거렸다.

2) 암기력이 뛰어남

익주태수 유장의 사자로 온 장송이 홀대를 받는 모습을 본 양수가 장송을 따로 만난다. 장송이 양수를 접해 보니 구변도 좋고 학식도 제법 많은 것 같아 보여 공대하고 싶은 마음이 솟았다. 양수도 역시 자기재주를 믿고 천하의 선비를 우습게 여기던 차에 장송을 만나 보니 말 속에 풍자가 가득하여 보통 인물이 아니라고 생각했다. 양수가 장송을 초청하여 조조의 재주를 칭찬하면서 조조가 쓴 병서인 맹덕신서(孟德新書)를 보여준다. 장송은 한 번 읽은 서책을 단번에 외워 버릴 정도로 비상한 재능을 가진 재사였다. 장송이 그 책을 한 차례 훑어보고 한 자도 틀리지 않고 통째로 외워 버린다. 장송이 양수에게 이것은 전국시대에 나온 책인데 조승상이 훔쳐서 자신의 저작으로 만들었다고 말했다. 이 소식을 들은 조조는 부끄럽고 분한 나머지 화를 내며 그 책을 불살라 버렸다.

3) 기가 셈

다음 날 연병장에서 3만 명의 군사로 열병을 하던 중 조조가 장송에게 서촉에도 저런 용맹스런 군대가 있느냐고 거만스럽게 물었다. 장송이 조조에게 서촉에는 유장이 인의로 세상을 다스리기 때문에 저런 군대가 필요 없다고 답했다. 그러자 조조가 그렇다면 자기는 인의가 없다는 소리냐고 불쾌감을 나타냈다. 이어 조조가 나약한 유장이 병법을 아느냐고 유장에게 묻고, 자기는 병법에 통달했을 뿐만 아니라 『신 조조병법』이라는 책을 만들어 활용하고 있다고 거들먹거렸다. 이에 장송이 조조에게 그렇다면 병법에 뛰어난 분이 적벽대전에서 왜 패했느냐고 망신을 준다. 장송이 이렇게 면전에서 빈정거리며 조조의 아픈 곳을 건드리자 두들겨 맞고 쫓겨났다.

4) 자신을 알아주는 사람을 도움

조조에게 냉대를 받고 형주로 가서 유비를 만나 융숭한 대접을 받은 장송이 조조에게 주려고 했던 서천지리도를 유비에게 건네준다. 이 지도에는 서촉의 산과 형세, 각 성읍의 도로와 군사요충지, 병력과 장수 이름 등이 자세하게 기록되어 있었다. 장송이 유비에게 뜻이 맞는 사람들과 익주 안에서 돕겠다고 했다.

익주로 돌아온 장송은 평소 자신과 같은 생각을 가지고 있었던 법정, 맹달과 함께 은밀하게 유비를 추대할 계획을 세운다. 다음 날 장송은 유장에게 조조가 익주를 차지할 욕심이 있어 보이므로 유비와 동맹을 맺는 것이 좋겠다고 하면서, 조조를 한나라의 역적으로 몰아붙인 다음, 형주의 유비에게 도움을 요청하여 장로의 침입을 막는 것이 좋겠다고 한다. 결국에는 장송의 도움으로 유비가 서촉을 차지하게 된다.

III. 손권: 사회적 2유형 (SO2)

1. 손권의 생애

손권의 자는 중모(仲謀견)이다(182－252년). 손견의 아들로 태어나 11세에 부친을 여의고, 맏형 손책을 따라다니며 전쟁에 참여했다. 손책은 손권을 총애하여 전쟁을 할 때도 늘 곁에 두었다. 손책이 강동을 제패한 후 15세인 손권을 양성현의 현장으로 임명했다. 손책이 손권을 아꼈던 이유는 효성이 깊고 형제 간에 우애가 두터우며, 쾌활하고 인자하면서도 결단력이 있었기 때문이다. 또한 손권이 협객을 좋아하고 인재를 아낄 줄 알았기 때문이다.

손책이 자객에게 습격을 당해 26세에 사망하자, 손권은 19세에 후계자

가 되었다(200년). 주유와 장소가 손권을 보좌했는데 내정은 장소가 맡았
고 외치는 주유가 맡았다. 손권은 장수들이 서로 추천을 하면 이를 전적으
로 신임했다. 손권의 참모 중 뛰어난 장수로 주유, 노숙, 여몽, 육손 등 강
동사걸(江東四傑)이 있다.

조조가 형주를 장악한 후에 오나라에 항복을 요구했다. 이때 손권은 일
생일대의 위기에 봉착한다. 손권이 항복을 하면 조조의 신하가 되어 독립
국가를 유지하지 못하고, 항전을 하면 오나라 정권이 무너질 수 있기 때문
이었다. 선택의 어려움에 처한 손권은 주유와 제갈량의 건의를 수용해 조
조와의 결전을 선언하여 적벽대전이 일어났다. 손권이 화공계를 이용해 지
리에 익숙지 못하고 풍토병에 시달린 조조군을 대파한 후, 오나라는 위나
라, 촉나라와 더불어 본격적인 삼각구도의 세력 각축전을 벌였다.

주유의 대를 이은 노숙은 친유비파였다. 그는 유비와 힘을 합쳐 조조에
게 대적해야 오나라의 안위가 보장될 수 있다는 입장이었다. 노숙이 죽자
오나라의 분위기가 급변했다. 형주를 되찾아야 한다는 강경론이 득세하여
형주를 둘러싸고 유비와 대립하고 있던 손권은 조조와 동맹을 맺고 형주
를 지키고 있던 관우를 공격했다. 이 싸움에서 관우가 죽자, 오와 촉은 철
천지원수가 되었다. 관우의 복수를 위해 유비가 이릉전투를 일으켰으나 대
패하고 벽제성에서 유비가 죽음을 맞았다.

오나라와 촉나라의 뒤틀어진 관계가 다시 정상화된 것은 제갈량이 촉
의 전권을 장악한 뒤였다. 이때 손권이 오나라의 초대황제가 되었다(209
년). 손권의 말년에 오나라는 후계자 갈등으로 인해 궁중이 권력투쟁으로
점철되었다. 손권의 장남 손등이 죽자 동생인 손화(손권의 셋째아들)를 태자
로 임명하고, 그의 동생 손패(손권의 넷째아들)를 노왕으로 임명해 동등한
지위를 부여했다. 조정이 태자파와 노왕파로 갈라져 내분에 휩싸이자, 손
권은 두 사람에게 모두 벌을 내려 죽음에 이르게 한다. 손권은 71세에 병
사를 하고(251년), 오나라는 진나라에 멸망당했다(280년).

2. 손권의 성격

1) 남의 말을 경청하고 검소함

손권은 업무를 처리할 때 신하들과 토론하고 상의하는 타입이었다. 그는 겸허하고 부드러우며 인내심이 강했을 뿐만 아니라, 자세를 낮추고 기회가 오기를 기다리며 나이가 많은 사람이나 능력 있는 참모에 대해 자세를 겸손하게 하고 가르침을 청했다.

손권은 신하들의 말을 경청함으로써 자신의 부족한 점을 시정하려고 애를 썼다. 자신의 위세를 내세우기보다 하찮은 얘기라도 귀담아 듣는 모습에 오히려 참모들과 백성들 사이에서 권위를 인정받았다. 손권은 자신과 신하들의 시각이 달라도 국가의 큰일을 의논할 때 참모들의 견해를 수용했다.

손권은 또한 검소함이 몸에 배어 있어 참모들과 백성들의 귀감이 되었다. 그저 아끼고 안 쓰는 것이 아니라 자신이 가진 것을 참모들과 백성들에게 나누어 베풀며 검소함을 유지했다. 언제나 소박한 의복을 입으면서도 입을 것이 없는 백성들에게는 비단 등의 옷감을 주는 등 그들의 생활이 풍족해질 수 있도록 온갖 노력을 아끼지 않았다. 조각품이나 장식품으로 궁궐을 치장하지 않았다. 손권의 이러한 행동들로 인해 그의 참모들도 사치를 부리지 않았고 향락을 일삼지 않았다.

2) 공격보다 수성에 능함

손권은 평생 동안 공격보다는 지키는 데 달인이었다. 군사적으로 대단한 세력과 재능을 가졌던 조조가 손권과 크고 작은 전투를 벌였지만, 한 평의 땅도 더 획득하지 못했던 것을 보면 손권의 방어전략은 대단한 것이었다. 그러나 손권은 공격적인 측면에서 별 성과를 내지 못했다. 오나라 수도인 건업과 거리상으로 가까운 합비를 끈질기게 공격하면서도 결국 합

락시키지 못했다. 그의 방어능력에 비해 공격재능은 훨씬 떨어졌다. 그는
천하통일하려는 의지도 크게 보이지 않았으며, 영토를 확장하기보다는 내
정을 안정시키고 발전시키는 데 중점을 두었다.

손권은 정치에 있어서 최선보다는 차선의 방법을 택했다. 위의 조조나
촉의 유비가 천하통일을 염두에 둔 데에 반해, 손권은 무리한 모험을 피하
고 정세가 호전되기를 기다려 행동했다. 손권이 천하통일을 꿈꾸지 못한
요인은 주변의 여건이 여러 측면에서 잘 갖추어지지 않았기 때문이다.

① 오나라는 위나라나 촉나라에 비해 인재가 상대적으로 모자랐다. 지
역이 협소한 오나라는 인재들을 현지에서 찾아야만 했을 뿐만 아니라, 유
능한 인재들이 죽으면 이들을 이을 만한 사람들을 발굴하기가 어려웠기
때문이다. ② 오나라는 장강이 가로막고 산세가 험악하므로 장강이 적을
방어하는 수비에는 유리하지만 공격을 하기에는 불리했다. 오나라는 위나
촉에 비해 지리적으로 처한 환경이 열악했다. ③ 오나라가 촉과 동맹을 맺
으면 위나라를 견제하는 것이 가능한 일이지만, 오나라와 촉나라는 형주를
두고 쟁탈전이 끊이지 않아 오의 손권은 북진정책을 강력하게 추진할 수
가 없었다. 또한 오나라는 위나라로부터 항상 공격의 위협을 받는 입장이
었다.

오나라의 이러한 여건 때문에 손권은 모든 일에 있어서 완전무결하면
무리가 생긴다는 것을 알고 있었다. 따라서 그는 수재이기는 하지만 톱이
되려고 하지 않는 넘버 2의 자세를 취하는 지혜를 발휘했다.

3) 인재를 발굴하여 육성함

손권이 그의 형 손책의 뒤를 이어 오나라 군주가 되었을 때 강동의 호
족세력들은 그의 지시를 따르려고 하지 않았다. 호족들에 의해 여러 곳에
서 반란이 끊이질 않았으므로, 유능한 인재들을 적소에 투입하여 반란을
진압하는 한편 주변 군벌들을 하나씩 복속시켜 나갔다. 손권은 인재육성에

박차를 가하고 그들의 특기와 장점을 살려 성장을 촉진시키는 데 열정을 쏟아부었다. 나아가 능력이 출중한 인물을 적재적소에 배치하고 그들에게 자율성을 보장해 주었다. 그의 격려와 육성에 의해 대성한 부장이 오나라에 많았는데, 주유, 노숙, 장소, 여몽, 육손 등은 그 재능을 발휘하여 각자의 직무를 다했다.

손권은 오나라 창업공신인 주유와 더불어 적벽대전을 승리로 이끌었다. 손권이 명장이며 책사인 노숙을 소중하게 대하자 노숙은 한나라 황실은 재기하기 힘들 것이라며, 손권에게 천하통일을 도모할 것을 부추겼다. 오나라가 위나라에 투항하기를 권유했던 장소조차도, 손권이 그를 참전시켜 공신으로 만드는 지혜를 보여주었다. 여몽은 원래 무예 이외에는 아무것도 몰랐으나, 손권이 학문의 중요성을 강조하여 여몽을 분발시킴으로써 우수한 전략가로 탈바꿈하여 관운장이 지키고 있던 전략요충지 형주성을 함락시켰다. 이릉대전 중 손권에 의해 오나라 군대의 도독으로 발탁된 육손은 탁월한 작전을 전개하여 승전고를 울림으로써 오나라의 강남지방에 대한 지배력을 공고히 했다. 손권은 농부출신 김택, 목동출신 오찬 등 능력이 있는 자라면 출신성분을 가리지 않고 등용하여 기량을 발휘하게 했다. 이러한 손권의 행보로 인해 그의 주변에는 유능한 인재들이 모여들었고 이들의 재능을 밑바탕으로 하여 그 세력이 점점 팽창되었다.

4) 기회주의적임

유비가 조조군을 물리치고 한중을 차지하자 형주에 있던 관우가 북진을 위해 번성을 포위했다. 손권은 유비와의 촉오동맹을 배신하고 관우가 모든 병력을 빼내 번성으로 출격한 사이에 대군을 이끌고 쳐들어가 텅 비다시피 한 형주성을 점령해 버렸다. 관우는 오나라 군사와 위나라 군사들로부터 협공을 당해 전선을 버리고 탈출하려다 오군에게 생포되어 손권에게 참수당했다.

손권은 가지고 싶어 하던 형주 땅을 차지하자 의기양양했는데, 유비가 관우의 복수를 위해 오나라로 침공해 왔다. 당황한 손권은 형주를 반환하겠다며 유비에게 화친을 요청했지만 거절당한다. 손권은 유비와 전면전을 벌이는 사이 위나라가 오나라를 공격하면 오나라가 결딴나므로, 화친의 방향을 위나라로 돌려 위 황제 조비에게 신하가 되겠다고 자청하며 함께 촉을 치자고 제안한다.

이것은 손권의 기회주의적 측면의 일면이다. 이는 마치 집을 잘 지키는 이가 담장을 넘었다가 여의치 않자 재빨리 담장을 넘어 되돌아온 격이다. 이 일로 인해 손권은 천하의 주인이 될 그릇이 아님을 선포한 꼴이 되어버렸다. 손권은 수성을 잘했지만 천하통일을 도모할 역량과 기세를 보여주지는 못했다. 하지만 기민하게 변신하여 땅을 차지하고 또 지켜 냈으니 나름대로 자기 그릇에 맞는 처신과 행동을 한 것임에는 틀림없다.

[3] 일을 해내고자 하는 사람들

Ⅰ. 허유: 자기보존 3유형 (SP3)

1. 허유의 생애

허유의 자는 자원(子遠)이다(?-204년). 조조와 같은 패국 출신으로 비상한 머리를 가진 재사이며 어려서부터 조조와 친구였다. 어린 시절에는 조조와 교분이 계속되었으나, 성년이 되면서부터 원소 쪽으로 기울어졌다. 원소가 하북에서 자립한 뒤에는 그의 사람이 되어 모사로 일했다. 원소가 기주를 탈취하고 허유와 전풍, 저수, 봉기 등에게 기주의 일을 나누어 관장하게 했다(191년). 원소가 조조를 토벌하려 하니 그가 표를 올려 적극 찬성했다(199년).

다음 해 원소와 조조가 관도에서 싸웠을 때, 그가 원소에게 군사를 나누어 허도를 공격하여 양쪽에서 협공할 것을 건의했다. 원소는 그의 말을 받아들이지 않고 오히려 그를 꾸짖었다. 그는 분한 마음을 참지 못하고 조조에게 의탁하여 오소를 습격할 계책을 바쳤다. 조조가 그의 말을 따름으로써 대승을 거두었다.

조조가 원상(원소의 아들)을 격파하고 업성을 포위하자 수공을 이용하여 적을 물에 빠뜨리는 계책을 올렸다(204년). 성을 격파한 뒤 허유는 오만해져 스스로 뽐내기를 좋아하여 조조에게도 예의를 차리지 않았다. 하루는 허저와 입씨름을 하다가 허저에게 죽임을 당했다.

2. 허유의 성격

1) 이해타산에 밝음

허유는 조조와 죽마고우이나 조조가 동탁 휘하에 있는 것을 보고 실망하여 동탁 제거에 실패한 원소가 기주로 달아날 때 그를 따라갔다. 관도전투 때 군량이 떨어진 조조진영에서 허도에 있는 순욱에게 군량미를 재촉하는 사자를 보냈는데 잡혀, 조조의 친필서신이 허유의 손에 들어온다. 관도대전 시 군사적으로 훨씬 우세했던 원소가 관도에서 조조군을 포위하고 오랫동안 대치하고 있었다.

허유가 원소에게 조조의 군대가 관도에 계속 머물고 있어 수도인 허도가 비어 있을 테니, 조조의 본거지인 허도를 기습하고 조조군의 목줄인 병참로를 습격하면 조조군을 격퇴시킬 수 있다며 조조의 친필서신까지 보이면서 진언한다. 그러나 의심 많던 원소는 허유가 원래 조조 친구였으므로 오히려 질책하자, 밤에 몰래 빠져나와 조조에게로 갔다.

2) 재물욕심이 많음

허유는 재능은 많으나 남에게 베푸는 것이 적고 탐욕스러워 만족할 줄
모른다. 또한 그는 성품이 안하무인이라 창업멤버임에도 불구하고 원소세
력의 파벌구도에서 소외되었다. 허유는 재물욕심이 많을 뿐만 아니라 집안
식솔들이 그를 믿고 군량을 빼돌린 혐의로 원소에게 적발되어 아들과 조
카들이 투옥되었다. 막다른 골목으로 몰린 허유는 원소에게 조조진영의 군
량이 바닥났으니 적극공세를 취해야 한다는 계책을 올려 자기의 허물을
만회하고자 했지만 원소가 이를 받아들이지 않는다. 허유는 원소가 그의
재물욕심을 채워 주지 못했을 뿐만 아니라 그의 자리가 위태로워 옛 친구
인 조조에게 투항한다. 허유의 투항은 탐욕의 결과이고 탐욕은 그 자체로
그 자신을 위기로 몰아넣게 된다.

투항에는 기술이 있는 법이다. 대의명분에 따라 투항하든지, 아니면 패
배를 깨끗이 인정하고 투항하면 살길이 열린다. 그러나 자신의 탐욕과 비
리 때문에 주군을 배신하고 투항하면 새 조직에서도 의심을 받게 되어 신
뢰를 쌓을 수 없다. 아무리 똘똘하고 제 딴엔 감쪽같이 사소한 탐욕을 채
운다 하더라도 탐욕은 언제나 들키기 마련이기 때문이다.

3) 지략이 출중함

허유가 원소를 버리고 조조에게 귀순하자 조조가 큰절까지 하며 환대
했다. 허유는 원소군의 군량창고의 허점을 얘기하며 조조에게 기습작전을
펼칠 것을 제안한다. 허유가 군량미를 쌓아 둔 오소의 경비가 허술하다고
알려 주자, 조조가 한밤중에 적진을 급습하여 오소의 군량창고를 불태웠고
군량미를 잃은 원소가 대패한다. 허유의 계책에 의해 원소보다 열세였던
군세가 역전되어 조조가 승전고를 울릴 수 있는 발판이 마련된 것이다.

허유는 조조에게 관도대전의 승리를 안겨 준 결정적인 인물이 되었다.

이로 인해 관도대전에서 승리한 조조는 중원의 북쪽을 차지하고 명실상부
한 패자의 자리에 오르게 된다. 그 후 조조가 기주의 주인인 원소의 막내
아들 원상을 멀리 쫓아내고 기주성을 공략할 때, 허유가 장하의 물을 터서
기주성을 물바다로 만들라는 계책을 올린다. 기주성은 물바다가 되고 허유
는 기주를 함락하는 데 일등공신이 된다.

4) 교만함

　허유는 친한 친구 원소를 배신했지만 조조에게는 큰 공을 세운 것과 함
께 조조의 옛 친구라는 것을 내세워 자신을 과시했다. 하루는 기주성 앞에
서 조조의 어릴 적 이름인 '아만'을 큰 소리로 부르며, 내가 없었으면 네가
어찌 이 성문으로 들어올 수 있었겠느냐고 우쭐댔다. 허유의 언행은 참모
들에게 둘러싸여 있는 조조의 위엄은 조금도 헤아리지 않은 경박한 것이
었다. 스스로를 지나치게 추켜세우는 데가 있었다. 조직에선 친구가 없다.
어린 시절 친구라도 계급이 정해지면 그 계급에 맞게 처신해야 한다. 지위
가 높아진 친구는 친구라기보다는 상사일뿐이다.
　어느 날 허저가 말을 타고 기주성문을 들어가다가 허유를 만났다. 기주
를 온통 제힘으로 뺏은 듯 떠들고 다니던 허유가 허저를 보고 경박한 입을
놀려 댔다. 장군 허저가 참지 못하고 허유의 목을 베어 버렸다. 허유는 기
고만장해져 동료 무장들에게 이죽거리다가 모욕감을 이기지 못한 허저에
게 죽임을 당한 것이다. 허유의 행동은 오만과 부적절한 처사이다. 상대방
의 입장을 생각하지 않고 경거망동하고 입방정을 떨었다. 허유는 자신의
재주와 공로에 사로잡혀 기고만장하다가 비극적 결말을 맞이했다. 어리석
은 자가 교만하면 비웃음을 사지만, 능력 있는 자가 교만하면 위태로워진
다. 능력 있는 자가 탐욕스러운데다가 교만하기까지 하면 목숨을 부지하기
어려운 법이다.

II. 가후: 개인적 3유형 (SE3)

1. 가후의 생애

자는 문화(文和)이며 조조의 모사로 무위 고장 사람이다(147－223년). 후한 말에 효렴으로 천거되어 낭이 되었다. 동탁이 낙양에 들어오자 대위연으로 평진도위가 되었다가 토로교위로 옮겼다. 동탁이 여포에게 살해되자 이각과 곽사의 모사가 되어 장안 공격을 진언하여 여포를 몰아내게 했다. 이각과 곽사가 장안에서 싸울 때 선의장군이 되었다. 다시 장군 단외에게 의지했는데, 단외가 의심하는 것을 알고 달아나 옛 동탁의 부하였던 장제의 휘하로 들어갔다. 장제가 죽고 장수가 뒤를 잇자 가후를 중용하여 중요한 전투에 참여시킨다. 가후의 계책으로 전위와 조앙(조조의 맏아들) 등이 전사하고, 조조는 완성에서 대패하여 많은 군사를 잃고 후퇴했다.

나중에는 가후가 장수를 조조에게 항복시켜 장수와 함께 조조진영에서 많은 공을 세웠다. 집금오로 도정후에 봉해졌다가 기주목이 되었다. 조조가 원소와 한수, 마초 등을 격파할 때 가후가 여러 번 계획을 세워 올렸다. 가후는 조비를 도와 태자의 자리를 공고하게 다졌다. 후에 위나라의 문제(조비)가 즉위하자 가후는 태위(좌의정)에 발탁되었다.

2. 가후의 성격

1) 권변이 뛰어남

가후는 때와 형편에 따라 일을 처리하는 임기응변의 재능인 권변이 뛰어났다. 권변에는 정확한 상황판단과 유연한 처세술이 요구된다. 그는 젊었을 때부터 뛰어난 재능을 인정받아 조정의 관원이 되었다.

동탁이 권력을 잡자 그의 부하장수인 이각의 막하로 들어간다. 동탁이 왕윤에 의해 살해되자 이각과 곽사가 군대를 해산하고 도망갈 궁리를 할 때, 도망가지 말고 군사를 모아 도성으로 쳐들어가면 천하를 차지할 수도 있다고 했는데 가후의 판단이 적확했다. 가후의 건의에 따라 동탁의 부하 장수들이 군사를 모아 장안에 쳐들어가 왕윤을 공격하여 대권을 장악한다. 이각·곽사가 가후에게 제후의 직을 하사하지만 받지 않는다. 이각과 곽사가 대권장악 후에 서로 싸우면서 혼란이 극심해졌다.

황제의 부름을 받은 조조가 군사를 이끌고 공격해 오자, 가후는 이각과 곽사가 조조의 상대가 되지 못한다는 것을 알고 도망을 친다. 난세를 살아가는 재빠른 몸놀림이다. 가후는 화음의 단외에게 몸을 의탁했으나, 단외도 인물됨이 아니어서 동탁의 부하였던 정제의 조카 장수에게 의탁해 그를 돕는다. 그 후 조조가 대군을 일으켜 장수를 정벌하려고 하자, 가후가 장수에게 항복할 것을 권유하여 조조의 수하로 들어간다. 조조는 가후의 언변과 재주에 반해 함께 일할 것을 권유한다. 그런데 조조가 장수의 숙모(장제의 처)와 놀아나면서, 장수가 반기를 들어 조조의 심복장수인 전위, 조조의 맏아들 조앙을 죽여 조조와 원수가 되자 가후는 장수를 따라간다.

2) 사태변화를 꿰뚫음

가후는 상황판단과 정세를 분석하는 능력이 뛰어났다. 그가 원소가 강북의 패권을 놓고 힘겨운 싸움을 할 때, 장수를 자기 편으로 끌어들이기 위해 두 사람에게서 동시에 사자가 온다. 가후는 장수에게 세력이 훨씬 더 큰 원소보다 조조를 택하도록 권유한다. 그 이유로 ① 조조가 황제를 볼모로 잡고 있으니 명분에서 앞서고, ② 세가 부족한 조조에게 가는 것이 세가 강한 원소에게 가는 것보다 대접을 더 받으며, ③ 조조는 원대한 야망이 있으므로 개인적인 악연을 문제 삼지 않는 큰 그릇이라고 했다. 이는 당장의 위세보다 장래성을 택한 것이다. 장수가 조조에게 항복하자 조조는 원수임에도 장수와 가후를 환대한다.

적벽대전에서 패배한 조조가 오나라 대도독 주유가 죽었다는 소문을 듣고 복수전을 계획한다. 선제공격으로 남하하여 오나라를 치기 전 후방 안전이 신경 쓰였다. 그래서 조조는 먼저 서량의 마등을 제거해 후방 도발을 사전에 막기로 했다. 이를 위해 조조는 황제 칙령을 명분으로 마등을 허창으로 초청해 간계책으로 마등을 죽였다. 아버지의 전사 소식을 전해 들은 마초는 서량의 군대를 동원해 아버지의 복수전에 나섰는데, 마등의 의형제인 서량태수 한수도 이 전투에 출병하여 마초를 도왔다.

마초가 20만 대군을 총동원하여 관중으로 진격하자 조조 역시 대군을 이끌고 직접 동관으로 나가 싸웠다. 마초와 조조의 맹장 허저와의 싸움에서 용호상박의 모습을 보였으나 워낙 마초의 무예가 뛰어나 조조군이 밀렸다. 조조는 마초와 대치했으나 힘으로는 도저히 마초를 당할 수가 없다고 판단하여 가후가 제시한 이간책을 쓴다.

가후는 조조에게 한 통의 편지를 서량태수 한수에게 보내라고 한다. 편지내용은 대수롭지 않은 얘기는 뚜렷이 읽게 해 놓았으나 요긴한 대목은 먹으로 뭉개 버리거나 고쳐 쓴 글이라 남이 보면 의심이 나도록 했다. 마초가 한수에게 가서 편지를 읽고 나서, 왜 편지사연을 뭉개 버렸냐고 의심을 한다. 마초의 의심을 풀 수 없음을 안 한수가 조조에게 항복을 하자 마초는 대패했다. 이처럼 가후는 조조의 편지내용에서 중의법을 사용하여 모호하게 뜻을 얼버무려 놓았고, 보낸 사람이 아니라 받은 사람이 고친 것처럼 꾸며 마초가 한수를 불신하도록 하여 자중지란에 빠지게 했다.

3) 처세의 달인이며 난세의 철새

위왕에 오른 조조가 장남 조비와 3남 조식을 놓고 후계자 문제로 고민하며 누가 좋으냐고 묻자 가후는 즉답을 피한다. 함부로 다음 대권에 대한 의견을 제시하는 것은 자칫 목숨과 바꾸는 것임을 잘 알기 때문이었다. 조조가 재차 묻자 가후는 원소와 유표를 생각했다고 답했다. 원소와 유표가 후계자로 장남을 지목하지 않아 집안에 분란이 발생했음을 알리면서 자신의 뜻을 간접적으로 전달한 것이다. 후사로 맏아들을 세우지 않아 생긴 골육 간의 싸움이란 사실을 새삼스럽게 떠올린 조조는 장남 조비를 왕세자로 세웠다. 가후는 조조의 성격이 날카롭고 자신의 의중을 간파하는 자에게는 경계심을 가지고 있다는 것을 잘 알고 있었다. 따라서 그는 간접적인 화법을 주로 쓰면서 자기에게 위험이 될 말을 피해 가는 생존방식을 가졌다.

　　가후는 상황분석능력이 뛰어났으나 절개를 지키고 신의를 목숨처럼 생각하는 곧은 선비는 아니었다. 물처럼 유연하게 자신의 생각을 바꾸는 융통성에서 뛰어난 처신을 했으며, 나설 때와 물러설 때를 정확히 알고 있었다. 공을 다투는 논공행상에 나서지 않았고 위로는 순응하고 옆으로는 시기와 질투를 경계했다. 가후는 태위의 높은 벼슬에 오르지만 자식들의 혼사에 신중을 기해 평범한 집안과 사돈을 맺어 사람들에게 경계심을 심어주지 않았다. 또 부를 축적하거나 명예에 집착하는 모습을 보이지 않았을 뿐만 아니라 자신의 주장을 관철시키기 위해 큰 목소리를 내거나 고집을 부리지 않았다. 가후는 진정한 처세의 달인이면서 난세의 철새였다.

4) 맡은 일에 최선을 다함

　　가후는 누군가의 신하로 있는 순간바나 최선을 다해 모셨다. 동탁, 이각과 곽사, 단외, 장수, 조조 등 5명의 주인을 거쳐 전란의 시대를 살면서 누구에게도 공격받지 않고 살았다. 그는 능력이 있었지만 자만하지 않았고 항상 때를 기다리며 자신이 필요한 일만 했기 때문이다.

　　가후가 내다본 대로 조조가 원소를 격파하고 하북을 평정했다. 조조의 신임을 받은 후, 가후는 세자책봉에도 관여했다. 조조의 마음은 셋째아들 조식에게 기울어져 있었으나, 가후는 큰아들 조비 쪽에 줄 서 있었다. 조조 사후에 조비가 위왕으로 즉위했다.

　　가후는 조비가 후한 마지막 황제(헌제)로부터 제위를 찬탈하는 데 공을 세운다. 가후는 대기만성형의 입지전적인 인물이다.

III. 조조: 사회적 3유형 (SO3)

1. 조조의 생애

자는 맹덕이다(155－220년). 조조는 황건적 난을 평정하는 데 공을 세운 후 세상에 두각을 나타낸다. 영제 사후에 십상시 난이 일어나고 이 와중에 동탁이 실권을 장악했다(189년). 동탁이 권력을 장악하자 조조가 동탁의 수하로 들어갔지만, 동탁의 전횡을 보고 분노하여 그를 암살하려 했으나 실패하여 세상을 떠돈다. 조조는 원소·원술 등과 반동탁연합동맹을 맺었으나 뜻을 이루지 못한다.

동탁토벌을 위해 모인 제후들이 사수관으로 군사를 이끌고 나온 동탁의 부하장수 화웅을 제어하지 못해, 선봉싸움에서 연합군의 예기가 꺾일지도 모르는 전투였다. 연합군의 위기상황에서 하위직책 마궁수인 관우가 화웅을 베는 능력을 발휘하자, 관우의 활약상을 본 조조가 첫눈에 반한다.

그 후 하비성 전투에서 항복을 한 관우에게 조조가 온갖 재물과 저택과 미녀를 주어 파격적으로 대우했지만 관우는 이에 관심을 보이지 않고 문지기 집에서 생활하며, 유비 부인들을 주군의 예로써 보필할 뿐만 아니라 자세를 흐트러뜨리지 않았다. 이에 조조가 관우에게 더욱 매력을 느낀다. 관우가 뛰어난 인재이면서 완벽한 남자이기 때문이었다. 자신을 버리고 유비를 찾아 떠나는 관우를 뒤에서 바라보던 조조가 마지막까지 전포를 주며 은혜를 베풀었다.

동탁이 왕윤과 여포에 의해 살해당했을 때, 조조가 후한의 마지막 황제 헌제를 옹립하고 수도를 장안에서 허도(허창)로 옮기고 둔전제 등 개혁정책을 펼쳤다. 조조는 최대 군웅세력인 원소를 관도대전에서 격파하고 화북

지방을 평정했다. 관도대전은 삼국시대의 난세에 가장 큰 전환점이 되는데, 조조가 이 전쟁의 승리로 물자·인구·곡창 등이 밀집되어 있던 황하부근을 차지했기 때문이다. 관도대전을 계기로 조조가 가장 많은 군사를 거느린 제후로 거듭났다. 조조가 위왕에 봉해졌으며(216년) 위나라 건국이 이루어지는 기초가 마련된다. 헌제는 사실상 허수아비였으며 실권자는 조조였다.

조조가 화북지방을 평정하고 천하통일을 위해 남하하여, 손권과 유비의 연합군과 적벽에서 전쟁을 치르게 되었다. 순유(순욱의 조카)가 적이 화공(火攻)을 준비하려는 책략을 알아채고, 이에 대한 대비책을 준비하라고 조조에게 조언을 했다. 그러나 조조는 승리를 자신하고 있었기 때문에 이를 받아들이지 않아 적벽대전에서 대패했다. 적벽대전에서의 패배는 조조 일생일대의 패착이었다. 적벽대전 후에 조조는 양자강 이남으로 세력을 뻗지 못했다. 조조는 승상과 위왕의 관직을 받았으나 스스로 황제에 오르지는 않았다. 그 후 낙양에서 66세로 사망했다(220년).

2. 조조의 성격

1) 노력파임

번뜩이는 재치와 넘치는 패기, 과단성과 강직함이 있는 조조는 업무를 처리할 때 자신이 주도하는 스타일이다. 조조는 주간에는 군사에 관한 전략을 생각하고 야간에는 유교경전을 공부했다. 그는 전쟁터에서도 각종의 서적들 가운데서 손자병법 책을 탐독하고 손자병법에 주석을 달아 군사학적인 면에서도 뛰어난 모습을 나타냈다. 산이나 높은 언덕에 오르면 시를 읊조리고 새로운 가사가 나오면 음악에 맞추어 노래했다. 문학적인 재능이 뛰어나 책 읽는 것을 생활화해 손에서 책을 내려놓지 않는 수불석권(手不釋卷)의 독서광이었다.

조조는 군사에 관한 사무와 행정에 관한 사무에 노력하면서도 시간을 쪼개 문학에 관한 책을 저술했고, 전쟁을 치루는 가운데서도 막사 안에서 글을 쓰기도 했다. 그는 시와 문학에 재능을 보여 평생 동안 일구어 낸 군사에 관한 활동과 역사적 사건에 밀접한 관계를 둔 테마를 중심으로 많은 작품을 저술했다. 「해오행」의 테마는 한나라 국정을 농단해 조정을 망친 동탁이 사회적 혼란을 유발한 원인과 과정 및 결과에 관한 것이다. 또 「호리평」은 원소가 중심이 되어 조직한 반동탁연합군의 내분으로 인한 붕괴에 관한 것이다

2) 판단능력이 탁월함

조조는 앞으로 나아가야 할 때와 물러날 때를 잘 살폈고, 본인이 직접 전면에 나서야 할 때와 타인의 세력을 빌려야 할 때를 가름하는 판단능력이 탁월했다. 그는 시대적 변화와 변해 가는 상황들을 냉정하게 파악하며 적재적소에 매우 변화무쌍한 전략들을 사용했고, 이를 통해 손해는 최소화하고 이득은 극대화시키는 모습을 보여주었다.

그가 젊었을 때 권력자인 하태후의 동생인 대장군 하진의 참모로서 보좌를 했다. 십상시 세력을 견제하기 위해 하진이 지방의 제후들을 불러들이겠다는 견해를 밝히자, 원소 등 다른 참모들은 이를 적극 지지했으나 조조는 반대의견을 냈다. 그 이유는 지방 제후들의 막강한 군대를 끌어들이면 이리를 쫓으려다가 호랑이를 불러들이는 꼴이 된다는 것이었다. 조조가 반대를 했음에도 불구하고 서량의 동탁을 불러들이는 안이 채택되었고, 조조가 예측한 대로 불러들인 동탁이 무력으로 정권을 장악하였다.

조조는 이처럼 상황의 본질을 꿰뚫어보고 예측하는 눈이 날카로웠다. 실권자가 된 동탁은 조조의 재주가 보통이 아님을 알아보고 그를 측근으로 기용하려 했는데, 이는 조조의 출셋길에 날개를 다는 것이었다. 동탁은 한 황실을 없애고 스스로 천하를 다스리려는 야망을 가지고 있었다. 이를

안 조조는 동탁의 인품이나 그릇으로 보아 그 권세가 오래 가지 못한다는 판단을 가졌다. 동탁이 철권정치를 행하자 조조가 동탁을 제거하려다 실패하여 피신을 한다.

하북의 패권을 장악한 조조는 전란으로 인해 임자를 잃은 농토를 몰수하여 그 소유권을 지방정부로 넘기고, 몰수한 농토를 그의 군사들과 투항한 황건군에게 나눠 줘 농사를 짓게 하는 둔전제를 시행했다. 조조가 시행한 둔전제는 수확물의 절반인 1/2을 경작자가 중앙정부에 조세로 내는 제도로서, 어려운 식량사정을 간파한 조조의 상황판단에 따른 것이다. 둔전제의 시행으로 인해 식량문제가 해결되어 이리저리 떠돌던 백성들이 한곳에 정착할 수 있게 되었다. 이는 정치적으로는 백성들의 관리와 통제를 용이하게 할 수 있는 계기가 되었고, 군사적으로는 부족한 군량미 문제가 해소됨으로써 여러 곳에 할거하고 있던 군벌들을 토벌하는 데 크게 도움이 되었다. 어느 날 부대가 이동하던 중 병사들이 갈증을 호소하자 조조가 병사들을 향하여 먼 산을 채찍으로 가리키며, 저곳에 가면 신 매실이 얼마든지 있으니 따 먹으라고 말하는 기지를 발휘했다. 그러자 병사들이 신 매실을 떠올리며 침을 꿀꺽 삼켜 갈증을 조금이나마 해소할 수 있었다.

3) 성취를 위해 수단 방법을 가리지 않음

조조는 비능률과 반복되는 과오를 용납하지 않았고, 일을 추진할 때 능수능란하게 이끌어 가는 재주가 있었다. 동탁에게 쫓겨 고향으로 향하는 길에 조조가 부친의 친구인 여백사의 집을 찾았다. 친구의 아들을 만난 여백사가 반가운 마음에 조조에게 대접할 술을 한밤중에 사러 간 사이, 식구들은 돼지를 잡기 위해 칼을 갈았다. 칼 가는 소리를 들은 조조는 자기를 살해하려는 것으로 잘못 생각하고 그 식구들을 모두 없애 버렸다. 경황이 없이 밤길을 가던 조조가 술을 사 가지고 돌아오던 여백사를 만나자 후환을 없애기 위해 여백사도 없애 버렸다.

조조가 많은 군사를 이끌고 원술의 수춘성을 침공할 때 군량미가 떨어져 군심이 뒤숭숭해져 갔다. 조조가 군량미 담당자에게 소두(小斗: 작은 말)를 써서 곡식을 나눠 주라고 했다. 군사들이 조조가 대두(大斗: 큰 말) 대신 소두를 써서 기망하려고 한다고 원망을 했다. 그러자 조조는 군량미 담당자가 병사들이 먹을 곡식을 도적질을 했다고 누명을 씌우고 그를 참형에 처해 군사들의 마음을 달래 위기를 모면했다.

조조는 자신의 위신에 상처를 입히거나 정치적으로 불편한 관계에 있는 사람을 인정사정 볼 것 없이 제거해 버렸다. 조조가 입신할 때부터 생사고락을 함께한 책사인 순욱이 조조가 위왕이 되려고 할 때 반대를 했다. 불쾌하게 생각한 조조가 그를 제거하기 위해 병을 앓고 있는 순욱에게 빈 찬합을 보냈다. 음식이 담기지 않은 텅 빈 찬합은 죽으라는 암시임을 안 순욱이 자결한다. 예형과 공융도 조조의 위신에 상처를 입혀 제거된 인물로, 이 두 사람은 당대 최고수준의 재능과 인맥을 보유한 명망 높은 문인이었다. 그러나 이 두 사람은 조조의 자존심을 건드려 격분을 사게 되어 목숨을 잃었다. 조조는 또한 자기보다 재능이 뛰어난 자가 있으면 시기하여 제거해 버렸다. 양수는 몇 차례나 조조의 속마음을 읽거나 조조보다 뛰어난 재능을 보여준 적이 있었다. 조조는 전부터 양수를 미워하고 있었는데 한중에서 유비와 전투를 하던 중 계륵사건을 명분으로 양수를 처형했다.

4) 능력을 중시하고 실리를 취함

① 도덕보다 능력을 중시함

조조는 능력을 중시하여 덕이 아니라 무력으로 세상을 장악하려고 했다. 그는 인재등용을 위한 기준으로 능력이 출중하면 도덕적으로 문제가 있더라도 신경 쓰지 않았다. 그는 능력이 있을 뿐더러 인격적으로도 훌륭한 평가를 받는 사람에게는 과할 정도로 호의를 베풀지만, 능력이 없거나 인격적인 수준이 낮으며 후환이 될 염려가 있는 경우에는 가차 없이 제거하는 철저한 능력주의자였다. 조조는 냉철한 판단력을 가지고 있었으며 능력 있는 사람을 위해서는 자신의 모든 자존심을 버리면서까지 예우를 해주었다.

관도대전 중 몰수한 전시품들 중에서 조조의 부하들과 원소가 내통하고 있던 내용이 담긴 서신이 무더기로 쏟아져 나오자, 측근 참모들이 그들을 처형하라고 진언했다. 조조는 "원소의 세력이 막강했을 때는 나조차도 마음이 흔들려 어지러웠는데, 하물며 다른 사람들은 오죽했겠느냐?"라며 서신을 뜯어보지도 않고 모두 불에 태워 버린 후, 그 일을 불문에 부치고 원소와 내통한 부하들을 모두 용서해 주었다. 조조의 이러한 처사는 그의 일생 전체를 통틀어 빛이 나는 부분으로, 승자의 관용으로만 치부하기에는 너무도 찬란한 영웅정신의 광채이다. 조조의 이러한 포용력은 그가 중원을 제패하게 된 원동력이다. 조조의 이러한 포용력은 공정한 상벌과 일처리 능력에 따른 훈작을 명분으로 삼는 제후들로부터 존경심과 더불어 두려움을 느끼게 했다.

② 명분보다 실리를 추구함

조조는 공허한 명분을 찾기보다는 실리를 추구하고 합리적이며 실용주의를 지향했다. 실리를 추구하는 이러한 성격이 조조가 최강의 무술을 사랑하는 여포나 가문이 좋고 가장 큰 군벌세력을 가졌던 원소를 깨뜨리고 화북지방을 평정하게 되었다. 이후 후한의 승상이 되어 이를 기반으로 위공이 되었다가 위왕의 자리를 차지하게 되었다.

왕윤의 미인계에 의해 동탁이 죽임을 당하고 나라가 전란에 휩싸이자, 동탁의 꼭두각시 노릇을 하던 황제(헌제)가 떠돌이 생활을 하게 되어 한 황실이란 것도 이름뿐이었다. 하북지방의 맹주가 된 조조가 황제를 모시겠다고 하자, 불안정한 생활을 하던 황제와 조정의 대신들은 감지덕지하며 환영했다. 조조의 호위를 받게 된 황제가 조조에게 대장군이란 벼슬을 내리고, 원소에게는 태위라는 벼슬을 내렸다. 태위의 직책을 받은 원소가 조조가 받은 벼슬보다 격이 낮다고 받지 않자 조조가 대장군 자리를 양보했다. 조조의 이러한 발상은 명분보다 실리를 추구하는 조조의 실용주의 성격에서 나온 것이다.

조조가 황제를 모시고 그의 근거지인 허창(허도)으로 가자 여러 제후들에게 하달되는 모든 명령이 황제와 조정의 이름으로 나가게 되었다. 따라서 조조가 조정이 되어 제후들을 호령하고 통제할 수 있었다. 아무리 망하기 직전의 한나라라 할지라도 조조 입장에서는 황제를 앞세워 명분을 확보할 수 있는 계기가 됐고, 이를 통해 자신의 세력을 급속도로 키울 수 있는 발판으로 삼게 되었다.

조조가 명분보다 실리를 추구하면서도 평생 동안 거의 예외 없이 금기했던 사항이 있다. 조조는 큰 세력을 형성하지 못하고 아직 군웅의 1인에 지나지 않았을 때부터도 사리사욕에 눈이 멀어 주인을 배신한 자는 능력이 출중하고 아무리 큰 이익을 갖다주어도 용납하지 않았다. 반면 아무리 자신에게 격렬하게 저항했어도 그 주인을 위해 충성을 다한 자는 포용력을 가지고 중용하여 더불어 일했다.

[4] 감성이 예민한 사람들

ㅣ. 조식: 자기보존 4유형 (SP4)

1. 조식의 생애

조식의 자는 자건(子建)이며 조조의 세 번째 아들이다(192–232년). 아버지 조조, 형 조비와 함께 시작(詩作)에 능통하여 삼조라 일컬어졌다. 조비

와의 후계자 권력 다툼에서 조식은 조비에게 패하고 만다. 조비가 제위에
오르자 조식을 죽이기 위해 일곱 걸음을 걷는 동안 시를 지어 읊어 보라고
했다. 조식이 7보의 시(七步之詩)를 지었고 이에 조비는 깊이 깨달은 바 있
어 그를 살려 준다.

조식은 조비의 경쟁자였기에 항상 봉지가 바뀌어졌다. 처음엔 총명한
조식이 총애를 받았으나, 조비에 비하면 처세가 좋지 않고 음주에도 절제
가 없는 모습을 보이는 점과 수레를 타고 천자만이 다니는 길을 지나갔던
사건 때문에 후계자에서 멀어지게 되었다. 게다가 조식을 중심으로 커진
세력을 경계한 조조가 조식을 보좌하는 양수를 주살했다. 그리고 조인이
번성에서 관우에게 포위당했을 때 조조가 조식을 장군으로 임명해 보내려
고 불렀는데, 술에 취해 이를 받들지 못하는 일까지 생겨 그의 직위는 박
탈되었다.

조비가 왕위에 오른 후, 조식의 보좌를 맡던 세력들도 죽임을 당하여
조식은 자기 봉국으로 돌아갈 수밖에 없었다. 봉국에서 조식은 자주 장문
의 상소를 올려 나라의 일에 대해 논하며 자신의 재능을 펼칠 관직을 청했
으나, 번번이 거절당해 절망하고 근심 속에 살다가 41세의 나이로 세상을
떠났다.

2. 조식의 성격

1) 총기가 있음

조식은 어렸을 때부터 재기발랄하고 총명하여 조조의 총애를 받았다.
삼국시대 당시에는 장자가 자동적으로 승계받게 되었으나 조조 성품이 적
자상속이나 서열보다는 인물의 됨됨이와 능력을 우선시하는 정치인이었으
므로, 조조는 후계자로 조식을 으뜸으로 생각하고 있었을 뿐만 아니라 뛰
어난 문재와 영특한 머리로 아버지의 마음을 헤아리는 조식을 특히 사랑

했다. 똑똑한 동생인 조식을 둔 조비(조조의 장남)는 불안했고 그로 인해 조
식을 시기했다. 조비 옆에는 의리와 서열을 우선시하는 가후 등의 권신들
이 있었고, 조식 주변에는 재주와 능력을 중시하는 양수 등 개혁성향의 인
물들이 측근으로 있었다.

　조비와 조식은 태자자리를 놓고 물밑 경쟁을 치열하게 벌인다. 조비가
가후에게 어떻게 하면 아버지 마음에 들 수 있는지 묻는다. 가후가 인덕과
관용을 발휘하고 숭상하여 평범한 선비의 업을 행하고, 아침부터 저녁까지
바쁘게 움직여 아들의 도리를 다해야 한다고 했다. 이는 사고치지 말고 평
소에 바른 모습을 보이라는 뜻이었다. 이에 비해 양수는 조식을 위해 조조
가 군사나 나라 일과 관련하여 물을 때마다 대답할 수 있도록 10개 조목
을 만들어 주며, 아버지가 묻거든 그 조목에 맞추어 대답하라고 했다. 조
조가 조식에게 물을 때마다 청산유수처럼 대답하니 조조는 은근히 의심하
는 마음이 들었다. 이에 조비가 조식의 사람들을 매수해 양수가 적어 준
열 가지 조목의 문답이 적힌 글을 훔쳐 오게 하고 조조에게 받친다. 조조
가 크게 노해 이때부터 총애하던 조식을 좋아하지 않게 되었다.

2) 문학적 재능이 뛰어남

　조식은 밝고 지혜로우며 문재(文才)가 유독 뛰어나 다섯 아들 중에서
조조의 사랑을 가장 많이 받았다. 조조가 원정을 갈 때 조비는 울면서 아
버지를 전송했는데, 조식은 시를 지어 백성들을 감탄하게 하고 조조의 덕
을 칭송했다. 조조가 업성에 동작대를 만들고 여러 아들들을 그 위에 올라
가게 해 시무를 짓게 했다. 조식이 붓을 들어 한 번 휘둘러 완성했는데,
그 작품이 자식들 중 가장 뛰어나 조조도 그의 재능을 높게 평가했다.

　조조 사후에 위왕에 오른 조비가 변방에 제후로 가 있던 조식을 불러들
여 후환을 제거하고자 했다. 조비는 조식의 글재주가 남다르다는 것을 알
고 있었다. 조식에게 글짓기를 시켜 제대로 하지 못하면 헛된 이름으로 천

하를 기만한 죄를 뒤집어 씌워 죽일 속셈이었다. 조비가 조식에게 형제라
는 뜻이 들어가되, 형제의 단어가 들어가지 않는 시를 일곱 걸음을 걸을
동안 지어 보라고 하자, 조식이 눈물을 흘리며 다음과 같이 「칠보시(七步
詩)」를 지었다. "콩깍지로 콩을 태우니/콩은 솥 안에서 울고 있구나/본래
는 한 뿌리에서 태어났는데/어찌 그토록 급하게 달이려고 하나."

　칠보시는 같은 아버지의 형제가 왜 이렇게 다투지 않으면 안 되느냐는
내용의 시였다. 조식의 폐부를 찌르는 듯한 외침에 조비도 눈물을 흘리며
반성하지만, 끝내 동생을 용서하지 못하고 변방으로 쫓아 보냈다.

3) 우울함

　조조 사후에 장남인 조비가 후계자가 되었다. 그런데 어느 역사이건 권
력은 냉정하고 냉혹하여 집권자들은 라이벌을 용납하지 않는다. 조비의 참
모들이 왕의 동생을 제거할 것을 부추겨 변방에서 생활하던 조식은 형에
게 잡혀 와 죽음의 위기를 맞는다. 칠보시를 짓고 나서야 위기에서 벗어난
조식은 직위가 강등되어 귀양살이를 하게 된다.

　조비의 뒤를 이은 조예(조비의 장남)는 조식과 서신을 주고받지만 조식
에 대한 견제는 심했다. 조식은 자신의 재능을 펼치지 못하는 것을 분개해
하며 조예에게 중용해 달라고 했으나, 방계혈족이 정치참여를 차단한 선대
의 방침을 거스르면서 숙부인 조식을 중용할 생각이 없었다. 그러자 조식
은 병졸로 싸우며 죽을 각오를 보였지만 허사였다. 조식은 끝내 자신의 능
력을 보여줄 기회를 잡지 못해 뜻을 펼쳐 보지 못하고 평생 울분과 근심과
한 속에 허우적댔다.

4) 절제력이 없음

　조식은 예법에 구애받지 않으며 음주벽이 있었는데, 술을 마시면 절제
력이 없었다. 그는 자유분방한 성품에 술에 취해 있는 모습을 자주 보여

구설수에 오르는 등 행실에 문제가 있었다. 어느 날 조식이 술에 취해 천자의 전용도로를 멋대로 지나가서 조조의 노여움을 사는 것을 계기로 조조에게 점차 총애를 잃는다. 조인이 관우에게 포위되었을 때 조조는 조식을 사령관으로 임명해 구원군을 지원하려고 불렀다. 이때 조식은 술에 취해 인사불성이 되어 명령을 받을 수 없었기 때문에 조조의 진노를 사 모든 관직을 박탈당했다. 조식의 이러한 행실문제는 위나라의 대권을 물려받지 못하는 이유 중의 하나가 되었다.

II. 초선: 개인적 4유형 (SE4)

1. 초선의 생애

어릴 때 시장에 팔려 나온 초선을 왕윤이 거둬들여 자기 친딸처럼 사랑했으며, 여러 가지 기예를 배우게 하였다. 사도 왕윤은 헌제를 무시하고 온갖 횡포를 일삼던 동탁을 쓰러뜨리기 위해 한 가지 계책을 꾸며 낸다. 동탁과 여포가 모두 여자를 좋아한다는 사실을 알고, 자기 자식처럼 아끼고 사랑하던 초선을 이용하여 두 사람 사이를 벌어지게 만든 뒤 동탁을 제거하려고 했다. 왕윤은 먼저 여포에게 초선을 주기로 약속한 뒤, 곧바로 동탁에게 그녀를 바쳐 버린다. 왕윤이 일부러 계략을 쓴 것인 줄 까맣게 몰랐던 여포는 결국 동탁에게 깊은 원한을 품게 되었다. 하지만 동탁은 자신이 모시는 주인이자 의부였기 때문에, 여포는 갈피를 잡지 못한 채 괴로운 나날을 술로 보냈다.

이때 초선이 두 사람 사이의 불화를 부채질하여 그 틈은 더욱 벌어졌다. 여포는 여포대로, 동탁은 동탁대로 서로 의심하고 믿지 못하게 되니 그 결말은 불을 보듯 뻔한 것이었다. 마침내 이 연환계는 멋지게 성공했다. 초선의 달콤한 말에 속은 여포가 동탁을 죽이고 말았다.

2. 초선의 성격

1) 충의지사의 기질을 지님

조조의 동탁 암살 계획이 실패하고, 동탁 토벌을 위해 모인 연합군도 와해됐다. 여포를 양자로 들인 동탁은 날개 단 호랑이 같았다. 급기야 황제의 자리까지 탐한다. 동탁이 도성을 장안으로 옮기고 주지육림 속에 살면서, 제위를 넘보며 대역(大逆)의 언사를 해도 아무도 저지하지 못한다.

왕윤에게는 나라 걱정이 태산 같지만, 동탁을 제거할 마땅한 대책이 없었다. 이때 왕윤의 고민을 알아챈 열여섯 살의 초선이 왕윤과 함께 동탁을 제거하려는 계획을 세운다. 초선은 자신을 희생하기로 한다. 초선이 소용이 된다면 만 번 죽어도 사양하지 않겠다며, 나라를 위하는 일에 어찌 죽음을 두려워하겠느냐고 한다. 초선은 양아버지인 왕윤이 미인을 적지에 파견하여 계교를 꾸미는 계책인 미인계를 통한 연환계에 동의하고, 자신을 희생해 동탁과 여포 사이를 갈라놓기로 결심한다. 초선이 여포를 먼저 유혹하고 여포를 이용해 동탁을 제거하고자 했다. 초선은 어린 나이임에도 대의명분을 위해 목숨까지 바치는 충의지사의 기질을 지녔다.

2) 노래와 춤에 능함

초선은 어릴 때 왕윤이 저잣거리에서 데려와 학문, 기예, 가무를 익히게 한 수양딸이다. 노래와 춤에 능한 초선은 달마저도 그녀의 미모를 보고 부끄러워했을 정도로(폐월: 閉月) 인물이 빼어난 중국의 4대 미인(월나라 서시·전한 왕소군·후한 초선·당나라 양귀비) 중 한 명이다.

왕윤이 여포를 집으로 초대하여 대접하고 초선을 소개시켜 준다. 초선이 옥 같은 흰 손을 들어 황금 술잔을 여포에게 올린다. 그녀는 초승달 같은 눈썹과 가을 물처럼 맑고 찬 눈, 상아로 깎은 듯한 오똑한 콧날에 복사

꽃빛 도는 볼, 붉은 꽃잎 사이로 보일 듯 말듯 한 희고 가지런한 치아를
가진 절세가인이었다. 초선의 요염한 자태에 여포가 넋을 잃는다. 초선이
붉은 입술에 미소를 머금고 추파를 흘려보내자, 여포의 삼혼칠백은 그녀의
예쁜 추파 속으로 녹아 흐른다. 인간의 정신을 관장하는 것이 혼이고, 육
신을 관장하는 것이 백이다. 인간이 지니고 있는 혼과 백은 각각 3개, 7개
이다. 이제 여포의 삶은 초선 이외에는 아무것도 의미가 없게 되었다. 왕
윤이 여포에게 초선과 짝지어 주겠다고 약속했다.

   왕윤이 이번에는 동탁을 집으로 초대하여 초선을 선보이자, 동탁 역시
초선을 보자마자 삼혼칠백이 녹아들었다. 초선은 노래를 잘 불렀다. 또한
그녀가 춤출 때 두 팔을 휘저어 바삐 휘돌면 동정호의 봄을 나는 기러기
요, 버들잎을 스치는 제비 같으며 느릿느릿 멈추어 서면 아름다운 누각에
걸린 흰 구름이요, 바람에 흔들리는 한 떨기 고운 꽃이었다. 왕윤이 그날
밤 초선을 동탁에게 첩으로 들이라고 하자, 동탁이 초선을 그의 거처인 미
오성으로 데리고 갔다.

3) 연기를 잘함

   여포는 초선과 짝지어 준다는 왕윤의 말을 잔뜩 믿었는데 양부인 동탁
에게 초선을 뺏기자 분한 마음이 들었다. 동탁도 여포가 왕윤이 자신에게
준 애첩을 여포가 가로채려 한다는 것을 알게 되었다. 결국 동탁과 여포는
초선을 사이에 두고 돌이킬 수 없는 강을 건너게 되었다.

   여포가 초선을 향한 마음을 애태우며 지내던 어느 날, 동탁이 헌제 황
제와 만나 정사를 논하는 틈을 타 미오성으로 초선을 찾아갔다. 그녀는 후
원의 봉의정으로 여포를 데리고 가서 그와 이룰 수 없는 사랑을 슬퍼하며
자결하려는 시늉을 한다. 여포가 그녀를 끌어안고 아내로 삼지 못하면 영
웅이 아니라고 안심시킨다. 이때 동탁이 돌아와 봉의정에서 초선과 밀회를
즐기고 있는 여포를 보고 눈이 뒤집힌다. 놀란 여포가 줄행랑을 치자, 이

모습을 지켜본 초선이 회심의 미소를 짓는다. 그리고 동탁에게 여포가 치근댄다고 둘러댔다.

4) 대의를 위해 희생함

동탁이 여포에게 초선을 양보했다면 초선 대신 세상을 가졌을 수도 있었을 것이다. 동탁이 여포를 죽이려 하자, 여포도 질투심과 분노가 극에 이른다. 이러한 상황을 이용하여 왕윤이 여포와 거사를 꾸민다. 황제가 제위를 물려준다고 속여서 동탁을 입궐하게 한다. 이를 모르는 동탁이 수레를 타고 궁문에 당도하자 여포가 동탁을 살해한다. 여포가 초선이 있는 미오성으로 달려가지만 초선이 자결한다. 초선은 왕윤의 뜻을 따라 동탁과 여포를 이간질시키며 폭군 동탁을 죽게 만든 후에 의로운 목숨을 다한다. 조조도 동탁을 제거하지 못한 일을 연약한 초선이 해냈다.

III. 주유: 사회적 4유형 (SO4)

1. 주유의 생애

사는 공근(公瑾)이다(175-210년). 주유는 오나라 칭입자인 손책을 도와 수많은 전투에서 공을 세웠다. 손책 사후에 그의 동생인 손권이 왕이 되었다. 손권은 손책의 유언에 따라 내정은 장소가 맡고 외교는 주유에게 맡겼다. 창업공신들은 대부분 손권을 무시하고 최소한의 예의만을 갖췄으나, 주유는 손책을 대하듯 정성을 다해 손권을 보필했다.

적벽대전 당시의 상황은 형주의 수군을 얻은 조조가 강동지역을 침략하려고 했다. 유비와 손권은 형주에서 조조군을 몰아내야 한다는 목표가 일치하여 손권과 유비의 동맹이 성립한다. 주유는 손권의 참모로서 조조와의 일전을 앞둔, 수륙 양군 총지휘권자인 대도독이었다. 공명은 유비의 참모로서 손권에게 조조와의 일전을 종용하기 위해 오나라로 건너간다.

　이때 주유와 제갈량의 만남이 이루어지는데, 두 사람 사이에 라이벌 의식이 생겨 주유와 공명의 지략대결이 시작된다. 주유는 자신보다 손권의 마음을 더 잘 헤아리는 공명에게 질투심을 느끼고, 나아가 자신이 세운 책략을 공명이 꿰뚫고 있었으므로 처음에는 질투심이 생겼다가 나중에는 살의(殺意)로 발전한다. 적벽대전을 앞두고 주유가 제갈공명을 없앨 구실을 찾고자 했다. 주유가 제갈량에게 10일 안에 화살 10만 개를 구해 오라는 실현 불가능한 명령을 내렸다. 이에 제갈량은 3일 안에 만들어 오겠다고 대답했다.

　약속한 지 3일째 되는 날 장강에 안개가 깔렸다. 제갈량은 노숙에게 20척의 짚단을 가득 실은 배(초선)를 빌렸다. 안개 낀 밤에 제갈량은 초선을 이끌고 조조군을 기습하여, 공격할 것처럼 군사들에게 북을 두드리고 소리치게 했다. 당황한 조조군은 안개로 앞을 분간할 수 없어 초선을 향해 화살을 퍼부어 대기 시작했다. 조조군의 화살이 초선에 쌓였다. 제갈량이 배를 몰아 오나라 진영에 돌아오니 초선에 꽂힌 화살이 10만 개가 넘었다. 이를 본 주유는 어찌할 바를 모르고 두려움이 더 커져 제갈량을 없앨 마음을 굳힌다.

2. 주유의 성격

1) 독창적인 아이디어가 많음

　주유는 독창적이며 복잡한 문제를 해결하는 재능이 뛰어났다. 그는 독창적 견해로 아무도 생각지 못한 방침을 내고, 넓은 안목과 기량으로 새로운 가능성을 찾아 실현했다. 조조가 원소를 격파하고 손권에게 아들을 임자(지방관의 아들을 중앙직에 임명하여 볼모로 잡는 것)로 보내라고 요구했다. 오나라 신하들이 우물쭈물하며 결단을 못 내렸다. 주유는 강동의 유리한 조건을 분

석하여 조조의 요구를 거절하고 군사력을 강화하여 상황변화를 관망하면서
주도권을 잡으면 문제가 없다고 주장하여 손권이 이를 받아들였다.

　손권이 적벽에서 조조와 전쟁을 해야 할지 화친해야 할지를 결정하지
못할 때, 전쟁을 해야 한다고 했다. 주유는 조조의 약점을 지적하며 손권
에게 항전할 것을 주장했다. ① 조조가 강북을 평정했으나 변경이 불안한
상태이고, ② 조조군은 대부분 북방출신이라 남쪽기후에 익숙하지 않아
수전에 약하며, ③ 조조군의 숫자가 많다고 하나 원소와 유표의 항병까지
포함된 숫자이고, 조조군의 보급로가 너무 길어 군량과 마초의 조달이 여
의치 못할 뿐더러 겨울철이라 장강을 건너기가 쉽지 않다고 했다. 주유는
새로운 업무 앞에서 끊임없이 에너지를 충전했다. 적벽대전의 화공법은 풍
부한 상상력이 담긴 주유의 전략이다. 이 화공법은 주유와 제갈량의 합작
품이다.

　조조가 적벽대전을 일으키기 전에 오나라의 앞마당인 적벽에 진채를
펼치고 대치하고 있을 때, 채모와 장윤이 조조의 수군을 지휘했다. 조조군
의 다른 장수들은 육전에는 강했으나 수전에는 서툴렀는데, 채모와 장윤은
강동에 오래 살아 수전에 능하므로 주유는 먼저 이들을 없애기로 한다. 오
나라 군사보다 5배의 병력을 보유하고 있던 조조는 주유의 항복을 받고
싶어 했는데, 주유와 어릴 적 친구인 장간이 항복을 받아오겠나니 주유에
게로 간다. 주유는 오히려 장간을 이용하기로 작정하고 장간을 위해 성대
한 연회를 베푼다. 일부러 술을 많이 마신 주유는 장간에게 오랜만에 만났
으니 자기의 장막에서 함께 자자고 하며 만취한 척 코를 골기 시작한다.
주유를 회유할 생각에 잠을 이루지 못하던 장간은 등불 아래 있던 주유의
탁자 위에 쌓인 문서들을 발견하고 훔쳐본다. 그중 조조의 장수인 채모와
장윤의 편지가 눈에 띄어 몰래 읽어 보니 채모와 장윤이 형세에 몰려 어쩔
수 없이 조조에게 항복했으나, 기회를 보아 조조를 제거하겠다는 내용으로
두 장군이 오나라와 내통하는 내용의 편지였다.

그런데 이 편지는 주유가 일부러 장간이 보게끔 조작한 편지였다. 이를 모르는 장간은 이 가짜 편지를 옷소매에 감추고 다음 날 일찍 주유가 일어나기 전에 조조진영으로 돌아갔다. 장간이 조조에게 받치자 배신을 당했다고 오해를 한 조조는 채모와 장윤을 처형했다. 나중에 조조는 주유에게 속았다는 것을 알고 분을 참지 못했다.

2) 겸손함

주유는 건강하고 자태와 용모가 빼어났으며, 성격이 너그럽고 신망이 두터워 주랑(멋쟁이 '주'선생이라는 의미)이라고 불렸다. 손책 사후에 창업공신들이 왕이 된 손권을 무시했으나, 주유는 손책을 대하듯 정성을 다해 손권을 보좌했다. 그는 겸손함과 친화력으로 오나라 장수들을 감화시켰다.

정보는 손견 때부터 3대를 걸친 노장인데도 대도독이 된 젊은 주유 밑에서 부도독으로 일하는 것을 부끄럽게 여겨, 연장자인 점을 들먹여 주유를 자주 모욕하고 멸시했다. 주유는 또한 가문도 좋고 외모가 수려하고 능력이 출중한데다가 손책과는 친구이자 동서지간이었기 때문에 정보는 그를 두려워하고 싫어했다. 그럴수록 주유는 정보에게 몸을 낮추고 거역하지 않고 더욱 겸손하게 선배 장군을 성심으로 모셨다. 그러자 주유와 함께 있으면 좋은 술을 마신 것처럼 저절로 취하게 된다며 감복한 정보가 주유에게 진심으로 복종하여 오나라의 군대사기가 올라갔다.

3) 음악적 감각이 뛰어남

주유는 어렸을 때부터 음악에 조예가 깊었다. 음률에 정통한 그는 만취했어도 음악의 음이 틀리면 그것을 알아채고 뒤를 돌아다보아, 곡에 잘못이 있으면 주유가 찾아낸다는 말처럼 음악에 조예가 대단했고 가야금 연주를 잘했다. 주유는 상상력과 표현력이 뛰어났으며 다방면에 재주가 많고 활발하고 솔선수범했다. 음악에 깊은 조예를 보이는 경지나 사람을 지음

(知音)이라고 한다. 이 말은 친구가 연주하는 음악을 듣고도 친구의 심정
을 헤아리는 우정의 최고 경지를 가리키거나 둘도 없는 친구를 의미할 때
쓰는데, 매력적인 주유와 관련된 것이다.

4) 시기심이 많음

주유는 다른 사람의 노력을 쉽게 인정하지 않고 필요 이상의 경쟁의식
을 가졌다. 특히 제갈량에게 콤플렉스를 많이 느꼈는데, 제갈량과 지략대
결에서 주유가 세 번 기절했다. 이것을 삼기주유(三氣周瑜)라고 한다.

① 첫 번째 기절

적벽대전에서 패한 조조가 조인을 형주에 배치하고 허창으로 돌아간다.
주유가 형주 책임자인 조인을 격파하고 입성하려 했으나, 제갈량이 조조군
의 병부를 살짝 빼내 형주에 먼저 입성해 있었다. 그러자 주유가 기절하고
정신 차린 후에 형주반환을 요구했지만, 제갈량이 주유의 요구를 받아들이
지 않았다.

② 두 번째 기절

주유가 유비와 손권 누이를 결혼시키자고 손권에게 제안을 했다. 그러
자 주유는 진짜 결혼시킬 의도는 없었고 유비가 오면 구금하고 형주를 내
놓으라고 협박할 계획이었다. 제갈량은 이를 눈치채고 조자룡에게 묘책이
든 비단주머니 세 개를 주면서 유비를 보호하여 장강을 건너가 혼인을 치
르게 한다. 유비는 손권의 어머니인 손 부인의 환심을 사서 손권의 누이와
결혼을 하고 부부가 되어 형주로 돌아온다. 주유는 형주를 얻지 못하고 잘
생긴 손권의 누이만 유비에게 바친 꼴이 되어 두 번째 기절을 하고 몸져누
웠다.

③ 세 번째 기절

주유가 제갈량에게 서천(익주)을 탈취하면 형주와 바꾸어 주겠다며 서
천으로 갈 수 있도록 길을 내 달라고 속임수를 쓰려고 했다. 형주를 지날

때 제갈량이 원정군들의 노고를 위로하기 위해 성 밖으로 나오면 그를 죽이고 형주를 차지할 계책이었다. 제갈량은 주유의 군대가 형주성에 이르면 성 밖으로 나가 위로하겠다고 거짓으로 대답했다. 주유가 형주에 도착하자 제갈량이 마중을 나오는 대신에 오히려 형주성의 경계를 삼엄하게 펼치고 있었다. 주유는 창피함과 분노로 세 번째 졸도를 했다. 주유는 "하늘은 이 주유를 낳고 어찌하여 제갈량까지 낳았는가?"라고 하늘을 우러러 탄식하며 숨을 거두었다.

[5] 상황판단을 잘하는 사람들

Ⅰ. 양수: 자기보존 5유형 (SP5)

1. 양수의 생애

양수의 자는 덕조(德祖)이다(175–219년). 이각과 곽사가 전횡하던 시절 태위 양표의 아들이며 승상부의 주부(注簿–평시에는 서고를 관장, 조조의 3남 조식을 가르침)이다. 어려서부터 명석한 두뇌와 번뜩이는 재치를 자랑했다. 아는 게 상당히 많고 언변이 능한 데다가 재주도 있고 생각하는 것도 민첩해 남이 떠올린 것을 알아채고 한발 먼저 처리해 주는 일이 잦았다.

양수는 자신의 재주만 믿고 멋대로 하다가 여러 차례 조조의 비위를 건드린다. 그는 조식과 친하게 지냈는데 조비와 세자 자리를 놓고 다투는 조식을 돕는 바람에 조조의 미움을 받는다. 조조가 유비와 한중 쟁탈전을 벌이다가 여러 차례 패한다(219년). 군사를 물리고 싶어도 결단을 내리지 못하던 조조가 암구호를 계륵(닭갈비)으로 정했다. 양수가 조조의 생각을 알아차리고 행장을 수습하자, 장수들이 그를 따라 철군할 준비를 했다. 조조가 이 사실을 알고 노하여 군신을 어지럽힌 죄로 양수를 처단했다.

2. 양수의 성격

1) 두뇌회전이 빠름

조조가 궁궐 한쪽에 화원을 꾸미라고 지시하여 완성되었다. 조조가 둘러보고 잘 됐다, 못 됐다 한마디 없이 다만 문 가운데 '활(活)'자를 써 놓고 가자, 모두들 조조의 의중을 알아차리지 못하고 어리둥절해했다. 이때 양수가 "문(門) 안에 활(活)자를 써 놓았으니 '넓을 활(闊)'자가 되므로, 문이 넓다는 뜻"이라고 하자 모두들 탄복하고 문을 좁혔다. 조조가 장인들이 고친 문을 보고 어떻게 내 마음을 알아맞혔냐고 묻자, 양수가 일러주었다고 답했다.

어느 날 조조에게 양젖으로 만든 죽 한 합이 올라왔다. 조조는 장난기가 일어 그 합 위에다 일합소(一合酥)라고 쓴 뒤 책상머리에 놓아 두었다. 양수가 그걸 보더니 두말없이 숟가락을 가져오게 하여 여럿이 나눠 먹었다. 조조가 까닭을 묻자 합 위에 한 사람이 한 입씩(一合＝一人一口)이라 그렇게 했다고 양수가 대답했다.

2) 재주가 비상함

위왕에 오른 조조가 장남(조비)과 3남(조식) 중 누구를 세자로 세울 것인지 고민하면서 두 왕자의 역량을 시험해 보고자 했다. 조조가 문 지키는 수비병들에게 두 왕자를 도성으로 부를 터이니 성문에 이르거든 절대로 안으로 들여보내지 말라고 명령했다. 조비가 먼저 성문 앞에 도착했지만, 수비병들의 완강한 저항에 부딪쳐 돌아갔다. 뒤이어 온 조식도 수비병들이 제지하자 조식은 왕명을 받고 들어가는 것은 활을 떠난 화살과 같아서 되돌아설 수 없다며 수비병들의 목을 베고 성 안으로 들어갔다.

조조가 과연 내 아들이구나 하며 조식을 크게 칭찬했으나, 후에 조식의 스승 양수가 그렇게 하라고 한 것임을 알고는 이맛살을 찌푸렸다. 이때 장남인 조비를 태자로 책봉한 상태였는데, 셋째 아들 조식이 형의 자리를 넘보고 있었다. 재주가 비상한 양수가 조식을 도와 조비에게 반기를 들 경우 큰 화근이 될 수 있음을 조조가 알았다.

3) 재기발랄한 참견꾼

조조가 한중(함양)에서 유비와 격전을 치르며 패전을 거듭해 심란해했다. 앞으로 나아가자니 사기충천한 촉군의 기세가 두렵고, 물러나자니 천하의 웃음거리가 될 것만 같았기 때문이다. 조조가 저녁상에 오른 닭고기를 먹고 있을 때 하후돈이 암호를 묻자 '계륵(닭갈비)'으로 정하라고 했다. 닭갈비는 살이 없어 먹기에 성가시지만 버리기에는 아까운 부분이다. 한중 땅이 그와 같았다. 중원은 드넓고 기름지고, 강남은 물자가 풍부했지만, 이에 비해 한중은 대단할 것 없는 땅이었지만 남에게는 내주기가 아까웠기 때문이다.

하후돈이 여러 장수들에게 군호를 하달했다. 양수가 그날 밤의 암구호의 뜻을 알아차리고 후퇴 명령이 있기도 전에 자신의 부하들에게 짐을 꾸려 철군 준비를 시키자 하후돈이 까닭을 물었다. 그러자 양수가 계륵(鷄肋)은 먹자니 먹을 것이 없고 버리자니 아까운 것이라고 하면서, 이 싸움은 이길 가능성도 없고 물러서기도 그렇고, 더 있어 봤자 이로울 게 없으니 철수 명령이 떨어질 것이라고 했다. 또 떠날 무렵에 갑작스레 짐을 꾸리느라 허둥대지 않도록 하기 위해서라고 했다. 조조의 심중을 꿰뚫은 해석이라고 하후돈이 감탄하며 그의 군사들의 짐을 꾸리게 하니, 다른 장수들도 모두 따라 돌아갈 채비를 했다.

모든 군사들이 철수 준비를 하는 것을 본 조조가 깜짝 놀라고, 양수의 해석임을 알고 격노했다. 주군의 위엄을 손상시키는 언사는 어떤 경우라도 해서는 안 되는 법인데, 양수는 자신의 재치에 대한 자신감이 지나쳐 언행을 삼가고 조심하는 법을 몰랐다.

4) 헛 똑똑함

양수의 능력은 탁월했으나 처세를 잘못했다. 화원이 만들어진 후에 그 문이 너무 넓으므로 인부들에게 문을 다시 좁게 만들라고 했을 때, 조조는 겉으로는 양수의 재주를 칭찬했으나 속으로는 불쾌하게 여겼다. 자신이 일부러 감춰 둔 뜻을 아무도 알아보지 못했으면 하는 게 조조의 바람이었기 때문이다. 일합소(一合酥) 사건에서도 조조는 기분 좋게 웃었으나 내심으로는 양수를 싫어했다.

군사들이 모두 돌아갈 짐을 꾸리느라 부산하게 돌아가는 걸 본 계륵사건에서는 겉으로나 속으로 크게 노해 군사들의 마음을 어지럽혀 군율을 위반했다는 이유로 조조는 양수를 처형했다. 계륵사건으로 인한 순간적 분노에 의해 처형당한 것 같지만, 실은 전부터 양수가 그 재주만 믿고 함부로 나서다 조조의 자존심을 여러 번 건드린 까닭이 크다.

당대의 재사 양수는 지나친 헤아림으로 오히려 스스로 목숨을 해치고 말았다. 남보다 똑똑하기도 어렵지만 똑똑한 것을 감추기는 더 어려운 법이다. 양수는 금노들 시기시 않고 조조의 속을 뒤집어 놓는 행동을 서슴지 않았다. 때와 장소를 가리지 않고 지혜를 뽐내는 것은 처세를 잘못하는 것이다. 출세하려는 신하는 주군의 마음을 읽어 내는 능력이 있어야 하지만, 이 능력은 칼날 위에서 춤을 추는 능력과 같기 때문이다. 잘 사용하면 출세가도를 달리지만, 잘못 사용하면 죽음을 당할 수도 있다. 양수는 주군을 잘 알고 있다는 식으로 떠벌렸기 때문에 낭패를 당한 것이다. 상대 마음을 읽는 기술은 상대에게 들키지 않을 때만 성공하는 기술이다.

II. 제갈량: 개인적 5유형 (SE5)

1. 제갈량의 생애

제갈량의 자는 공명이다(181－234년). 제갈량은 어려서 아버지를 여의고 어려운 세상을 피해 은거생활을 했다. 그는 명성과 학식이 높아 와룡선생이라 불렸다. 그는 결혼을 통해 명문가와 결속을 맺고 신분상승을 하였다. 장인은 양양의 호족인 황승언이며 장모는 형주자사 유표의 채씨 부인과 자매이다. 그는 결혼을 통해 한꺼번에 형주에서 제일가는 두 가문과 인척이 되었다. 그의 아내 황씨는 명사의 딸로 학식과 지혜를 겸비했으나 키가 작고 못생겼다. 야심만만한 제갈량은 혼맥을 통한 지역 명문들과의 결속을 발판으로 세상에 나가 자신의 이상을 실현하고자 했다. 이미 확고한 터전과 많은 인재를 보유한 조조와 손권보다는 자신의 존재가치를 극대화할 수 있는 유비를 주군으로 택한다. 삼고초려를 통해 유비에게 발탁된 후 천하삼분지계를 준비했다. 제갈량은 오나라 손권을 설득하여 유비와 연합하게 하고, 적벽대전에서 계략을 써 조조의 대군을 물리쳤다.

적벽대전의 이름이 만고에 빛날 수 있었던 것은 제갈량이 일으킨 동남풍 덕분이었다. 동남풍이 아니었다면 주유의 화공은 조조군이 아니라 오히려 주유의 군대를 불태웠을 것이기 때문이다. 제갈량은 잠저에서 공부할 때 기상현상을 심도 있게 연구했다. 그래서 적벽지역에는 겨울철에 늘 서북풍이 불지만, 이례적으로 3－4일 정도 동남풍이 분다는 사실을 이미 알고 있었다.

제갈량은 동남풍을 이용하여 두 가지 목적을 노렸다. 하나는 적벽대전의 주역은 주유이므로, 자신이 칠성단에서 바람을 일으켜 전투를 승리로 이끄는 데 힘을 보탰다는 것을 오나라에 인식시키고자 하였다. 다른 하나는 제갈량이 칠성단에서 가짜 연기를 하는 동안 주유의 시선을 따돌리고,

동남풍이 불자마자 재빨리 몸을 숨겨 주유의 진영에서 빠져나와 자기 진영으로 돌아가기 위함이었다.

유비가 촉한의 황제에 오른 후에 제갈량이 승상이 되고, 유비가 세상을 떠날 때 나라와 자식을 그에게 부탁했다. 유비는 그의 아들 유선이 황제의 재목이 아니라면 제갈량이 황제에 올라도 좋다고 유언했다. 그러나 제갈량은 끝까지 유선에게 충성을 다했다. 제갈량은 황제의 자리를 가질 수 있음에도 이를 거절하여 충성과 의리를 지켰다.

유선이 촉나라의 2대 황제가 되자, 두 번에 걸쳐 출사표를 쓰고 직접 군을 지휘하여 출병했다. 위나라를 침공하는 북벌전쟁 때 마속에게 요충지인 '가정'을 지키게 했는데, 마속의 작전실패로 제갈량이 위나라 사마의에게 패배했다. 제갈량은 다섯 차례의 북벌전쟁을 시도했는데 성공하지 못하고 54세에 사망했다(234년). 제갈량이 지은 출사표는 역사상 가장 뛰어난 명문으로 꼽힌다. 그 내용은 한실부흥을 이루고자 하는 절실함과 유비에 대한 추모의 정과 그의 아들 유선 황제에 대한 충성심이 배어 나온 문장이다. 공명은 국력이 6배 이상 차이가 나는 위나라를 상대로 끊임없이 공세를 펼쳤다.

2. 제갈량의 성격

1) 당면과제와 해결책을 적시함

제갈량은 이론가이자 전략가였다. 그는 지략이 뛰어나고 사람을 예리하게 통찰하며 분석적이고 논리적이며 객관적 비평을 잘했다. 제갈량은 '사상과 시스템의 건축사'로서 질 높은 지적 수준을 추구하며, 현실이 안고 있는 문제의 해결점을 명확하게 찾아냈다. 그는 집중력이 강하고 일관성이 있으며 어떠한 적과 마주치더라도 기발한 계략을 동원하여 무찔렀다. 또 매사에 신중하고 철저하며 완벽을 추구했다.

유비의 삼고초려에 의해 세상 밖으로 나와 내부에 축적해 놓은 모델을

실현하여 놀라운 힘을 발휘했다. 후한 말에 제갈량은 '천하삼분지계'를 현
실화했다. 삼분지계는 그 시대의 상황을 정확하게 간파한 것으로, 한나라
를 부흥시키고 백성을 구원하기 위해 유비가 나아가야 할 방향을 명쾌하
게 제시한 것이다.

적벽대전이 끝나고 제갈량은 퇴각하는 조조를 제거하기 위해 관우를
화용도에 매복시키고, 매복 장소에 의도적으로 연기를 피우게 했다. 참모
들은 연기를 보고 조조가 다른 곳으로 도망갈 것을 염려했다. 그러나 제갈
량은 조조가 연기 때문에 그쪽으로 올 것을 예측했는데, 이것이 바로 허허
실실 작전이었다. 조조가 제갈량의 계책에 말려 관우 앞에 무방비 상태로
서게 되었으나, 관우는 조조에게 입은 은혜를 생각해서 그를 살려 주었다.

2) 천문지리에 능통함

제갈량은 어린 시절부터 책을 많이 읽으며 많은 지식을 얻으려고 애썼
다. 특히 천문을 관찰하거나 기후, 지리를 면밀하게 살피고자 했다. 그는
일찍이 자연의 이치에 관심이 많아 별자리와 날씨를 번갈아 가며 살폈다.
그는 어려움에 처할 때마다 날씨를 활용해 문제를 해결했다.

주유가 제갈량을 어려움에 빠뜨리기 위해 10일 안에 화살 10만 개를
만들어 오라고 했을 때 3일이면 충분하다고 하고, 오나라에서 배 20척과
배마다 군사 30명씩을 빌린다. 안개가 짙게 낀 약속한 3일째가 되는 날,
배들을 몰고 장강의 조조진영에 근접해 오나라 군사들로 하여금 북소리와
함성을 크게 울리게 한다. 조조군사들은 수많은 오군의 기습이 있는 것으
로 오인하고 안개 속에서 화살을 비 오듯이 쏘아 댔다. 배마다 짚단과 풀
다발을 가득 싣고 있어서 날아온 화살들을 촉하나 상하지 않고 얻을 수 있
었다. 여기서 초선차전(草船借箭)이라는 고사성어가 생겼다. '초선(풀 실은
배)을 이용하여 화살을 빌린다'는 뜻으로 외부의 힘으로 자가발전을 도모
한다는 의미를 담고 있다.

적벽대전을 앞두고 화공으로 조조군을 공격하려는 작전이 성공하려면 겨울에 동남풍이 불어야만 했다. 겨울에는 통상적으로 계절풍인 서북풍이 불지만, 3일 정도는 무역풍인 동남풍이 분다는 것을 제갈량은 알고 있었다. 이렇게 자연의 섭리를 꿰뚫고 있는 제갈량 덕분에 손권과 유비의 연합군이 조조군을 물리칠 수 있었다.

3) 공정하고 청렴함

공명은 풍채가 당당하고 우뚝하며 자세의 흐트러짐이 없고 공정함과 정의가 넘쳐 났으며 법 집행에 원칙적이었다. 그는 철저한 법사상가로 엄격한 법을 세움으로써 정치를 바로 세우려고 노력했다. 이러한 법 집행은 꾸준히 시행되었고 성공적이었다. 그는 다방면에 걸친 지식을 확장시키고, 과거, 현재, 미래까지 아우르는 전략을 수립했다. 제갈량이 위나라를 공격하기 위해 한중으로 들어가는 전략상의 요충지인 '가정'을 지킬 장수로 마속을 보내면서, 가정의 길목을 지켜 적군이 접근하지 못하도록 명령했다. 산 위에 진채를 벌리면 위나라 대군이 이르러 산을 에워싸고 물을 끊어 버리면 촉나라 군사가 옴짝달싹할 수 없기 때문이라고 했다. 그러나 마속은 자신의 능력만을 믿고 적을 끌어들여 역습을 하려고 산 위에 군사를 배치했다가 오히려 조조의 장수인 장합에게 가정에서 참패를 당했다.

제갈량은 군법을 어기고 패전의 책임을 물어 마속에게 참수형을 내렸다. 다시 구하기 어려운 장수이므로 주위에서 만류했지만, 법을 엄정히 지켜 기강을 다스리기 위해 참수를 집행하였으며 여기에서 "울면서 마속을 베었다"는 '읍참마속(泣斬馬謖)'의 고사성어가 생겼다. 이는 아무리 친하고 아까운 사람이라도 규칙을 어겼을 때는 공정하게 법에 따라 심판해야 된다는 말이다. 공명은 마속을 벌한 후에 스스로에게도 벌을 내리기 위해 촉황제 유선에게 승상의 벼슬 삼등을 깎아내리는 표를 올려 우장군으로 내려앉았다.

제갈량은 인재등용 기준으로 도덕성과 능력을 함께 갖출 것을 요구했다. 그의 도덕성이란 나라에 충성하는 것, 근면하게 맡은 일을 수행하는 것, 충언을 올리는 것, 정직하고 청렴한 것이다. 제갈량은 군율을 엄격하게 시행했을 뿐만 아니라 한 명의 첩도 두지 않고 비사교적이며 소박한 생활을 했다. 승상의 자리에 있었음에도 사리사욕을 채우지 않아 재산이 겨우 뽕나무 팔백 그루에 밭 쉰 때기로 청렴했다. 시대를 막론하고 지도자는 청렴해야 큰 뜻을 펼칠 수 있다.

4) 일을 독점하고 인재양성을 하지 않음

공명은 승상의 고위직책을 맡으면서도 크고 작은 일 모두에 관여했다. 그는 장부를 일일이 살펴보고 작은 일까지 직접 맡아 하루 종일 바쁘게 생활하며, 혼자서 일을 독점하고 부하들에게 성장기회를 주지 않았다. 그는 남을 믿지 못해 남에게 일을 맡기지 않고 뭐든지 직접 해야 직성이 풀리는 성격이다. 그는 사소한 재판까지도 직접 관여하는 바람에 건강을 해쳤다.

제갈량은 대국을 인식하지 못하고 세부적인 일에 지나치게 몰두했는데, 남을 믿지 못해 모든 일을 일일이 챙기는 태도는 윗사람이 가져야 할 자질은 아니다. 그는 상대하기 어렵고 무서운 스타일이다. 뛰어난 리더가 고군분투하는 조직은 처음에는 성장하지만 번영은 오래 가지 못한다. 제갈량은 인재를 키우지 않아 그를 계승할 사람이 없었다.

Ⅲ. 사마의: 사회적 5유형 (SO5)

1. 사마의의 생애

사마의의 자는 중달(仲達)이며 겉으로는 볼품없으나 대단한 지략가이다 (179–251년). 사마의는 부친 사마방으로부터 가정교육을 엄하게 받고 자랐다. 보통사람은 고개가 90도만 돌아가지만, 사마의는 고개가 180도로 돌아가는 낭고상(狼顧相)이다. 강북을 평정한 조조는 사마의를 반골의 상으로 보고 경계하면서 사마의를 발탁한다. 사마의가 군사에 관한 일에 탁월한 재능을 보였으나 조조는 그의 지혜와 야심을 경계하여 군사일을 맡기지 않았다. 조조가 죽고 조비가 위 황제로 즉위할 때부터 사마의가 두각을 나타내기 시작한다. 조비가 재위 7년 만에 사망하고 그의 아들 조예(15세 명제)가 즉위하자, 사마의는 대장군이 되어(231년) 제갈량이 이끄는 촉나라 군대를 물리치는 공을 세운다. 요동에서 공손연이 연왕을 사칭하며 반란을 일으키자 사마의가 평정하면서 군권을 장악한다.

조예가 사망하고(36세) 그 아들 조방(8세-애제)이 즉위한다. 이때 황실의 친위세력인 조방과 군벌세력인 사마의 간에 권력투쟁이 벌어져 조상이 승리한다. 대권을 잡은 조상이 사마의의 병권을 뺏어 버린다. 사마의는 병든 것처럼 속여 은인자중한다. 조상이 황제(애제)와 함께 사냥을 떠난 사이에 사마의가 정변을 일으켜 궁궐을 기습점령하여 권력을 장악한다. 그 후 아들 사마사에게 지위를 물려주고 사망했다.

2. 사마의의 성격

1) 재능이 비범함

사마의는 권모술수와 임기응변에 뛰어났다. 강북을 평정한 조조에 의해 사마의가 발탁되었다. 군사에 관한 일에 탁월한 재능을 보였으나 조조가 그의 지혜와 야심을 경계하여 군사일을 맡기지 않았다. 또한 조조는 사마의가 남다른 재주를 지녔음을 알았지만 눈길이 매와 같고 똑바로 앉은 채 이리처럼 고개를 돌려 등 뒤를 볼 수 있는 낭고상(狼顧相)으로 반역의 상이라 하여 중직에 세우지 않았다. 그 때문에 사마의는 조조가 살아있을 때는 두각을 나타내지 못했다. 그 후 조비가 위 황제로 즉위한 때부터 사마의는 서량의 군사 책임자가 되어 두각을 나타낸다. 그의 가장 큰 공로는 제갈량의 북벌을 막아 낸 것이다.

2) 냉정하고 참을성이 강함

사마의는 제갈량과의 전쟁에서 이기기보다는 지지 않기 위한 전략을 썼다. 제갈량을 상대로 지지 않는 것이야말로 이기는 것이라는 사실을 사마의가 잘 알고 있었기 때문이다. 촉나라가 중원으로 들어가기 위해서는 기산을 점령해야 했다. 제갈량이 오장원에서 6번째 위나라와 대치한다. 사마의는 제갈량이 지모가 높은 것을 알기 때문에 수비를 철저히 하고 맞서 싸우지 않고 상황변화를 지켜보는 지구전을 펼쳤다.

사마의가 움직이지 않자 촉나라 군사들도 양식만 소모하고 피동적 상태로 바뀌었다. 제갈량이 편지를 보내 숨어만 있고 나오지 않으니 여자와 다를 게 없다며, 상자에 여자 옷을 담아 보내 사마의는 치욕을 당한다. 사마의가 속으로는 화가 났지만, 겉으로는 웃으면서 전령에게 제갈량의 소소한 일상만 물었다. 승상(제갈량)은 매일 밤낮으로 일만 하시고 작은 일도 직접 관장한다고 전령이 대답했다. 사마의는 제갈량이 음식도 제대로 먹지 못하고 일이 많으니 얼마 갈 수 없을 것이라고 말하고 계속하여 수비만 했다. 제갈량이 전령으로부터 이 말을 전해 듣고 사마의가 자신을 너무나 잘 알고 있다며 감탄했다.

3) 약함이 강함을 이기는 이치를 실천함

사마의와의 오랜 대치 끝에 제갈량이 오장원에서 병들어 사망했다. 그러자 촉나라 군대가 회군을 했다. 자신의 실력이 상대방보다 못한데도 자존심이 상하거나 욕심이 나서 달려든다면 공경에 처하고 실패할 수 있다. 사마의가 제갈량의 공격을 막아낼 수 있었던 것은 '굴이위신 양이위득 약이위강(屈以爲伸 讓以爲得 弱以爲强)', 즉 '자신을 굽힘으로 힘을 키워 가고,

양보를 통해 얻으며, 약함으로 강함을 이긴다'는 것이다. 사마의는 약한 것이 강한 것을 이긴다는 이치를 알고 실행했다.

4) 시치미를 잘 뗌

요동에서 공손연이 연왕을 사칭하며 반란이 일어나자 사마의가 평정하고 위나라의 실력자가 된다. 위나라 황제 조예가 36세에 사망하자 그의 어린 아들 조방(8세)이 즉위한다. 이때 황실의 친위세력인 조상과 군벌세력인 사마의 간에 권력투쟁이 일어나 조상이 승리하여 대권을 잡은 조상이 사마의의 병권을 뺏어 버린다. 사마의는 병을 핑계로 낙향한다. 조상이 근황을 정탐하자 사마의는 머리를 풀어헤친 채로 부축받으며 문병 온 사자를 맞이하면서 죽어 갈 듯한 연기를 하여 사자를 속인다.

조상이 황제를 모시고 사냥을 떠난 틈을 타 사마의가 궁궐을 기습하여 점령한다. 쿠데타의 성공을 계기로 사마의가 위나라 군대의 통솔권을 틀어쥔다. 그는 황태후를 등에 업고 조상을 제거했다. 그 후 아들 사마사에게 지위를 물려주고 사망했다.

사마의는 나락으로 떨어질 때마다 특유의 지모를 펼쳐 재기했다. 상대가 강하다고 느끼면 시치미를 떼고 죽은 듯이 있는 시치미 떼기의 명수이다. 하지만 기회가 포착되면 단숨에 상대를 헤치우는 성격이었다.

[6] 충직한 사람들

Ⅰ. 공손찬: 자기보존 6유형 (SP6)

1. 공손찬의 생애

자는 백규(伯圭)이다(153－199년). 공손찬은 첫눈에 상대방을 압도할 만큼 용모가 수려하고 목소리가 우렁찼으며 말재주도 있고 총명하였다. 요서태수가 기특하게 여겨 사위로 삼아 당대의 유명한 학자인 탁군 사람 노식에게 보내 경전을 배우도록 했다. 여기서 유비와 동문수학하며 깊이 교우하였다. 명문가 출신임에도 어머니가 천한 신분이어서 하급관리인 문하서좌(공문서를 작성하는 관리)로 사회생활을 시작했다. 그의 글은 조리 있고 간결하고 각 부서의 상황이나 정세들을 분석하여 알기 쉽게 정리했다. 후에 문무의 실력을 인정받아 제후의 자리까지 올랐다.

황건적을 무찌르고(191년), 원소의 죄상을 들추어 그와 싸웠으며, 유우를 쳐서 유주를 차지하고 근거지로 삼았다. 그는 궁술에 뛰어난 부하 수십 명과 백마를 타고 다녀 백마장군으로 명성을 떨쳤다. 그러나 유우의 아들 유화, 원소·오환의 연합군과 싸워 패배하였다. 원소의 대군에게 크게 패하자, 역경루에 불을 지르고 처자식과 함께 자살하였다.

2. 공손찬의 성격

1) 의리를 중시함

요서지방의 명문가에서 출생한 그는 우렁찬 목소리와 상대를 압도할 만한 풍채를 지녔다. 공손찬의 인물됨에 반한 요서태수 유기가 외동딸을 주어 사위가 되었고, 황건적 토벌에 앞장서 공을 세워 군벌로 성장했다.

강력한 후원자인 장인이 비리에 연루되어 면직되고 유배를 가게 되자, 벼슬을 버리고 유배 수레꾼을 자청해 장인을 돌보았는데 유배를 가는 도중 사면령이 내려져 장인이 풀려난다. 이 일을 계기로 공손찬은 의리 있는 사람으로 명성을 얻어 요동 속국(國은 郡과 비슷함)의 중견관리로 임명되었다.

2) 전투력이 뛰어남

공손찬이 요동 속국의 중견관리로 부임해 동북지역의 국경을 지키는 동안 이민족들에게는 공포의 대상이 되었다. 북방의 선비족, 오환족 등이 반란을 일으켜 하북으로 쳐들어오자 큰 열세의 병력에도 불구하고 이들을 진압하고 전투에서 승리했다. 또 황건적 30만 명이 하북으로 올라오자 2만의 군사로 격파하고 대승을 거두어 그의 이름이 천하에 멀리 퍼졌다.

이처럼 공손찬은 이민족들과 황건적과의 싸움에서 수많은 전공을 세운다. 그는 궁술에 뛰어난 부하 수십 명과 백마를 타고 다녀 백마장군이라는 명성을 얻으며 북방에서 명성을 떨쳤다. 그는 계속하여 전공을 세우면서 분무장군으로 승진하여 북평태수가 되어 하북지역의 실력자가 되었다.

3) 의심이 많고 소심함

공손찬이 참모였을 때는 성공에 대한 목표가 분명했고 성과가 있었나. 그러나 권한을 가진 지도자가 되자 자기 경험에만 의지해 의심이 많고 소심하여 주변 사람들의 충언에 귀를 기울이지 않았을 뿐만 아니라 교만하고 조심성이 없어졌다. 성공의 경험을 계속하다 보니 전략이 부족했고 인재를 중용하지도 않을 뿐만 아니라 충언도 받아들이지 않았다.

기주 땅을 놓고 공손찬과 원소가 치열한 접전을 벌이고 있을 때, 원소의 맹장 문추에게 쫓기던 공손찬이 정신없이 도망가다가 말에서 떨어졌다. 문추가 그를 향해서 창을 드는 순간에 조운이 가시덤불에서 뛰쳐나와 공손찬을 구해 주었다. 그러나 위기에서 목숨을 구해 준 조운을 젊고 속마음을 알 수 없다며 중용하지 않고 후진에 배치하여 결국 조운이 떠나 버리고, 유비도 원래 공손찬의 사람이었으나 그에게 실망해 곁을 떠난다. 조운과 유비를 떠나보내지 말고 끝까지 곁에 두었어야 했다. 공손찬은 교만하고 방자하여 다른 사람들의 잘못은 기억하지만 장점을 잊어버려, 그가 다스리는 지역에서 재주가 알려진 인물들은 시기와 트집으로 죽임을 당했을 뿐만 아니라 유력한 사대부를 비롯해 일반 백성들까지 학살을 당했다. 이러한 공포정치는 그를 더욱 고립시키는 계기가 되었다.

공손찬은 자신의 실력을 지나치게 과신해 세상일이 자신을 중심으로 돌아간다고 생각했다. 그는 과거 자신이 성공했던 경험에만 의지해 판단했으므로, 자신보다 뛰어난 사람들을 인정하지 않았다. 그의 주변에 남은 참모들은 아첨하는 무리들이었고 이들은 부정축재를 일삼았다. 그는 원소를 능가하는 세력이었는데도, 원소가 공격하자 반격을 하지 않고 철벽같은 요새인 역경성 안에서 굳게 지키는 작전을 펼치다가 참패당했다. 승승장구를 하던 공손찬이 더 큰 세력으로 성장하지 못한 것은 밑바닥부터 시작한 자신의 경험을 너무 중요시했기 때문이다.

4) 모험심이 없음

동탁 사후에 황제가 이각과 곽사에게 쫓겨 배회하고 있었다. 유비가 군사를 이끌고 낙양으로 나아가 황제를 받들자고 진언했으나, 공손찬은 아직은 때가 아니고 낙양으로 가서 제후들의 의심을 사는 것보다 내실을 기하겠다고 하여 절호의 기회를 놓치고 만다. 유비가 낙양으로의 출전을 권했을 때 모험을 했어야 했다. 그는 대규모 토목공사를 일으켜 거대한 성채와 누각을 지어 식량을 비축하고 일가권속들과 안주할 준비에만 시간을 보냈다.

II. 조운: 개인적 6유형 (SE6)

1. 조운의 생애

자는 자룡(子龍)이고, 상산(常山) 진정 출신이다(?－229년). 그는 키가 8척(尺)에 이르고 용모가 출중했다. 무예가 출중하고 지혜가 뛰어나며 인품이 훌륭한 무장이다. 원래 조운은 공손찬 휘하에 있었다. 공손찬이 원소를 막기 위해 유비를 보내 청주(지금의 산동성 칭저우) 자사 전해(田楷)를 돕도록 했는데, 이때 조운이 유비 휘하에서 잠시 기병을 이끌었다. 조운은 유비를 눈여겨보게 되었고, 나중에 유비가 조조에게 서주를 잃고 원소에게 의탁할 때 그의 가신이 되었다. 이후 유비를 따라 30여 년 동안 박망파 전투, 장판파 전투, 강남평정 전투 등에 참여했고, 단독으로 한수, 기곡 등지에서 전투를 벌여 큰 공을 세웠다.

조운은 무예만 뛰어난 것이 아니라 중원의 판도를 내다보는 지략도 있었다. 유비가 오나라 정벌에 나설 때, 위나라를 멸하면 오나라는 자연히 복종할 것이니 싸워서는 안 된다고 간언했다. 유비는 이 말을 듣지 않고 조운을 강주(지금의 충칭시)에 남겨 두고 진군했다가 패했다.

유비가 죽고(223년) 유선이 촉한의 2대 황제로 즉위한 후, 제갈량이 위나라로 출병할 때 조운이 종군했으나 기곡 전투에서 패했다. 조운은 사리가 분명하여 패배의 책임을 인정하는 데 부끄러워하지 않았다. 제갈량이 패배 후 남은 군수품인 비단과 무명을 장병들에게 지급하려 하자, 조운은 군수 물자는 마땅히 월동(越冬)에 대비하여 써야 한다며 거절했다. 제갈량의 3차 북벌 이후 병으로 사망했다.

2. 조운의 성격

1) 소신이 뚜렷함

후한 말에 병사를 모아 군대를 조직할 때 원소의 세력이 가장 컸으므로 의탁하는 사람들이 많았다. 그러나 조자룡은 "백성들의 고난을 해결하지 않고 자신의 사욕을 채우려는 사람을 모실 수 없다"며 원소를 따르지 않고 자신의 의지를 피력했다. 북방의 두 강자 원소와 공손찬이 접전을 펼칠 때, 원소의 맹장 문추에게 쫓기던 공손찬이 산비탈에서 말 아래로 고꾸라졌다. 문추가 창을 드는 순간, 조운이 신기의 창술을 펼쳐 문추를 쫓아내며 공손찬을 구해 주었다.

2) 돌파력이 출중하나 무모함

공손찬이 원소에게 패하자 조운은 떠돌이 신세가 되었다가 유비를 만난다. 유비는 조운을 보고 첫눈에 반한다. 조운도 유비를 보고 평생 따르고 섬겨야 할 주군이라고 생각한다. 이때부터 조운은 유비를 그림자처럼 호위하고 끝없는 충절과 눈부신 무용을 떨친다.

그 후 원소를 격파한 조조가 대군을 이끌고 형주로 쳐들어왔다. 유비가 조조의 공격을 받고 신양성 백성들을 이끌고 유표의 큰아들 유기가 있는 강하로 간다. 그런데 유비의 처자가 미처 피난하지 못하고 적진 속에 있었다. 조운은 조조군에게 쫓기는 급박한 상황에서도 말머리를 돌려 단기로 장판파로 내달아 적진의 대군 속으로 뛰어든다. 그는 온몸이 피투성이인 채 창날이 너덜너덜해지도록 적병을 베어 넘기며 유비의 아들 아두를 구해 온다. 언덕 위에서 이 광경을 지켜보던 조조도 감탄을 금치 못한다. 조운은 적진에 단기로 뛰어들어 주군인 유비의 아들을 구해 올 만큼 투철한 충성심과 걸출한 용맹을 갖추었다. 이때부터 '상산 조자룡' 하면 장판파에서 조조의 대군 사이를 무인지경으로 휘젓고 달리던 그 무용을 떠올리게 된다. '조자룡이 칼 들고 서 있는 듯하다'는 말은 감히 접근할 수 없을 정도로 빈틈이 없다는 뜻이다. 또 '조자룡 헌 칼 쓰듯 하다'는 말은 아주 익숙하게 거침없이 휘두른다는 말이다.

3) 충절과 저력이 있음

손권이 유비의 아들을 볼모로 잡아 두려고 유비와 정략결혼을 시킨 여동생에게 친정어머니가 위독하다고 거짓 편지를 보내 유비 아들과 함께 오라고 했다. 그러자 손권의 여동생 손부인이 오나라로 돌아갈 때 아두를 데리고 떠난다. 조운은 오나라의 계략을 간파하고 뒤따라가서 아두를 빼앗아온다.

유비가 죽고 제갈량이 위나라 정벌에 나섰을 때 조운의 나이는 70세였다. 노인인데도 제갈량에게 부탁하여 선봉에 선다. 조운과 맞붙은 위나라 서량대장군 한덕은 네 아들을 차례로 보냈으나 모두 조운의 창에 찔려 죽고 그 자신도 찔려 죽었다. 노장인데도 불구하고 이렇게 적의 선봉장 5부자를 물리친 조운의 승전보에 힘을 얻은 촉군은 사기충천하여 위군을 무찔렀다. 그는 한평생 무장으로서 패배를 몰랐고 신하로서도 진심 어린 충절을 다했으며 인품에서도 실책을 범한 경우가 없다.

조운은 제갈량과 남다른 사이었는데, 관우와 장비는 개성이 니무 강해 제갈량에게 버거운 상대였기 때문이다. 조운은 제갈량과 호흡이 잘 맞았다. 조운은 제갈량과 더불어 유비진영에 늦게 합류했다. 조운의 성격은 무장치고는 온유한 편이었다.

4) 충언을 서슴지 않음

유비가 형주를 얻은 후에 삼국정립의 기초가 되는 익주의 성도를 점령한다. 유비는 성도의 좋은 집들과 전답을 부하들에게 나누어 주려고 했다. 집과 논밭은 원래의 임자가 따로 있어서 힘으로 빼앗는 것은 어긋난 일이었으나, 당시에는 전쟁에 이긴 편의 당연한 권리이기도 했다. 하지만 조자룡은 익주의 백성들이 장기간 전쟁을 겪는 동안에 그 집과 토지는 황폐되어 있어 마땅히 흩어진 백성들을 되돌아오게 하여 마음 놓고 생업에 종사할 수 있도록 해야 한다고 하면서, 모든 것들을 백성들에게 돌려줘야 한다는 뜻을 관철시켜 선공후사(先公後私)의 자세로 직언을 서슴지 않았다.

촉의 황제가 된 유비가 관우의 원수를 갚기 위해 나선다. 이때 한나라의 적을 죽여 원수를 갚는 것은 공적인 일이지만, 형제의 적을 죽여 원수를 갚는 것은 사적인 일이라며 만류한다. 또 위나라를 내버려 두고 오나라를 치면 안 된다고 했다. 이는 바람직한 참모의 표상이다. 위기상황에서도 자신이 맡은 직무에 충실하고 책임을 다하며, 상황을 정확하게 읽는 균형감각으로 어느 한 곳에 치우치지 않고 직언을 함으로써 신뢰감을 갖게 한다.

조운은 뛰어난 장군이었고 무수한 전투에서 승리를 거뒀지만, 절대로 자만하지 않을 뿐만 아니라 자신의 공을 자랑한 적도 없다. 그는 먼저 구성원을 위한 마음을 바탕에 두고 그 위에 자신이 몸담고 있는 조직의 발전을 생각하는 리더였다. 그는 일생 패배를 몰랐고 신하로서도 한 점 티를 남기지 않았다.

III. 관우: 사회적 6유형 (SO6)

1. 관우의 생애

관우의 자는 운장이다(?−219년). 그는 탁현에서 유비와 장비를 만나 도원결의로 의형제를 맺고, 유비를 따라 반동탁연합군에 가담했다. 유비가 조조에게 반기를 들었으나(200년), 조조에게 패해 원소에게 달아난다. 이때 관우는 유비의 가솔들과 함께 조조에게 포로가 된다. 관우는 세 가지 조건을 내세워 조조에게 항복했다. 조조에게 항복하는 것이 아니라, 한 왕조에 항복하는 것이며, 유비의 두 부인과 다른 가솔들의 생명을 보장하고, 유비의 행방이 알려지면 그에게 돌아가겠다는 것이었다.

관우가 조조의 편장군이 되고 원소가 조조를 공격하여 관도대전이 벌어졌다. 이 전쟁에서 관우가 원소의 장수 안량의 목을 베어 승리하자, 조조가 헌제에게 글을 올려 관우가 한수정후에 책봉되었다. 관도대전 후에 관우가 유비의 소재를 파악하자마자, 조조의 만류를 뿌리치고 허창을 탈출하여 유비에게로 돌아간다.

그 후 유비가 오나라와 동맹을 맺어 적벽대전에서 승리했다(208년). 관우가 화용도의 좁은 길에 매복해 있다가 적벽대전에서 패하고 도주하는 조조를 사로잡았지만, 관우는 조조에게 입은 은혜를 생각하며 조조를 놓아주었다.

적벽대전에서 승리한 오나라가 형주를 차지하는 것이 순리이지만, 제갈량이 선수를 쳐 유비가 형주를 차지했다. 유비가 서촉을 얻으면 형주를 돌려주겠다고 약조를 한다. 그런데 유비가 서촉을 얻은 후에도 형주지역 사령관인 관우가 반환을 거부하여, 촉나라와 오나라 동맹의 전략적 의미를 간과하여 오나라를 적으로 만든다. 오나라 군사령관 여몽이 물러나고 무명의 육손이 사령관에 임명되자 관우가 깔본다. 관우가 오나라에는 마음을 놓고 위나라의 번성을 공격하다가 오군에게 포위가 된다. 관우가 맥성으로 탈출을 시도하다가 생포가 된다. 손권이 관우의 의기와 무예를 아깝게 생각하고 회유했으나 관우가 거절하자 처형당했다(219년).

2. 관우의 성격

1) 충성심이 강함

관우는 충·의리·신의를 지키면서 불합리한 일에 뜻을 굽히지 않고 뜨거운 용기, 따뜻한 마음을 가졌다. 그는 강한 자에게 강하고 약한 자를 배려하며, 자신이 존경하는 인물 또는 제도를 이상화하여 충성을 보였다. 인연을 중시하고 자신의 본분을 지키고 자신이 해야 할 일을 군소리 않고 착실하게 했으며, 특히 유비에 대한 충성심이 강했다. 그는 외부적인 형태를 잘 답습하고 지키려고 하는 도덕주의자였다.

관우가 맥성에서 포위되어 죽음의 위기상황에 처했을 때, 오나라 진영에서 항복을 권유했다. 그때 관우는 의형인 유비가 혈육의 정으로 대해 주어, 의리를 버리고 항복할 수 없다고 했다. 그는 옥은 부술 수는 있어도 그 흰 빛깔은 바꿀 수 없고, 대나무는 태울 수는 있어도 그 마디를 훼손할 수는 없다고 하면서 결사항전을 했다.

2) 의리가 있고 정정당당함

관우는 배신을 모르고 의리를 중시하여 어떤 유혹과 회유에도 유비를 향한 의리를 저버리지 않았다. 하비성 전투 후에 조조가 관우를 포로로 잡아 많은 재물을 주었으나 관우가 이를 사용하지 않고 봉인했다. 또 조조가 4－5일에 연회를 베풀었지만 관우가 참석치 않았다. 조조가 10명의 절세 미녀를 보내 관우의 수발을 들게 했으나, 관우는 이들을 2명의 유비 부인을 위한 시녀로 일하게 했다.

원소가 조조를 침공했을 때, 관우가 원소의 장수 안량을 베어 조조에게 은혜를 갚았다. 관우는 유비의 생존소식을 듣고 조조로부터 받은 선물을 봉해 저택에 두고 조조에게 작별을 고했다. 관우가 유비가 있는 하북 땅으로 가려면 조조군의 다섯 관문을 통과해야만 했다. 관우는 5개의 관문을 통과하기 위해 6명의 조조 장수들을 물리친다(5관 돌파). 그래도 조조는 관우를 뒤쫓지 않았다. 이렇게 관우는 5관을 돌파하고 아무것도 가진 것 없이 나라를 배회하는 유비와 재회를 했다.

관우는 은혜와 원수를 갚는 데 분명하고 신의를 지키는 것을 높이 내세웠다. 적벽대전에서 참패한 조조가 화용도를 지날 때 이곳을 지키고 있던 관우가 길목을 막았다. 진퇴양난에 빠진 조조가 관우의 의리와 신의를 내세워 길을 열어 달라고 청한다. 조조를 놓아주면 군법에 따라 처벌받겠다는 군령장을 제갈량에게 써 준 관우였지만, 한때 조조에게 은혜를 입었고 다정하게 지냈던 인연과 몇몇 장수의 지치고 초라한 모습, 그리고 조조군 사들이 두려움에 떨며 눈물을 흘리고 서 있는 모습에 동정을 하고 길을 터 주었다. 이처럼 관우는 오만한 자에게는 한없이 강하나 약한 자에게는 한없이 관대하며, 은혜를 입은 자에게는 반드시 그 은혜를 갚는 성격이었다.

적벽대전 후에 유비가 조조의 관할인 장사성을 빼앗기 위해 선봉장으로 관우를 내세웠을 때 적장은 황충이었다. 황충은 쌀 두 섬을 들어올릴 수 있는 사람이라야 당길 수 있는 활을 쓰는데, 백 번을 쏘면 백 번이 다 과녁을 뚫을 정도였다. 관우와 황충이 한판 승부를 겨룰 때, 용과 호랑이가 뒤엉키듯 싸움을 했으나 승패가 쉽게 판가름 나지 않았다. 노장인 황충의 무술실력이 비범하다는 것을 안 관우가 황충의 이름이 명불허전(名不虛傳), 즉 '이름은 헛되이 전해지는 것이 아니다'라는 것을 실감했다. 두 장수가 겨루던 중 황충이 말에서 굴러 떨어졌다. 관우가 청룡언월도를 휘두르지 않고 살려 주며, 말을 바꿔 타고 와서 겨루자고 함으로써 정정당당함을 보여주었다. 다음 날 황충이 싸우다가 패한 척하며 달아나다가 관우를 발견하였다. 명궁수인 그가 관우를 명중시킬 수도 있었으나, 전날 관우의 정정당당함에 매료되어 빈 화살만 두 번 튕기고 세 번째는 관우의 투구 끈을 명중시켜 관우를 살린다.

3) 의협심과 극기심이 강함

관우는 자기보다 나은 사람에게는 오만해도 못한 사람에게는 모질지 못하다. 힘센 자는 우습게 여겨도 약한 자를 짓밟지는 않았다. 관우의 어린 시절, 고향인 하동에 조정에 줄이 있는 소금장수가 나타나 마을사람들에게 폭리를 취했다. 관우가 그를 타일렀지만 뉘우치지 않고 오히려 관가의 힘을 빌리려고 하자, 소금장수를 죽이고 탁현으로 도망쳤다.

이처럼 관우는 의협심이 강했다. 의협심은 강자에게 억압당하는 약자를 위해 자신의 이해관계를 따지지 않고 나서는 이타적이고 의로운 마음이다. 약자가 억울한 일을 겪거나 강자가 어떤 이유로든 약자를 눈앞에서 괴롭힐 때 의협심이 있는 사람은 주저 없이 그들을 응징한다. 의협심이 많은 관우는 자신이 나중에 어떤 처벌을 받을 것인지에 대해서는 상관하지 않았다.

관우는 또한 극기심이 강했다. 관우가 번성을 공격할 때 조조의 사촌동생인 조인의 군사들이 성벽 위에서 쏘아 댄 화살촉 한 대가 관우의 오른팔에 꽂혔다. 화살촉에는 독이 발라져 있어 뼛속으로 스며들어 치료하지 않으면 불구가 될 위중한 상처였다. 명의 화타가 심한 고통이 따르는 끔찍한 수술이므로 기둥을 세우고 팔을 동아줄로 단단하게 묶어야 한다고 했다. 이에 관우는 바둑을 두는 동안에 치료해 달라고 오른팔을 걷어붙였다. 화타는 칼로 살갗을 쪼개고 팔을 갈라 뼈가 드러나게 했다. 화살촉의 독이 스며 시퍼렇게 변한 뼈를 화타가 칼로 긁어 내고 약을 바르고 쪼갠 살갗을 실로 꿰맸다. 관우는 살을 가르고 뼈를 깎는 아픔을 눈살 한 번 찌푸리지 않고 견뎌 내는 어마어마한 극기심을 가졌다.

4) 자부심이 지나침

관우는 부러질지언정 휘어지지 않는 성격으로 자부심의 사람이다. 그는 자신의 무예와 덕성은 물론 외모에 대해서도 자부심에 차 있었다. 자부심이란 그것이 성실한 인격의 뒷받침이 있는 한 상승의 원동력이 된다. 관우가 떠도는 협객에서 충의지사가 될 수 있었던 것은 자부심이 바탕된 자기 발전의 부단한 노력이 있었기 때문이다. 하지만 자부심은 종종 자신의 능력 이상을 혼돈시키기도 한다는 데서 치명적인 해를 끼치기도 한다.

유비가 삼고초려를 할 때 관우는 제갈량을 책사로 받아들이는 것을 탐탁지 않게 생각했지만, 그는 유비의 뜻을 받들어 제갈량을 받아들였다. 그런데 유비가 나이 어린 제갈량을 늘 스승의 예로 대하자 관우는 이를 못마 땅해했다. 제갈량의 영입으로 2인자에서 3인자로 전락한 관우가 제갈량을 견제했다.

손권이 관우와 동맹을 맺고자 손권의 아들과 관우의 딸을 혼인시키려 했다. 그러자 관우가 호랑이의 딸을 개의 아들에게 시집 보내 사돈을 맺을 수 없다고 거절했다. 관우 자신을 호랑이에 견주고 오나라 왕 손권을 개에 견주는 것은 끝 모를 자부심의 발로였다. 거절한 이유는 첫째, 손권과 관우의 집 안이 서로 상당하지 않는 것이다. 관우가 오나라 왕인 손권과 사돈을 맺으려면 유비의 동의가 있어야 하는데, 관우는 자부심이 강해 집안일을 유비에게 조차도 상의하지 않고 자신의 체면을 세우고자 했다. 둘째, 손권이 청혼을 하는 것은 유비와 관우를 이간시키려는 계략인 것을 관우가 알았기 때문이다. 셋째, 관우의 세력이 커지면 유비가 관우를 의심할 수 있기 때문이다.

관우는 이처럼 자부심이 너무 지나쳤는데, 이는 관우가 패멸의 길로 가는 원인이 되었다. 관우는 누구에게도 항복한 적이 없고 그 때문에 전쟁터에서 늘 조심하지 않았으며 남을 대할 때에도 도도하고 거만한 태도를 종종 보여 상대로 하여금 반감을 갖게 했다. 그는 근신함이 부족하고 성격이 너무 굳세고 스스로를 높게 여겼기 때문에 목숨까지 잃게 되었다.

[7] 자유를 구가하는 사람들

Ⅰ. 여포: 자기보존 7유형 (SP7)

1. 여포의 생애

여포의 자는 봉선이다(? – 198년). 황제(헌제)가 미양궁으로 신하를 소집했을 때 여포가 국정을 농단하는 동탁을 살해했다(192년). 동탁의 장수인 이각과 곽사가 여포를 공격하자 원술에게로 달아났다. 원술이 처음에는 여포를 후대했지만 여포의 노략질로 원술이 거리를 두자, 여포가 원술을 두려워해 원소에게로 갔다.

원소가 장연을 공격할 때 여포를 부장으로 종군시켰다. 여포가 적토마를 타고 공을 세운 후, 여포는 공을 믿고 교만해져 원소의 제장들을 업신여기며 노략질을 일삼았다. 그러자 원소가 여포를 골칫거리로 여겼다. 이에 여포는 원소를 두려워해 장양에게 갔다가 장막에게 의탁했다. 장막은 조조가 서주의 도겸을 치러 본거지를 비웠을 때, 여포와 함께 조조를 위기로 몰아넣었지만 조조에게 패했다.

여포는 조조에게 패한 뒤, 유비에게 의탁했다. 조조가 유비와 여포를 갈라놓으려고 유비를 서주목으로 임명하고 여포를 죽이라고 했다. 유비가 조조의 술책을 여포에게 알려 주자, 조조는 다시 황제의 조서를 내려 유비에게 원술을 치라고 했다. 유비는 조조의 계략인 줄 알면서도 황명이라 원술을 토벌하러 갈 때, 하비성을 장비에게 맡겼다.

유비가 원술과 싸우는 틈을 타 여포가 유비를 배신했다. 여포는 장비가 술에 취한 것을 노려 서주를 공격해 이를 차지했다. 하비성 전투에서 여포가 서주를 취하고 서주자사라 칭했다. 하비성을 여포에게 빼앗긴 유비는 조조에게 의탁했다. 하비성을 차지한 여포가 원술과 연합하여 조조에게 맞서자 조조가 여포를 포위했다. 여포는 평소에 주색에 빠졌으므로 이를 반성하고 금주령을 내렸다. 금주령에도 불구하고 부하장수인 후성이 담가 둔 술을 동료장수들과 마셔도 되겠느냐고 허락을 받으려다가 곤장을 50대나 맞았다. 후성은 여포를 배반하고 적토마를 훔쳐 조조에게 바쳤다. 기회를 포착한 조조는 하비성을 함락하고 여포를 생포했다. 여포가 조조에게 목숨을 구걸하자, 유비가 조조에게 양부인 정원과 동탁을 섬기다가 여포가 배반한 것을 각인시켰다. 그러자 조조가 여포를 죽여 버렸다.

2. 여포의 성격

1) 에너지가 넘침

여포는 용맹스럽고 강한 포스를 지녔으며 열정적이고 싸움을 좋아했다. 무의 제왕으로서 삼국시대 제1의 무술스타였다. 신기에 가까운 무술을 구사하고 병기 다루는 기술이 예술에 가까웠다. 여포는 양날이 창인 방천화극을 자유자재로 사용하며, 위험이 따르더라도 승부 걸기를 좋아했다.

반동탁연합군이 결성되어 유비·관우·장비와 동탁의 장수인 여포가 어우러져 호로관에서 결투할 때, 여포는 혼자서 유비 삼형제와 겨뤄도 승부가 나지 않을 만큼 대단한 무예실력을 지녔다. 여포는 명마인 적토마를 타고 방천화극을 들고 상대방을 압도했다. 사람 중에는 여포가 있고 말 중에는 적토마가 있다(인중여포 마중적토: 人中呂布 馬中赤兎)라는 말처럼, 여포는 삼국시대 최고의 명장이었다.

2) 대장부 매력이 있음

여포는 병마가 가장 많을 때에도 1－2만 명에 지나지 않았으나, 장료·고순·장패·위속·후성·학맹·조성 등 명장들이 따랐다. 진궁은 조조를 구해 주기도 했으나 조조가 여백사 일가를 무참히 죽이는 것을 보고 그를 떠나 여포를 따르며 책사가 되었다. 이처럼 많은 무장들이 여포의 신출귀몰한 무공을 흠모하여 투항해 와서 그의 수하가 되어 그를 주군으로 모셨다.

3) 배려심이 있음

장비가 여포를 수차례나 괴롭혔는데도, 여포는 밤을 틈타 서주성을 손에 넣고도 여세를 몰아 장비를 죽이지 않았다. 여포가 그때 원한을 갚으려고 마음먹었다면 술 취한 장비를 쉽게 제거할 수 있었을 것이다.

여포는 유비가족을 두 번이나 인질로 잡았으나 해치지 않고 보호했다.

첫 번째는 서주성을 습격했을 때 유비의 처자식이 여포의 수중에 들어왔다. 여포는 군사를 보내 유비 집을 지키게 하고 아무도 들어갈 수 없게 했을 뿐만 아니라, 선물을 보내 부족함이 없이 보살피다가 나중에 유비에게로 무사히 보냈다. 두 번째는 조조와 유비가 동맹을 맺고 여포를 치러 온다는 정보를 입수하고, 여포가 사생결단의 전투를 하여 유비가 지키고 있던 소패성을 함락시켰다. 이때 여포는 유비의 가족을 해치자는 참모의 주장을 물리치고 이들을 유비가 있는 서주로 보내 주었다.

4) 자유분방하고 지조가 없음

여포는 개성이 뚜렷하여 맹목적인 충성을 거부하고 남의 밑에서 오래 있기를 거부했다. 충절이나 정 따위에 속박당하지 않아 이성적인 자유와 자율을 실천했다.

동탁이 실권을 잡고 소제황제를 폐하고 황제의 이복동생 진류왕을 옹립하려고 하자, 형주자사인 정원이 반대를 했다. 동탁이 정원을 제거하려 했으나 정원의 양자인 여포 때문에 불가능했다. 동탁이 여포의 고향선배인 이유를 내세워 여포를 회유했다. 여포가 동탁으로부터 적토마를 받고 양부인 정원을 살해하고 동탁의 양자가 되었다(첫 번째 배신). 여포는 절개가 없으며 물욕이 많아 유혹에 쉽게 넘어가는 성격이다. 무용이 출중하나 심지가 깊지 못하다. 지나치게 용맹만 앞세워 상황판단을 못하는 독불장군이다.

동탁이 낙양에서 장안으로 천도한 후에 사치하고 오만방자하여 외출 시 황제의전을 갖췄다. 왕윤이 동탁을 제거하기 위해 노심초사했다. 동탁과 여포는 모두 호색한이었다.

왕윤은 중국의 4대 미인 중 한 사람인 양녀 초선을 이용하여 연환계를 써서 동탁을 제거하려고 했다. 왕윤이 여포에게는 날을 잡아 초선을 첩으로 주겠다고 하고, 동탁에게는 초선을 바치겠다고 하며 승상부로 보냈다. 여포가 불같이 화를 내자, 동탁이 양자인 여포와 짝을 지어 주기 위해 데

려갔다고 왕윤이 여포에게 거짓말을 했다. 여포가 왕윤에게 속아 동탁을 살해했다(두 번째 배신).

II. 강유: 개인적 7유형 (SE7)

1. 강유의 생애

강유의 자는 백약(伯約)이고 위나라 옹주 천수군 기현 사람이다(202-264년). 입신양명에 뜻이 있어 목숨을 바쳐 따르는 무리를 양성했다. 병법에 밝고 무예에도 뛰어나 문무와 지용을 겸비한 당대의 영걸이다. 촉나라 제갈량이 북벌할 당시 사로잡혀 그의 부하가 되었다. 이때 제갈량은 평생 자기를 이을 인물을 찾았는데 이제야 만났다고 할 정도로 강유를 높이 평가하였다. 강유는 제갈량을 따라다니며 그를 보좌해 재능을 인정받아 제갈량이 죽을 당시 군사적인 후계자가 되었다. 강유는 제갈량의 북벌을 계승, 수차례 출전하였으나 공을 세우지 못하고 매번 진퇴만 반복하였다. 특히 촉의 문신 비의와는 갈등이 심해 군사를 1만 명으로 제한받아 제대로 군사활동을 수행하지도 못했다.

그내 위나라 공회와 등애가 침공하자, 촉나라 황세 유신이 항복했다. 종회가 위나라에 반기를 들려고 하자, 강유는 종회에게 귀순하여 그를 추켜세우며 촉한의 재건을 도모하고자 하였다. 마침 종회도 등애를 시기하여 그를 축출하고 서촉을 장악할 야심이 있어 강유와 손잡고 사마소에 대항하여 반란을 일으켰으나, 내부 장수들의 모반으로 죽임을 당하고 강유 역시 피살되었다.

2. 강유의 성격

1) 현실에 순응함

제갈량이 제1차 북벌 때 위나라의 천수군을 공략할 때, 위나라 장수 강유가 제갈량이 펼친 유인전략을 간파했을 뿐만 아니라 임무를 수행하던 조운마저 패퇴시킨다. 제갈량이 친히 군사를 이끌고 나갔지만 제갈량마저도 강유의 계략에 패퇴한다.

그러자 제갈량이 교묘하게 반간계를 설치해, 천수태수 마준에게 강유가 촉한과 내통한다는 의심을 품게 만들어 강유를 운신하기 어려운 상태로 몰아넣는다. 그런 다음 촉병들로 하여금 물샐 틈 없이 포위하도록 한 뒤, 제갈량이 강유에게 항복을 권유한다. 진퇴양난에 빠진 강유가 현실을 받아들이고 제갈량에게 항복한다. 제갈량이 강유를 얻은 것은 봉황 한 마리를 얻은 것 같다고 하며 매우 흡족해했고, 진중에서 작전계획을 수립할 때 강유를 종종 불러 의논했다.

2) 담력과 식견이 뛰어남

촉에 항복한 강유는 제갈량의 신임을 받는다. 제갈량은 강유를 가리켜 충심으로 부지런히 일할 뿐만 아니라 사려 깊고 세밀하며, 특히 군사 일에 민첩하며 담력이 크고 의기가 있으며 병사들의 마음을 깊이 이해하고 있다고 했다. 제갈량은 병법에 능통하고 재주가 뛰어나며 자신의 의중을 잘 헤아리는 강유를 중용했다.

제갈량이 오장원에서 최후를 맞이할 때, 강유를 불러 평생 동안 정리한 군사를 부리는 데 필요한 모든 사항이 적힌 책을 물려주었다. 그리고 제갈량은 오직 강유만이 이 책을 받을 만한 사람이라고 신뢰를 보이며, 잘 간직했다가 유용하게 활용하라고 당부한다. 제갈량 사후에 강유가 촉의 병권을 잡아 대장군이 되었다.

3) 이상향을 추구함

촉의 군권을 한 손에 쥔 후에 강유는 위나라를 정벌하기 위해 투혼을 불사른다. 이는 제갈량이 살아있을 때부터 변두리 약소국가인 촉으로서는 가만히 앉아서 망하기를 기다리는 것보다는 싸우면서 활로를 찾아야 했기 때문이다. 이때 위나라에서는 실권자인 사마의가 쿠데타를 일으켜 반대파를 무자비하게 숙청하자, 사마의에게 반기를 든 하후패가 촉으로 투항해 온다. 강유는 위나라를 칠 기회가 왔다고 생각하고 수차 북벌에 나섰지만 번번이 위나라 명장 등애에게 막혀 뜻을 이루지 못한다.

강유가 고군분투하며 전쟁을 치르고 있는 사이, 촉나라에는 황관 황호가 권세를 잡고 국정을 농단하고 있었다. 전열을 가다듬은 강유가 결정적인 승기를 잡고 위나라 군대를 몰아붙이고 있었을 때, 위나라 장수 등애가 황호를 매수하고 첩자를 풀어 강유가 반역하려 한다는 유언비어를 퍼뜨려, 유선이 강유를 불러들였으므로 또다시 북벌에 실패한다. 그 후 위나라의 장수 종회와 등애가 두 갈래 길로 나누어 촉으로 쳐들어왔다. 강유가 종회의 대군을 막고 있는 사이에 등애가 이끄는 위나라 군대가 촉나라 수도인 성도를 포위하자 겁에 질린 유선이 항복하여 촉나라가 멸망한다.

4) 재주를 과신해 과욕을 부림

촉 황제 유선의 항복 소식을 들은 강유는 종회와 등유가 앙숙임을 간파하고 종회에게 항복한다. 강유가 종회의 공명심에 불을 붙이자 종회가 강유와 의형제를 맺고, 항복 전에 거느리던 촉의 군사를 강유가 다시 거느리게 한다. 이러한 조치는 종회의 앙숙 등애가 유선의 항복을 받아 기세등등한 데 대한 반감 때문이었다. 또 종회가 등애보다 6배에 달하는 군사를 가지고 있었으므로, 강유의 지모와 힘을 더해 등애군을 평정하고 독립하여 촉을 통치해 보려는 야심을 가졌기 때문이었다. 등애 또한 촉의 항복을 받아 낸 뒤 모든 일을 독단적으로 처리하자, 위나라 실권자 사마소가 종회에게 등애를 체포하라고 하여 등애가 낙양으로 압송되었다. 그런데 사마소가 종회마저 의심하자 강유의 사주를 받은 종회가 위나라 조정에 반기를 들었지만 부하들에게 암살을 당한다.

촉한 멸망 후에 위나라 점령군 종회를 이용해 강유가 촉의 부흥을 꾀했지만 실패했다. 강유는 촉의 마지막 기둥이자 보루라고 할 수 있었지만, 그는 정치에는 밝지 못해 북진을 하면서 촉의 경제사정을 전혀 고려하지 않았다. 이것이 촉의 패망원인 중의 하나가 되었다. 강유가 재주를 과신해 과욕을 부려 북벌을 자주 시도했기 때문에 오히려 촉의 멸망을 앞당기는 계기가 되었다. 촉을 다시 일으키겠다는 열정을 가진 강유는 절망을 한 나머지 자결을 했다.

III. 장료: 사회적 7유형 (S07)

1. 장료의 생애

장료의 자는 문원이다(169-222년). 장료는 젊어서 군리가 되었으며, 병주자사 정원이 종사로 삼아 군을 이끌고 수도로 가게 했다. 하진은 장료를 하북으로 보내 병사 천 명을 모았다. 돌아왔을 때 하진이 패망하자 군을 이끌고 동탁에 속했다. 동탁이 패망한 후 여포를 좇아 서주로 간다. 조조와 유비가 군사를 이끌고 하비성으로 쳐들어와 여포가 패망할 때, 장료는 여포와 함께 사로잡히고, 끝까지 발악하는 여포를 꾸짖었다. 조조는 여포와 함께 장료도 죽이고자 했으나, 관우와 유비가 장료의 의로움을 잘 알고 관우와 유비의 설득을 받아, 장료를 살려서 거두게 된다.

원술을 죽이고 서주에서 자립한 유비를 조조가 쳐 몰아내고 하비성에 남은 관우를 궁지에 몰았을 때, 장료가 나서서 관우를 설득하여 관우가 세

조건을 들어 조조에게 항복하게 한다. 관우가 유비를 찾아 떠나면서 다섯 관문을 뚫고 여섯 장수를 죽인 후에 하후돈과 싸우게 되었을 때, 장료가 두 사람의 싸움을 말렸다.

  적벽대전 때 장료가 조조를 호위하고 도망치던 도중 이를 추격하던 손권의 부하 황개를 활로 쓰러뜨렸다. 이후 장료는 위나라와 오나라 간의 합비전투에서 크게 활약한다. 이 전투에서 오나라의 태사자가 송과와 함께 모의해서 합비성을 함락시키고자 하는데, 장료는 이 계책을 간파하고 반격하여 성내에 매복하였다가 난입한 태사자 군을 공격하였다. 태사자는 화살을 맞고 부상이 악화되어 죽었다. 소요진(합비 강나루)에서는 손권의 10만 대군을 장료가 이전·악진과 함께 소수의 병력으로 격퇴시켰다. 이 싸움에서 손권과 그 수하 장수들을 포함해서 어린 아이들까지도 '장료가 온다'라고 하면 두려움에 몸을 떨었다고 한다. 그리하여 '울던 아이가 장료가 온다는 말에 울음 그친다'는 속담이 동오에서 유행하였다. 조조 사후에 조비가 30만 대군으로 오나라와 대전했을 때, 장료는 오나라 장수 정봉의 화살을 맞고 사망했다.

2. 장료의 성격

1) 패기가 있음

  하비성 전투에서 생포된 여포가 조조에게 목숨을 애걸하자, 장료가 주군인 여포에게 "죽는 것이 무엇이 두려워 발광이냐"고 꾸짖는다. 그리고 장료가 조조의 얼굴을 마주 대하고 크게 꾸짖자 조조가 검을 뽑아 그의 목을 베려한다. 유비가 조조의 팔을 잡고 장료는 충성과 의리의 사나이니 살려서 일할 기회를 주어야 한다고 말린다. 관우도 무릎 꿇고 마음이 곧은 충의의 남아라며 간청한다. 상황을 파악한 조조가 포승을 풀어 주고 자신의 옷을 벗어 장료에게 입혀 주자, 조조의 진심에 감동된 장료는 마침내 항복한다. 패장으로서 장료는 죽음 대신 조조로부터 후대를 받았다. 이렇게 장료는 주인인 여포를 바꾸어 조조의 장수로 화려하게 성공한 무장이 된다. 장료는 조조의 지우지은(知遇之恩: 자기의 인격이나 학식을 알아 잘 대우하여 줌)에 보답하기 위해 죽을 때가지 충성을 바쳤다.

2) 담력이 남다름

조조가 원소를 무찌른 후 장료를 출정시켜 노국을 공격했다. 장료와 노국 장수 창희가 몇 달 동안 전투를 벌였는데, 창희가 장료의 설득에 응해 투항했다. 장료가 그 답례로 혼자 창희의 본거지인 삼공산에 올라 그의 아내와 자식들을 만나 예를 갖추었다. 창희가 감격하여 장료를 따라 허창까지 와서 조조를 배알했다. 창희가 돌아간 후 장료는 조조에게서 적의 소굴에 단독으로 들어가는 것은 대장이 해서는 안 되는 행동이라는 꾸지람을 받았다. 장료가 조조에게 "명공의 위엄과 신의가 서해에 빛나고 있으므로 저는 명공의 성스러운 뜻을 받들었던 것이며, 창희는 감히 저를 해치지 않을 것이기 때문에 그렇게 했다"고 말했다. 이처럼 장료는 담력이 남달랐다.

원소 사후에 원소의 셋째 아들 원상이 우호적 관계를 맺고 있던 오환족과 동맹을 맺고 조조와 전쟁을 했다. 오서지방의 백랑산 전투에서 적은 병사로 갑자기 원상과 오환의 수많은 연합군과 마주쳤는데도 바로 칠 것을 장료가 조조에게 권해 승리하는 쾌거를 이루었다.

3) 중재역할을 잘함

관우가 하비성을 방어하고 있을 때 조조군의 위세에 밀려 성을 점령당하고 산으로 피신하는 어려운 처지에 있었다. 이때 여포의 장수로 있을 때부터 마음이 끌렸던 장료가 조조의 명을 받아 관우의 의중을 물으러 왔다. 관우는 유비와 함께 죽기로 맹세했다며 항복의 조건을 제시했다. 관우가 항복하는 사람은 천자이지 조조가 아니며, 유비가 있는 곳을 알면 조조가 막지 말아야 한다는 것이었다.

장료는 이대로 전하면 형제 같은 관우를 조조가 죽일까 두려웠고, 전하지 않자니 주군을 섬기는 도리가 아니었다. 고민 끝에 사실대로 고했고 조조는 관우를 의롭게 여겨 그렇게 해 주었다. 이렇게 관우와 조조의 협상타결이 잘된 것은 장료가 평소에 조조의 신뢰를 얻었을 뿐만 아니라 관우완의 관계도 적장이지만 상호 간에 믿음이 깔려 있기 때문이다.

4) 솔선수범함

조조가 적벽대전에서 참패한 후, 장료는 이전, 악전과 함께 전략요충지인 합비성을 지키는 책임을 맡았다. 장료는 창업공신인 이전·악진과 알력이 생겼다. 조조는 능력 위주로 사람을 쓰므로 장료를 책임자, 이전과 악진을 부장으로 삼았다. 굴러온 돌(장료)이 박힌 돌을 빼낸 꼴이 되어 세 사람 사이가 굉장히 서먹했다. 장료는 개의치 않고 매사에 솔선수범하여 앞장섰다.

오나라 손권이 맹장 태사자를 앞세워 합비성을 공략하여 명승부전이 펼쳐졌지만 좀처럼 승부가 나지 않았다. 태사자가 첩자를 합비성 안에 침투시켜 밤에 불 지르는 것을 신호로 성 안에 돌진하기로 한 계책을 장료가 알아내고, 상료가 석의 세략을 역이용하여 태사자를 유인히기로 했다. 합비성 안에서 불길이 치솟고 성문이 열리자 태사자가 군사를 이끌고 성 안으로 뛰어들었지만, 유인작전에 걸려든 오나라의 군사들이 거의 전멸당한다. 장료가 계책을 써서 태사자를 무찔렀고 태사자는 부상의 후유증으로 숨진다.

손권이 태사자의 원수를 갚으려고 10만 대군을 이끌고 합비로 쳐들어왔다. 장료가 앞장서자 부장인 이전과 악진도 출전한다. 장료가 솔선수범하는 모범을 보이자 세 장수가 비로소 한마음으로 뭉치고 장료는 더욱 겸손하게 작전을 펼친다. 장료가 7천 명 군대로 야간 기습을 하여 손권의 10

만 대군을 무찔렀다. 이것이 합비 쟁탈전 중에서 가장 치열했던 소유진 전투이다.

---

[8] 힘쓰기를 좋아하는 사람들

Ⅰ. 동탁: 자기보존 8유형 (SP8)

1. 동탁의 생애

동탁의 자는 중영(仲穎)이다(139-192년). 어릴 때부터 힘이 장사이고 활을 잘 쏘았으나 성격이 거칠고 음모가 뛰어났다. 황건적이 일어나자 군대를 조직하여 전공을 세우고 세력을 확대하여 자신의 지역을 가지게 되어 자만심과 야심이 커졌다.

변방인 서량태수로 20만 군병을 양성하면서 천하를 움켜잡을 기회를 노리고 있었다. 이때 한나라 영제(12대 황제)가 사망하고 유변이 왕위를 계승하여 소제가 되었는데 나이가 어려 태후가 수렴청정하였다. 소제의 외삼촌인 대장군 하진이 권력욕에 불타 동탁에게 십상시를 토벌하라는 격문을 내린다. 그런데 하진이 십상시에게 죽임을 당하자(십상시의 난) 하진의 부하들이 환관들을 무참히 살육하는 참사가 일어난다. 난을 피해 궁궐 밖을 전전하던 황제일행은 지방에서 올라온 동탁군의 호위를 받으며 입궐하면서 대권이 동탁에게로 떨어진다. 동탁이 공포 분위기를 조성하고 반대파를 처단한다.

보통의 독재자들은 적대세력에게는 엄격하지만, 일반 국민들에게는 유화적 태도를 취한다. 그러나 동탁은 적대세력을 민중이라고 생각하고 무자비하게 억압한다.

여포를 데리고 온 병주자사 정원이 동탁에게 반기를 들자, 동탁이 희대의 명마인 적토마로 여포를 매수하여 정원을 제거하였고, 동탁의 뜻을 거스를 사람이 없게 되었다. 동탁이 소제를 폐하고 9세인 소제의 이복동생을 새 황제로 옹립(헌제)하여, 모든 권력이 동탁의 수중에 들어간다.

동탁을 제거하기 위해 원소, 손견, 조조, 공손찬 등 각지의 군웅들이 반동탁엽합군을 구성하여 맞섰으나 내분으로 실패한다. 동탁은 반란에 대비해 도성인 낙양을 불태우고 장안으로 천도한다. 동탁은 사도 왕윤의 미인계와 연환계에 빠져 여포에게 죽임을 당했는데, 대권을 잡은 후 3년 만인 54세였다.

2. 동탁의 성격

1) 정이 많음

동탁은 젊은 시절에 강족(익주 북서쪽의 이민족)이 사는 곳을 방랑하며 그들과 사귀었다. 뒤에 고향(감숙성 임도)으로 돌아와 농사를 지었는데 강족의 우두머리들이 찾아오자 농사 짓던 소를 잡아 대접하였고, 후에 강족이 그에게 천 마리의 염소, 양 등으로 보답했다. 동탁은 권력을 잡기 전에는 마음이 따뜻했었다. 병주의 민란을 토벌하는 큰 공을 세워 비단 9천 필을 상으로 받았는데 이것을 관리와 병사들에게 모두 나눠 주었다. 또한 동탁은 무술이 탁월한 여포에게 자신이 서량에 있을 때부터 키워 온 적토마를 선물로 주어 부하로 만들었다.

2) 힘 장사이고 무용이 뛰어남

동탁은 천부적으로 무예가 뛰어났고 보기 드문 팔 힘의 소유자였으며, 두 개의 화살통을 차고 말을 탄 상태에서 전후, 좌우, 상하 어느 방향이든 자유자재로 활을 쏠 수 있었다. 한번은 조정의 대신 오부가 동탁이 국정농단을 하는 것을 보고 항상 분개하고 있었다. 그는 조복 속에 짧은 갑옷을 입고 단도를 지닌 뒤에 기회를 엿보다가 동탁이 대궐로 들어갈 때 단검을 빼 들고 그를 힘껏 찔렀다. 그러나 원래 장사인 동탁의 완력에 붙들려 실패했다. 그 후 조조가 동탁을 암살하려고 했지만 섭사리 공격을 못했던 것도 동탁의 힘이 두려웠기 때문이다.

3) 포악하고 탐욕스러움

사람의 그릇이 크고 작음은 지위가 높고 귀해질 때에 잘 드러난다. 동탁이 하동태수가 되면서부터 젊을 때의 호기와 배포는 탐욕으로 바뀌고, 관대함과 순수함은 오만과 야심으로 변했다. 동탁은 권력을 잡은 후에 철저히 독재자의 길을 걸었다. 소제와 황비, 소제의 모후인 하태후를 살해했다. 또한 낙양의 부호 수천 명을 죽이고 그들의 재산을 몰수했다. 동탁은 수도를 낙양에서 장안으로 옮기고 장안 교외에 자기의 거처인 미오성을 지었다. 장안성 높이만큼 올리는 데 인부 25만 명을 부역에 동원했다. 동탁은 낙양의 백성들을 자기 편으로 만들지 못했다. 동탁은 여론을 무시한 행동을 많이 했기 때문에 반동탁연합군 결성의 원인을 제공했다. 동탁은 눈앞에 보이는 사람들의 마음을 잡기 위해서만 노력하고 눈앞에 보이지 않는 사람들, 즉 여론형성에는 노력을 기울이지 않았다.

장안으로 천도할 때 저항하는 백성들뿐만 아니라 저항하지도 않은 낙양의 부호들을 죽여 그들의 재산을 몰수했다. 또 낙양의 궁궐·종묘·관아와 일반 주택까지 모두 불태우고, 역대 황제들의 묘를 모두 파헤치고 금은보화를 약탈했다. 천도 후에는 성 안에 궁전과 창고를 지어 30년 먹을 양식을 비축했고, 일문을 모두 요직에 앉히어 부귀영화를 마음껏 누렸다. 그는 또한 권력유지를 위해 공포정치를 했다. 이는 백성들을 위압하고 적대세력을 꺾는 데 그 어떤 수단보다도 확실한 효과가 있는 반면에, 철권통치는 계속되기 어렵고 결말은 비극적으로 끝나기 마련이라는 교훈을 남겼다.

4) 사회성이 결여됨

중앙에 정치적 기반이 없는 사람들이 권력을 장악하게 될 경우, 서두르지 말고 서서히 권력을 장악하고 그 힘을 바탕으로 개혁을 단행해야 한다. 그런데 동탁은 중앙무대인 낙양의 정치문화를 잘 이해하지 못한 상태에서 힘으로 밀어붙이면 된다는 사고방식을 가졌다. 즉 낙양의 기득권 세력들을 제압하고 그들의 경제적 기반을 박탈하기 위해 장안으로 수도를 이전하고 화폐개혁을 단행했다.

그러나 수도이전은 장기적이고 많은 연구가 필요한 것인데 불과 몇 달 사이에 결정되고 장기적인 국가비전이나 마스터플랜 없이 정권유지라는 정치적 의도에 의한 성급한 정책을 동탁이 펼쳤다. 또 화폐개혁은 국가시스템 변경에 따른 막대한 비용이 발생하기 마련이다. 화폐개혁은 개혁적인 발상이지만, 기존의 의식을 위해 만들어진 종과 같은 기념물을 파괴하여 동전을 제작함으로써 낙양사람들의 분노를 샀다. 그뿐만 아니라 기득권층의 극심한 반발을 초래했고, 물가상승으로 인하여 일반 백성들의 지지도 얻지 못해 동탁의 정책은 실패했다.

II. 장비: 개인적 8유형 (SE8)

1. 장비의 생애

장비의 자는 익덕이다(?-221년). 탁군 출신인 그는 성격이 호탕하고 시원시원한 인물이었다. 유비와 관우를 만나 의형제를 맺고, 한나라 부흥을 위해 의병에 가담했다. 유비, 관우와 함께 공손찬, 공융, 도겸 휘하에서 장수로 참전하며 용맹을 떨쳤다. 장비는 장팔사모(창)를 능수능란하게 다뤘다.

유비가 원술을 치러 갈 때, 장비와의 금주서약과 군사들을 때리지 않을 것을 조건으로 서주를 지키게 했다. 그러나 장비는 유비와의 약속을 어겨 술을 마시고, 술을 마시지 못하는 조표에게 술을 강요하며 매질을 했다. 조표가 밤중에 여포를 불러들여 장비는 서주성을 빼앗겼다.

조조가 형주를 공격해 오자 장판교 위에서 기병 20기를 이끌고 고함소리로 조조군을 물리쳤다. 장비는 적벽대전에서 조조의 대군을 물리치는 데 큰 수훈을 세우고, 유비가 익주를 공략할 때 선봉에 서서 큰 공을 세웠다. 유비가 관우의 복수를 위해 대군을 일으켰을 때, 급한 성격과 술에 대한 집착으로 부장에게 살해당했다.

2. 장비의 성격

1) 조급하고 다혈질임

장비는 의리에 어긋나거나 자신의 생각과 다른 일들이 벌어지면 힘으로 해결하려고 했다. 말보다 주먹이 먼저 나가는 장비는 난폭하고 조급했다. 그는 기존의 규칙이나 전통, 권위도 그르다고 판단되면 무시하는 성향이 있었다. 유비와의 인연이 없었다면 그는 동네 부랑자나 산적두목이 되었을 것이다. 유비가 장비의 성격을 제어해 주어 그 명성이 천하를 울리게 되었다.

황건적 토벌에서 등무를 토벌한 유비의 스승 노식이 환관의 참언으로 호송되는 모습을 보고, 장비가 호송관을 죽이려다 유비에게 제지를 당했다. 그는 또 황건적 수령 장작에게 패배한 동탁을 구해 주었지만, 동탁이 유비가 의용군인 것을 알고 경멸하자 동탁을 죽이려고도 했다. 유비가 황건적 토벌의 공으로 안휘현령이 되었지만, 뇌물을 바치지 않는 유비에게 독우가 횡포를 부리자 장비가 분노하여 독우를 나무에 묶고 매질을 하였다. 유비 삼형제가 제갈량을 찾아갔을 때 낮잠을 자면서 일행을 기다리게 하는 제갈량을 본 장비가 화가 나서 초당에 불을 지르려고도 했던 것처럼 성격이 급하다.

2) 용기 있는 행동파

장비는 승부욕이 강하고 특별한 악조건이 아니면 먹고 마시고 즐기는 분위기를 추구했다. 그는 주변사람들에게 예측불허의 자극을 제공하기도 하고, 마음이 닿으면 대가를 바라지 않고 자신의 것을 내어 주었다. 인생을 되도록 즐기려 하고 언제나 활달했다.

조조가 형주를 침공하고 많은 군사를 거느리고 유비를 추격할 때, 장비가 장판교 다리를 지키고 있었다. 장비는 군사들에게 말꼬리에 나뭇가지를 묶고 숲속을 이리저리 달리게 했다. 조조군이 장판교에 도착했을 때에는 장비가 장판교에 위풍당당한 모습으로 홀로 서 있고, 숲속에는 많은 먼지가 일어나 있었다. 장비가 두 눈을 부릅뜨고 고함을 지르며 호령하자, 조조는 장비의 군사들이 많은 줄 알고 지레 겁을 먹고 후퇴하였다. 장판교 싸움에서 장비는 그의 저력을 유감없이 발휘하여 거의 불가능에 가까운 임무를 수행해냈다. 그는 행동파로 긴 창인 장팔사모를 자유자재로 다루며, 싸움이 격해질수록 불처럼 열정을 태우는 호걸이었다.

촉나라 황제가 된 유비가 장비에게 파서지역을 지키라고 했다. 조조의 장수인 장합이 산 위에 진을 치고 버텨 대치시간이 길어지자, 장비가 장합의 진지 앞에 진을 치고 술을 마시기 시작한다. 장합이 야간에 기습하기로 결심하고 공격을 시작했을 때에도 장비는 여전히 불을 켜 놓고 술을 마시고 있었다. 장합이 장비를 창으로 찔렀으나 허수아비였고, 이때 매복한 군사들이 뛰쳐나왔다. 장합이 놀라 자신의 진영으로 도망하려 했으나 장비의 군사들이 산 위의 진지를 점령해 버렸다. 장비가 술을 마시면 난폭한 행동을 하는 자신의 약점을 역이용하여 상대방이 오판하도록 유인한 것이었다. 장비의 대담성과 지모가 돋보이는 대목이다.

3) 맞서는 사람을 좋아함

유비가 세를 확장하기 위해 익주를 치려고 장비를 선봉장으로 내세워 익주로 가는 길목에 있는 파군성을 공략하게 했다. 노장(老將) 엄안이 파군태수로 있었는데 우여곡절 끝에 장비가 엄안을 격파하고 생포를 했다. 장비가 어찌하여 항복하지 않고 맞서려 했느냐고 호령하며 엄안을 꾸짖었다. 엄안은 두려워하는 기색 없이 이곳에 목을 베이는 장수는 있어도 항복하는 장수(단두장수: 斷頭將帥)는 없다고 했다. 그러자 장비가 더욱 화가 나서 엄안을 끌어내 목을 베라고 고함을 쳤다. 그럼에도 엄안은 두려워하는 기색이 전혀 없이 베려면 빨리 벨 것이지 웬놈의 성질을 그리 부리냐고 반박을 했다. 엄안의 목소리는 씩씩하기 그지없고 얼굴에도 두려워하는 기색이 없었다.

장비는 사나이다운 사나이를 만났다고 생각하고 화내던 것을 멈추고 입가에 환한 미소를 띠었다. 장비는 엄안을 높은 자리에 앉히고 넙죽 절을 하고 사과하며 일찍부터 호걸스러운 노장군임을 알고 있었다고 했다. 이에 엄안이 장비에게 감격하여 진심에서 우러나오는 항복을 했다. 이처럼 장비는 자기와 팽팽하게 맞설 수 있는 상대를 좋아하는 스타일이다.

4) 감정조절을 못함

거짓말을 할 줄 모르는 장비는 참을성이 부족하고 매사에 관심을 가지고 지나치게 참견하려 했다. 그는 과잉행동을 하며 목소리가 크고 산만하다. 무엇이든 자기 뜻대로 되어야 좋아했다. 그는 감정의 기복이 심해 이를 조절하는 것을 무척 힘들어했다. 유비가 원술을 치러 가기 위해 서주성을 장비에게 맡기면서 금주를 하고 군사들에게 가혹행위를 하지 말 것을 당부했다. 그럼에도 술을 마시고 행패를 부리는 바람에 여포에게 서주성을 빼앗겼다.

관우가 손권에게 죽임을 당했다는 사실을 안 장비가 복수의 칼을 갈았
다. 관우의 원수를 갚기 위해 모든 군사들에게 조의를 표시하기 위해 입힐
흰 갑옷과 흰 깃발을 사흘 만에 만들라고 했다. 이때 갑옷과 깃발을 만들
어 내는 담당인 범강과 장달이 찾아와 수만 군사가 쓸 깃발과 갑옷을 한꺼
번에 마련할 길이 없다면서 기한을 넉넉히 달라고 했다. 그러자 장비가 감
히 자기의 명령을 어기려 드느냐며 불같이 화를 내고, 두 장수를 나무에
매달아 등허리 채찍질 50대씩을 치게 했다. 그리고 다음 날까지 만들어 내
지 못할 때는 여러 사람 앞에서 목을 베겠다고 으름장을 놓았다. 기한을
늘리러 갔다가 죽도록 매질만 당하고 돌아온 범강과 장달은 분하고도 기
가 막혔다. 두 장수는 그 날 술 취해 곯아떨어진 장비를 죽이고 그 머리를
들고 손권에게로 가서 투항했다. 난폭함이 장비를 망하게 했다. 멀리 보지
못하고 근시안적으로 해결하려 했기 때문에 소탐대실한 결과를 초래했다.

III. 여몽: 사회적 8유형 (SO8)

1. 여몽의 생애

여몽의 자는 자명(子明)이다(178-220년). 집안이 가난하여 교육을 제대
로 받지 못하고 자랐다. 10대의 나이로 손책의 부하였던 매부를 따라 전쟁터
를 다녔다. 사병으로 입대하여 장군이 된 인물이다. 적벽대전에서 주유·정
보 등과 함께 조조군대를 물리쳤다(208년). 적벽대전 후에 촉나라가 형주
를 돌려 달라는 오나라의 요구를 거절하자 여몽이 형주공략에 나선다. 여
몽은 주유와 노숙의 뒤를 이어 오나라 군대의 최고사령관인 대도독이 되
었다(217년).

촉나라의 관우가 위나라의 조인이 지키던 번성공략에 나서자 여몽은
그 틈을 타서 관우의 배후를 공격해 형주를 점령했다.

2. 여몽의 성격

1) 욱하며 저돌적임

여몽은 가난하고 비참한 집안에서 태어나 어릴 때 공부를 하지 않고 불량배와 어울려 다녔다. 예의를 모르며 고지식하고 무식한 싸움꾼에 지나지 않았다. 글을 몰랐지만 힘이 천하장사여서 오나라에서는 여몽과 팔씨름을 하여 이길 사람이 없었다.

집안에 큰 인물이 없었기 때문에 관직으로 진출하기가 어려웠다. 15세 때 오랑캐(산월)를 토벌하러 가는 손책의 부하인 매부(등당)를 몰래 따라 갔다가 발각되어 꾸지람을 들었다. 여몽이 호랑이 굴에 들어가지 않고 어떻게 그 새끼를 잡을 수 있겠냐며 전쟁터에 따라간 이유를 당당하게 말했다. 이 말을 들은 등당의 부하가 여몽은 어릴 뿐이라며 모욕을 주자, 그 사람을 살해할 정도로 욱하는 기질이 있고 급했다. 여몽은 가난하고 천한 집에서 태어났지만 도전정신이 강했고 지극한 효자였으며 혈기와 의욕이 넘치는 젊은이였다.

2) 하면 된다는 정신을 가짐

여몽은 손권의 군문에 사병으로 들어갔다. 사병에서 출발했지만 뛰어난 무공으로 오나라의 장군에 오른 입지전적인 인물이다. 삼국지를 통틀어 사병으로 시작해 군의 최고사령관인 대도독에 오른 사람은 여몽밖에 없다. 하지만 그는 가난한 집안에서 자라서 학문과는 담을 쌓은 탓에 지모를 갖추지 못한 반쪽자리 장군에 머물렀으므로, 손권이 여몽에게 큰 임무를 맡은 만큼 학문을 익히도록 권유했다. 여몽은 문보다 무를 중시하는 마음으로 부대의 일이 바빠 공부할 여유가 없을 것 같다고 대답했다. 손권은 여몽보다 더 바쁜 자신도 노력하고 있다며, 공자의 말과 위인들의 예를 들어

가며 여몽을 설득했다. 그러자 여몽이 마음을 고쳐먹고 그때부터 학문에 몰두하여 사서오경·역사서·병법서를 섭렵한 결과, 문무를 겸비한 부장으로 다시 태어나 호랑이 몸에 독수리 날개까지 달게 되었다.

여몽이 손권의 권유로 공부를 하고 난 후에 학식이 뛰어난 노숙이 그를 찾아갔다. 노숙이 이야기를 하는 사이에 여몽의 박학함에 깜짝 놀라, 이제 학식이 대단하니 옛날 오나라에 있을 무렵의 어린 여몽이 아니다(비복오하아몽: 非復吳下阿蒙)라고 말했다. 그러자 여몽이 선비는 헤어진 지 사흘이 지나면(사별삼일: 士別三日) 눈을 비비고 다시 대할 정도로 달라져 있어야 하는 법이라고 대꾸했다. 여기에서 '얼마 동안 못 보는 사이에 상대가 깜짝 놀랄 정도로 발전하는 경우가 있으므로, 다시 만날 때는 눈을 비비고 다시 상대를 보아야 한다'는 '괄목상대(刮目相對)'라는 고사성어가 생겼다. 그때부터 괄목상대는 남의 학식이나 재주가 놀라울 정도로 향상되었음을 뜻하고, 오하아몽(吳下阿蒙)은 학식의 발전이 없음을 뜻하게 되었다.

이처럼 여몽은 자신의 숨겨진 자질을 갈고 닦으면 얼마든지 능력 있는 사람이 될 수 있다는 것을 증명한 인물이다. 그는 젊은 시절 저돌적인 용맹 외에 가문이건 재능이건 무엇 하나 내세울 것이 없었다. 하지만 어른이 되어 각고의 노력 끝에 문무를 겸비한 명장이 되어 뚜렷한 족적을 남겼다. 여몽은 '하면 된다'는 정신을 보여준 대기만성형 인물이다.

3) 훈련술과 위장술에 능함

손권은 병사의 수가 적거나 활용되지 않은 병사들을 모아 군단을 통합하려 했다. 여몽이 돈을 빌려 체계가 잡히지 않은 병사들에게 진홍색 옷과 행선을 지어 주었다. 손권 앞에서 사열하는 날 여몽의 병사들은 화려한 모습으로 평소 잘 훈련된 모습을 보여주었다. 손권은 여몽의 병사들을 보고 매우 기뻐하며 여몽의 군사훈련 솜씨를 치하하고 그의 병사 수를 늘려 주었다.

노숙 사후에 여몽이 오나라 군대의 도독(최고사령관)이 되었다. 오나라의 숙원사업은 형주를 촉으로부터 탈환하는 것이었는데, 관우가 형주를 지키고 있었다. 여몽은 자신이 중병을 앓는 것처럼 소문을 퍼뜨려 사령관 직에서 물러나고 무명의 젊은 장수 육손을 후임 도독으로 앉힌다. 이는 관우를 방심하도록 하기 위한 전술이었다. 지명도나 실력으로 보면 여몽은 관우의 상대가 되지 못한다고 생각한 관우는 육손을 풋내기 취급하면서 우습게 보았다. 관우에게는 치명적인 약점이 있었는데 자신을 천하무적 영웅으로 생각하는 교만함이었다. 여몽은 이러한 관우의 허를 찌르고 실속을 꾀하는 계책인 허허실실(虛虛實實)을 활용했다. 이는 상대방의 강점과 약점을 파악해 상대의 강한 부분을 피하고 허약한 부분을 공격하는 전략이다.

관우는 여몽이 병에 걸려 육손이 그 자리를 대신했다는 소리를 듣고, 육손은 서생에 불과하다며 깔보고 오나라 쪽에는 신경을 안 쓰고 형주를 지키는 대부분의 병력을 조조군이 지키는 번성공격에 동원했다. 그러자 여몽이 오나라 병사들을 장사치로 변장시켜 상선에 태워 기습공격으로 형주를 점령했다.

4) 힘없는 자를 보호함

형주를 점령한 후에 여몽은 자세를 낮추고 병사들에게 형주성 사람들과 재산에 손대지 못하게 하여 인심을 거두는 데 전력했다. 그런데도 여몽의 친척이 형주성 사람들 재산에 손을 대자 참수하여 오나라 군사들의 기강을 세웠다. 형주성 사람들 가운데 아픈 사람이 있으면 의원을 보내 치료를 해 주었다. 그리고 관우의 식솔들을 특별히 보살펴 주었다. 여몽의 군사들이 행패를 부릴까 봐 안절부절못하던 형주사람들이 여몽의 따뜻한 보살핌에 감사했다.

이처럼 여몽은 자신을 낮추고 상대방을 안심하게 한 이후 자신의 능력을 발휘할 수 있는 환경을 조성했다. 또 적의 가솔들을 자신의 편으로 만들어 인심을 얻는 공성위하 공심위상(攻城爲下 攻心爲上), 즉 '성을 직접 공격하는 것은 하책이요, 사람의 마음을 공격하는 것이 상책'의 전략을 구사했다.

[9] 우유부단한 사람들

Ⅰ. 원소: 자기보존 9유형 (SP9)

1. 원소의 생애

원소의 자는 본초(本初)이며 여남군 여양현(汝陽縣) 사람이다(?−202년). 4대에 걸쳐 다섯 정승을 배출한 명문가(사세오공: 四世五公)의 사생아 출신으로 젊어서는 청류파 사상가로 명성을 떨쳤다. 후한의 정치적 부패를 타파하고자 십상시를 일소하였으나, 동탁의 개입으로 정권을 잡는 데 실패하고 중앙에서 쫓겨났다.

원소는 중앙에서 태어난 관료 출신이었지만 사상가·정치가로서의 명망과 경력을 바탕으로 기주 일대에서 빠르게 군벌화하였고, 한복·공손찬·장연·전해·공융 등의 정부 관료·군벌들을 격파하고 병합함으로써 가장 강력한 세력을 형성했다. 하지만 헌제를 옹립하여 독립한 조조가 주도권을 쥔 채 압박해 오자 이를 타개하기 위해 조조의 불법적 위치를 비난하며 관도대전을 일으켰으나 크게 패한 뒤 병으로 사망했다.

2. 원소의 성격

1) 기상이 장대함

명문가 후예로 준수한 풍모, 기라성 같은 휘하의 인재, 막강한 무력과 탄탄한 지역기반을 바탕으로 패자(霸者)의 조건을 가장 많이 갖췄다. 원소는 낙양에서 관직생활을 할 때 대장군 하진에 소속되어 일했고 자신의 길을 막는 환관을 주먹으로 때려 죽일 정도로 기상이 장대했다. 십상시가 하진을 암살했을 때 과감하게 십상시를 공격해 전세를 역전시켰다. 동탁이 황제(소제)를 폐하고 새로운 황제(헌제)를 등극시키려고 할 때, 원소가 동탁의 면전에서 반대했다. 이러한 기개를 높이 평가받아 조조의 주도로 반동탁연합군이 결성되자 원소가 사령관으로 추대된다. 하지만 개성이 강한 여러 제후들의 이해관계를 조율하고 규합하지 못해 연합군이 제대로 싸워보지도 못하고 흩어졌다.

원소는 기주로 돌아가 북방 유주지역을 차지하고 있던 공손찬을 패퇴시키고 하북의 4개주를 관할하며 수십만 대군을 이끌고 황하이북 지역의 패권을 장악했다.

2) 반간계에 능함

원소는 전쟁에 임하기에 앞서 적 내부에서 자신과 끈이 닿는 세력과 접선해 자기 편으로 만들고, 전쟁이 벌어지면 이러한 여건을 활용해 적국의 내부나 후방에 부담을 안겨 주거나 자기 편으로 포섭했다. 이러한 반간계는 전쟁에 앞서 적군의 위험요소를 과장시킴으로써 전황을 유리하게 만들었다.

원소가 공손찬에게 기주를 공격하여 점령하면 반으로 나누어 갖자고 허위의 밀서를 보냈는데, 공손찬이 속아 넘어갔다. 또 원소가 기주태수 한복에게는 공손찬이 쳐들어온다는 밀서를 보냈다. 밀서를 받은 한복은 참모들과 상의한 결과 공손찬을 막아 내기 어려우므로 원소에게 의탁하기로 한다. 한복이 원소에게 기주를 내어 주었으나 원소는 한복에게 실권을 주지 않았다. 공손찬은 싸우기도 전에 원소가 기주를 차지했다는 소식을 듣고 약속을 지키라고 했으나, 원소가 이를 묵살했다.

3) 아집이 강하고 포용력이 결여됨

원소는 겉으로 인자하고 관대하지만 속으로는 상대방에 대한 의심이 가득차고 우유부단하며 사람을 쓸 줄 몰랐다. 조조가 유비를 정벌하기 위해 군사를 일으키자, 원소의 참모인 전풍이 허도가 비어 있으므로 허도를 점령하자고 했다. 허도를 차지하고 황제를 옹립하는 것은 패자가 되는 지름길이지만 원소가 응하지 않았다.

그 후 원소가 조조를 치려고 30만 대군을 일으켰다. 전풍이 조조에게 빈틈이 없으므로 공격시기가 좋지 않다고 말리자, 원소가 전풍을 옥에 가두고 출정했다. 그는 참모가 한 번 잘못하면 끝까지 궁지에 몰아넣었다. 조조의 대장군 화웅과의 전투에서 관우가 싸우러 나가려 하자 원소가 직위를 먼저 묻고, 관우가 화웅을 무찔렀음에도 칭찬하지 않았다. 원소는 외형과 직위로 사람을 판단했기 때문이다.

원소는 전통적 명문가 출신인 귀공자로 금수저를 물고 태어나 인재에 대한 욕심 많았다. 허묵의 인력가로 거느린 장수가 많고 참모진이 풍부했으나, 부하의 판단기준은 옳고 그름이 아니라 좋고 싫음이었다. 따라서 자신의 생각과 다른 부하의 의견을 무시하고 마음에 드는 부하의 말만 신임했다.

원소의 두 맹장 안량과 문추가 조조진영에 포로로 잡혀 있던 관우에게 죽어 패퇴한다. 원소가 전열을 정비하여 70만 대군으로 조조를 치러 관도로 향할 때, 원소의 참모인 허유는 조조군대가 관도에 있어 수도인 허도(허창)가 비어 있으므로 이곳을 공격하면 승리할 수 있다고 건의했다. 의심 많던 원소는 허유가 원래 조조의 친구였다는 사실을 알고 건의를 무시하고 질책하는데, 사사로운 감정과 일에서의 능력을 따로 떼어 생각할 수 없

는 원소의 결벽 때문이다. 또한 이는 원소 자신이 최고라는 생각에 사로
잡혀 주위의 말을 무시한 처사이다. 이처럼 원소는 참모들의 의견을 따르
지 않는 고집이 강한 성격이다. 그는 지나친 독선과 자신감으로 스스로의
한계에 봉착했다.

원소는 열심히하는 부하를 격려하고 칭찬하는 소양을 갖추지 못했고,
자신에게 아부하거나 아첨하는 부하만 좋아하는 이기주의 상사였다. 그는
자신의 실패를 인정하지 않고 참모들에게 그 책임을 돌리면서 오만하여
주위에 있던 유능한 인재들이 떠났다.

4) 결단력이 부족함

원소는 반동탁세력 형성 이후에 전쟁에서 연달아 승리하고 세력을 확
장하면서 기세가 등등해졌다. 그가 차지한 지역은 비옥하고 광활하여 풍부
한 군량미와 백만 대군을 호령하는 전성기를 누리고 있었지만, 풍족함과
거듭된 승리로 교만과 태만을 낳아 무사안일주의에 빠짐으로써 결국 조조
에게 패하고 만다.

원소에게 유능한 참모인 곽도와 장합이 있었다. 곽도가 장합을 모함하
는데도 원소가 곽도의 말만 신뢰하자 장합은 조조 편으로 돌아선다. 원소
는 부하를 잃고 조조에게 날개를 달아 준 격이 되어, 조조의 무장이 된 장
합이 많은 승전을 거둔다. 원소는 시작은 출중하였으나 과정에서 올바른
판단과 인사를 제대로 못해 기회를 활용하지 못했다.

순욱의 조언으로 조조가 원소의 군량기지를 습격하여 불태운다. 패퇴한
원소가 20만 대군을 수습하여 반격에 나서지만, 조조의 모사 정욱이 계책
을 내어 배수진을 치고 맹공을 퍼부었다. 원소는 삼국시대 3대 전투의 하
나인 관도대전에서 10대 1의 원소군이 유리한 형국이었는데도 조조에게
패하고 말았다. 원소의 패배원인은 변화하는 상황에 대처하는 냉철한 결단
력이 부족하고, 허도가 비어 있을 때 용단을 내리지 못했으며, 인재를 가

장 많이 보유하고 있으면서도 그들의 안목과 식견을 제대로 활용하지 못했고, 인재를 모으고 그들의 말을 들을 줄은 알았으나, 좋은 의견을 제때 채택하고 제대로 활용할 줄 몰랐기 때문이다. 원소는 확고한 주관이 없고 과감한 결단력이 부족했다.

II. 유표: 개인적 9유형 (SE9)

1. 유표의 생애

유표의 자는 경승(景升)이며 연주 산양군 고평현 출신이다(142-209년). 그는 전한 경제의 11대손으로 8척의 키에 위엄 있는 풍모를 갖췄다. 유표가 형주자사에 임명되었는데(190년) 형주는 권력의 공백으로 몹시 혼란하였다. 유표는 원술의 견제로 치소가 있는 무릉으로 가지 못하고 양양에 머물러야만 하였다. 유표는 채모, 괴월, 괴량 등 유력한 호족들과 연대하여 55명의 종적(宗賊) 수령들을 일거에 살해하였다. 그의 이러한 결단으로 형주는 빠르게 안정을 되찾았다.

유표는 형주의 패권을 장악하고(199년) 10만의 병력을 갖춘 거대한 세력가로 부상하였다. 그는 원술처럼 참칭하지는 않았지만, 황제처럼 천지에 제사를 지내고 의장을 쓰는 등 야심을 드러내었다. 유표는 학문을 숭상하여 학자들을 모아 오경장구를 편찬하였고, 당대 최고 유학자인 송충을 초빙하여 학문을 연구할 수 있도록 하여 '형주학풍'을 완성하였다. 형주학은 마융과 정현이 완성한 훈고학을 보다 정교하게 다듬은 것으로 위진현학과 당대 훈고학에 커다란 영향을 미쳤다.

유표는 천하의 상황을 관망하며 움직이지 않았다. 원소가 조조를 공략하기 위해 남하하며 조조의 배후를 공격해 줄 것을 요구하였다(200년). 유표는 승낙하였지만 양군의 대치가 길어지자 모른 척하였다. 그는 원상이 조조와 싸울 때에도 관망만 하였다. 조조는 유표의 우유부단함을 간파하고 원상을 죽이고 하북을 평정하였다. 유표는 하북을 평정한 조조가 형주를 공략하기 위하여 남하할 때 숨을 거두었다.

2. 유표의 성격

1) 덕망이 있고 처세술이 좋음

형주는 중원의 한가운데 위치하고 있어 인심 좋고 물자가 풍부한 전략적 요충지로서 명현들이 모여 살던 곳이다. 동탁이 권력을 잡고 있을 때 유표가 형주자사로 부임한다. 형주자사로 부임할 당시 형주는 수많은 호족이 세력을 일으켜 무법천지였다. 유표는 우선 그 지역 일부 호족을 자기세력으로 만들어 반대세력을 토벌하고 위엄과 회유로 통치했다. 유표는 한실의 종친으로 뛰어난 학식과 덕망까지 갖추어 형주 주민들의 신망과 존경을 받았다. 그때 형주로 몰려드는 많은 학자들을 위해 학교를 세우고 유학을 장려했다. 그는 사람 사귀기를 좋아해서 중원을 흔들고 있는 전란에도 풍류를 즐기며 유유자적하며 살아갔다.

유표는 중앙정부가 필요로 할 때마다 조공을 보내 자신의 권위를 높이는 수준 높은 처세술을 보인다. 또 원소와의 전략적인 동맹관계를 맺어 조조와의 대등한 세력을 유지한다. 그는 특유한 처세술과 외교력으로 남쪽에서 장사태수 장선이 반란을 일으키고, 북쪽에서는 조조가 침공해 오는 상황을 동시에 맞이하면서도 이들을 모두 평정하며 큰 세력으로 부상했다.

2) 우유부단함

유표는 후계자 선정문제를 처리하지 못해 자중지란을 초래했다. 유표의 정실부인의 소생인 유기는 심성이 어질고 착했으나 몸이 약하고, 후처 채부인이 낳은 둘째아들 유종은 어려서 세상물정을 몰랐다. 유표가 후계자를 세우지 못하고 사망하자 채부인이 가짜 유서를 만들어 14세인 유종을 형주의 새 주인으로 추대했다.

조조가 형주를 공략하러 오자 형주자사가 된 유종이 조조로부터 형주의 주인으로 인정하겠다는 약속을 받고 항복하지만, 약속과는 달리 유종은 청주자사로 임명된다. 임지로 가는 도중에 조조군사에 의해 유종과 채부인이 피살된다. 강하를 지키던 유기도 병사한다. 유표는 후계구도를 확실하게 잡지 못해 그가 일군 사업이 그대로 조조에게 흡수되면서 형주지역은 격전지로 변한다.

3) 배짱이 없음

유표는 채무를 견제하기 위해 영입한 유비조차도 믿지 못해 견제할 만큼 배짱이 없었다. 또 유표의 세력은 요충지인 형주를 장악했고 물자로 풍부하고 병력도 강성했지만, 끝내 적극적으로 나서지 못하고 관망한 하다가 더 강해진 조조를 감당하기 어려워지자 스스로 무너지게 되었다.

4) 비전을 갖지 못함

난세에 많은 영웅호걸들이 변방출신으로 왕후장상을 꿈꾸며 큰 변화를 도모했다. 이에 빈해 명문기 출신인 유표는 어느 수준에 이르자 변화부다는 현상유지를 하려는 성향이 강해 급변하는 상황변화에 대처하는 비전을 갖지 못했다. 반동탁연합군이 결성되었을 때 그는 참가하지도 않고 자신의 영지를 지키는 데 급급했다. 관도대전에서 유표는 원소로부터 구원요청을 받고 승낙했지만 실행에 옮기지도 않았고, 그렇다고 조조 편을 든 것도 아니었다. 이때 막강한 군사력을 갖고 있던 유표가 어느 한쪽 편을 들었다면 전쟁이 끝난 후 그의 위상은 달라졌을 것이다.

유표는 큰 야망이 없었으므로 정치적인 세력이나 역량이 형주지역 이상을 뛰어넘지 못했다. 유표는 치세에는 어울리는 인물이지만 난세에는 어

254   삼국지 27에니어그램

울리지 않는다. 물려받은 형주를 지키기에 급급했을 뿐 난세에는 천하를
다툴만한 야심이 없는 인물이었다.

Ⅲ. 유비: 사회적 9유형 (S09)

1. 유비의 생애

   유비의 자는 현덕이다(161 – 223년). 전한(前漢) 경제의 아들인 중산정왕
유승의 후손이다. 황족의 후예임에도 삶이 어려워 짚신 돗자리를 만들어
팔았다. 여러 군웅들과 달리 아무런 기반도 없이 결의형제인 관우·장비와
함께 거병하여, 원소·원술과의 동맹과 황건적 토벌에 참여했다. 난세는
누구에게나 똑같이 웅비를 제공할 수 있는 기회를 제공한다. 황건적의 난
은 가난한 농촌에서 태어나 홀어머니 밑에서 자란 유비에게 세상으로 나
갈 수 있는 계기를 마련해 주었다. 동문수학한 공손찬 막하에서 황건적 토
벌에 공을 세워 한 고을의 책임자가 된다. 그 후 여러 인재를 등용하면서
자기세력을 확보했다.
   유비는 삼고초려 끝에 제갈량을 만난다. 유비의 성심에 감동한 제갈량
은 천하를 통일할 정략을 이야기했다. 조조는 군사력이 막강하고 천자를
모시고 있는 명분을 가지고 있으므로, 무력으로는 당장 그를 이기는 것은
불가능하다고 했다. 제갈량은 또한 강동은 지세가 험하고 민심이 뒷받침되
고 있으므로, 손권을 물리치는 것도 어렵다고 했다. 따라서 우선 형주와
익주를 차지하고 대외적으로는 손권과 연합하고 대내적으로는 내치에 힘
쓴 다음, 조조를 쳐들어가면 한나라를 다시 부흥시킬 수 있다고 했다. 이
말을 들은 유비가 감격하여 제갈량에게 도와달라고 하니, 유비의 인품에
반한 제갈량이 이에 응했다. 이때부터 유비는 천하통일의 발걸음을 내딛기
시작했다.

그 후 유비는 손권과 손잡고 적벽에서 조조를 대패시켜 천하삼분지계의
기틀을 마련한다. 적벽대전을 계기로 유비는 용(龍)이 여의주를 얻은 것과
같은 욱일승천의 기회를 포착했다. 이 전쟁을 통해 유비는 형주와 절반과
익주를 차지했다. 이때 제갈량의 상소로 유비는 마침내 한의 정통을 계승
한다는 명분으로 촉한의 황제가 되었다. 유비는 제갈량을 행정적 총수인
승상으로 삼아 나라의 안정과 정치적 포부를 실행하도록 책서를 내렸다.

적벽대전 후에 형주의 귀속을 둘러싸고 오나라와 촉나라 사이에 일어
난 전쟁 중에 관우가 사망하자, 유비는 복수를 위해 무리하게 대군을 일으
키고 이때 장비도 사망했다. 유비는 제갈공명의 반대에도 오나라를 침공하
였으나, 오의 도독 육손에게 이릉대전에서 참패당하고 백제성에서 제갈량
에게 나라를 맡기고 사망했다(63세).

2. 유비의 성격

1) 신축성과 신중함이 있음

유비는 조조나 손권과는 다르게 출신배경이 보잘것없었고 정치적인 경
험이나 기반이 전무했다. 그가 가지고 있는 것이라고는 한나라 황실 후예
라는 명분뿐이었다. 이처럼 집안배경이나 지명도가 없었지만 유비가 촉나
라를 이끄는 통치자가 될 수 있었던 것은 상황에 따라 지혜롭게 굽히고 펼
줄 아는 능굴능신(能屈能伸)의 능력이 있었기 때문이다. 유비는 자기보다
훌륭한 사람들에게 의지해 발전했고 그들의 지원을 받아 성장했다. 그는
자신과 대립각을 세우며 위협을 가했던 사람들과도 타협을 이끌어 냄으로
써 그들의 세력으로 재기의 발판을 마련하기도 했다. 그는 또한 춘풍 같은
부드러움으로 북풍한설 같은 강함을 꺾어 내렸다.

유비는 겉으로는 말수가 적고 부드러우나 마음속에는 야망이 불타오르
고 있었다. 유비가 아무리 자세를 낮추더라도 환한 빛이 피어오르는 것처

럼 그의 풍모는 주위에 위엄이 어리게 하고 상대방을 끌어들이는 흡인력이 있었다. 그는 따뜻한 마음의 소유자로서 수줍음과 동정심이 많았고, 자기 내면의 속 깊은 감정을 쉽사리 표출하지 않았다. 그는 온순하고 말수가 적고 겸손했지만 어려운 고난과 참기 어려운 굴욕을 끝까지 감내하며 천하를 통일하려는 원대한 꿈을 꾸며 생활했다.

2) 흡인력이 강하고 이타적임

유비는 사물을 긍정적으로 보고 느긋한 천성을 가졌으며, 대인관계에 있어서 믿음을 쌓아 가는 것과 감정의 교류를 중요시했으므로, 유비와 그의 측근들은 위기상황에 봉착했을 때 목숨까지도 아까워하지 않을 만큼 깊은 신뢰로 맺어졌다. 유비는 통제형 리더가 아니라 지지형 리더였다. 지지형 리더십은 명령하지 않고 상의하는 것이고, 질책하지 않고 격려하는 것이며, 비평하지 않고 깨우치게 하는 것이다. 그는 천하통일을 달성하기 위해서는 독자적이 아니라 여럿이 함께 어우러져 협업을 해야 한다는 것을 일찍이 깨달았기 때문에, 이를 달성하기 위해 인재영입을 위한 노력을 게을리하지 않았다.

유비의 감정유형은 외향적이다. 외향형은 외부로 향하는 정신에너지로 인해 처해진 환경에 순응하는 경향이 강하다. 따라서 그는 외향적 감정이 탁월해 상대방의 기분을 잘 맞춰 줄줄 알기 때문에 다른 사람들과 쉽게 교류를 할 수 있었다. 그는 관계지향적인 통치문화를 갖추고자 했으므로, 대의명분에 따른 비전을 가지고 유능한 인재를 발굴하고, 한번 맺은 인연을 소중히 하여 인재들이 그들의 역량을 최대로 발휘하게 하는 분위기를 조성했다. 유비는 권모술수보다는 원칙과 윤리를 바탕으로 실리보다 명분을 앞세워 나라를 다스렸다. 유비는 스스로 기획하고 자신이 직접 실행하기보다는 참모들이 역량을 발휘하도록 격려하고 고무시켰다.

따라서 그는 전략적 결정을 할 때 참모들, 특히 제갈량의 의견을 존중하고 따랐다. 유비의 이러한 용인술로 인해 개성이 강한 그의 참모들이 각자의 위치에서 최고의 능력을 발휘하게 되었다. 한비자가 "삼류리더는 자기의 능력을 사용하고, 이류리더는 남의 힘을 사용하고, 일류리더는 남의 지혜를 사용한다"고 한 것처럼, 유비는 명철한 전략가이기보다는 참모들을 존중하는 신뢰의 전략가였다.

유비는 강한 추진력이나 통솔력은 없었지만, 친화력과 흡인력(吸引力)이 강했다. 그는 전면에 직접 나서서 진두지휘하는 방식보다는 유능한 사람을 일깨워 주는 민주적이고 자율적인 스타일의 리더로서 구성원들의 능력을 최대한도로 발휘할 수 있는 분위기를 조성했다. 그는 끈끈한 인정과 몽롱한 충의에 호소하여 측근들로부터 혈연에 버금가는 애정과 오랜 벗 같은 믿음을 획득했다. 그는 실리보다 명분을 앞세우고 행동으로 보여줌으로써 대의명분에 따라 백성을 보호하는 정의로움의 상징이 되었다. 유비의 인간적 매력은 인화를 바탕으로 하는 팀워크와 은근히 사람을 끌어들이는 포용하는 힘이었다.

3) 성의를 다하고 자세를 낮춤

유비는 사람을 대할 때 성심성의를 다했다. 유비가 제갈량을 융중으로부터 이끌어 낸 것도 성신을 다해 삼고초려(三顧草廬)를 한 대의투자 노력 때문이다. 지도력의 핵심은 인간관계이며 '인사는 만사'라는 교훈을 준다. 유비가 공명을 얻을 때 "물고기가 물을 만난 것 같다"고 하여 수어지교(水魚之交)라는 고사성어가 유래되었다. 유비가 자신을 물고기에 비유하고 공명을 물에 비유하였다. 물고기는 물이 없으면 살 수 없으나 물은 물고기가 없더라도 사라지는 것은 아니므로, 공명보다 자신을 낮춘 것처럼 늘 참모들과 수평적 관계를 유지했다. 유비는 자신을 낮춤으로써 참모들과 백성들에게 존경을 받았고, 이로 인해 대외적인 권위도 자연스럽게 높아졌다. 그는 권위적인 자존심을 중시하기보다 평등한 관계를 지향하면서 포용을 우선시했다. 또한 유비는 책임을 묻는 게 아니라 책임을 지려고 노력했을 뿐만 아니라 자신이 집단을 직접 이끌어 가기보다 구성원 개개인이 주인공이될 수 있도록 참모들로 하여금 주인의식을 갖도록 했다. 그러자 그를 따르는 사람들은 위기의 순간에 망설임 없이 위기를 돌파하기 위해 나섰다.

당양벌에서 조조군에 쫓겨 패주하던 유비가 간신히 피하자, 조자룡이유비가족을 구하기 위해 단기필마로 적진으로 들어가 사력을 다해 유선을구출해 낸다. 그러자 유비는 이 아이 때문에 귀중한 장수를 잃을 뻔했다며유선을 바닥에 던져 버렸다. 아들은 다시 낳을 수 있지만 조자룡 같은 장수는 다시 얻을 수 없다고 했다. 이에 조운이 간과 뇌를 땅에 쏟고 죽는다한들 어찌 주공의 은혜를 갚을 수 있겠느냐고 말하며 감격해했다. 유비의이러한 제스처는 부하들의 충성심을 이끌어 내고자 하는 고도의 계산된행위였다.

관우의 복수를 위해 오나라를 침공했다가 대패한 뒤(이릉전투), 유비가제갈량에게 유언을 한다. 위나라를 쳐서 한나라의 명예를 회복해 주고, 유선을 도와서 될 만한 인물이면 도와주고 그렇지 않으면 직접 촉나라의 주인이 되라고 했다. 이렇듯 신하에게 성심성의로 대하는 태도가 유비의 인간적인 매력이다. 이는 또한 찬탈을 공개적으로 언급함으로써 후일에 있을지도 모르는 제갈량의 찬탈기도에 미리 쐐기를 박아 두자는 계산이 깔려있다고 볼 수도 있다. 이처럼 유비는 먼저 공명에게 나라를 내놓음으로써죽은 뒤까지 공명을 은혜와 의리로 묶어 놓았다.

4) 지구력이 부족함

유비는 규칙과 규율에 지배하는 조직에 들어가면 얼마가지 않아 지쳐버리고 마는 성격이다. 촉나라의 왕이 된 후에 외교·군사·행정은 실질적으로 제갈량이 처리하게 하고, 유비는 제갈량의 판단에 동조하고 힘을 실어 주었다. 관우의 죽음으로 오나라에 복수전을 한다며 제갈량의 반대에도

불구하고 유비가 이릉전투를 계획한다. 제갈량이 반대한 이유는 위나라가
오나라를 공격목표로 삼고 있기 때문에 공격시기의 타이밍을 노리자는 것
이었다. 그러나 유비가 제갈량의 의견에 따르지 않았다. 전쟁준비 과정에
서 장비가 부하들에게 죽임을 당했는데도 무리하게 전쟁을 실행한다. 제갈
량을 동원하지 않고 이릉대전을 일으킨 유비는 자신이 직접 지휘를 하여
초반전에는 승기를 잡았지만, 혜성처럼 등장한 오나라 장수 육손에 의해
참패당한다. 이릉대전의 참패로 촉의 젊은 인재들이 희생되었고, 이는 촉
이 쇠락하는 결정적인 원인이 된다. 패배한 유비는 촉의 수도인 성도로 돌
아가지 못하고 백제성에서 병을 얻어 숨을 거둔다. 유비는 관우의 죽음을
복수하기 위해 오나라를 조급하게 침공한 것이 치명적인 실수였다. 유비는
적벽대전 후에 내정을 다지고 전쟁준비를 철저히 하고, 신중을 기했어야
했다.

| 표 5 | 삼국지 27인의 성격특징

	자기보존 본능	개인적 본능	사회적 본능
	예형 (SP1)	순욱 (SE1)	왕윤 (SO1)
1유형	• 개성이 독특함 • 삐딱함 • 독설가임 • 세상 보는 안목이 좁음	• 원칙과 명분을 추구함 • 현명함 • 불의와 타협할 줄 모름 • 융통성이 없음	• 올곧음 • 대쪽 같음 • 독선적임 • 고지식함
	맹달 (SP2)	장송 (SE2)	손권 (SO2)
2유형	• 언변과 기지가 뛰어남 • 상대방을 조종함 • 간사함 • 변신의 달인	• 해결사가 되고자 함 • 암기력이 뛰어남 • 기가 셈 • 자신을 알아주는 사람을 도움	• 남의 말을 경청하고 검소함 • 공격보다 수성에 능함 • 인재를 발굴하여 육성함 • 기회주의적임
	허유 (SP3)	가후 (SE3)	조조 (SO3)
3유형	• 이해타산에 밝음 • 재물욕심이 많음 • 지략이 출중함 • 교만함	• 권변이 뛰어남 • 사태변화를 꿰뚫음 • 처세의 달인이며 난세의 철새 • 맡은 일에 최선을 다함	• 노력파임 • 판단능력이 탁월함 • 성취를 위해 수단방법을 가리지 않음 • 능력을 중시하고 실리를 취함
	조식 (SP4)	초선 (SE4)	주유 (SO4)
4유형	• 총기가 있음 • 문학적 재능이 뛰어남 • 우울함 • 절제력이 없음	• 충의지사의 기질을 지님 • 노래와 춤에 능함 • 연기를 잘함 • 대의를 위해 희생함	• 독창적인 아이디어가 많음 • 겸손함 • 음악적 감각이 뛰어남 • 시기심이 많음
	양수 (SP5)	제갈량 (SE5)	사마의 (SO5)
5유형	• 두뇌회전이 빠름 • 재주가 비상함 • 재기발랄한 참견꾼	• 당면과제와 해결책을 제시함 • 천문지리에 능통함	• 재능이 비범함 • 냉정하고 참을성이 강함

	• 헛 똑똑함	• 공정하고 청렴함
		• 일을 독점하고
		  인재양성을 안 함
			• 약함이 강함이
			  이김을 실행
			• 시치미를 잘 뗌

	공손찬 (SP6)	조운 (SE6)	관우 (SO6)

6유형	• 의리를 중시함
	• 전투력이 뛰어남
	• 의심이 많고 소심함
	• 모험심이 없음
		• 소신이 두렷함
		• 돌파력이 출중함
		• 충절과 저력이 있음
		• 충언을 서슴치 않음
			• 충성심이 강함
			• 의리가 있고
			  정정당당함
			• 의협심과 극기심이
			  강함
			• 자부심이 지나침

	여포 (SP7)	강유 (SE7)	장료 (SO7)

7유형	• 에너지가 넘침
	• 대장부 매력이 있음
	• 배려심이 있음
	• 자유분방하고
	  지조가 없음
		• 현실에 순응함
		• 담력과 식견이
		  뛰어남
		• 이상향을 추구함
		• 재주를 과신해
		  과욕을 부림
			• 패기가 있음
			• 담력이 남다름
			• 중재역할을 잘함
			• 솔선수범함

	동탁 (SP8)	장비 (SE8)	여몽 (SO8)

8유형	• 정이 많음
	• 힘장사이고 무용이
	  뛰어남
	• 포악하고 탐욕스러움
	• 사회성이 결어됨
		• 조급하고 다혈질임
		• 용기 있는 행동과
		• 맞서는 사람을 좋아함
		• 감정조절을 못함
			• 욱하며 저돌적임
			• 하면 된다는 정신을
			  가짐
			• 훈련술과 위장술에
			  능함
			• 약사를 보호함

	원소 (SP9)	유표 (SE9)	유비 (SO9)

9유형	• 기상이 장대함
	• 반간계에 능함
	• 아집 강하고 포용력
	  결여
	• 결단력이 부족함
		• 덕망이 있고
		  처세술이 좋음
		• 우유부단함
		• 배짱이 없음
		• 비전을 제시하지 못함
			• 신축성 있고 신중함
			• 흡인력이 강하고
			  이타적임
			• 성의를 다하고
			  자세를 낮춤
			• 지구력이 부족함

작성 : 조성민 (2021.1.19.)

하룻밤의 외출

조성민

망망대해에 어둠이 찾아들면
바람도 찬찬히 다가와
내 손을 잡는다

낮게 든 보름 달
침묵으로 일관하는
발트 해의 밤 깊어만 가는데

시간에 떠밀려온
저 달 속에
미소 짓는 미래가 있어

오늘 밤
무거운 삶 내려놓고
가슴에 불을 지핀다.

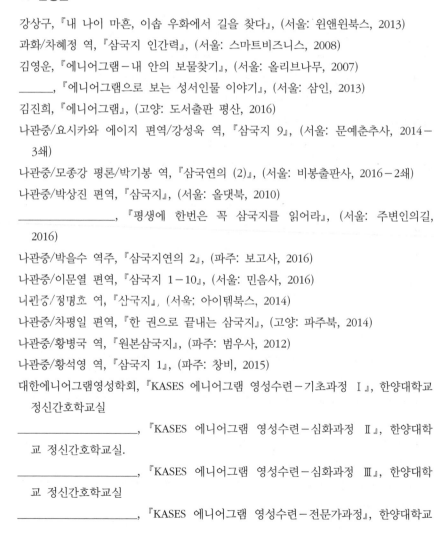

참고문헌

1. 단행본

강상구, 『내 나이 마흔, 이솝 우화에서 길을 찾다』, (서울: 윈앤윈북스, 2013)

과화/차혜정 역, 『삼국지 인간력』, (서울: 스마트비즈니스, 2008)

김영운, 『에니어그램－내 안의 보물찾기』, (서울: 올리브나무, 2007)

_____, 『에니어그램으로 보는 성서인물 이야기』, (서울: 삼인, 2013)

김진희, 『에니어그램』, (고양: 도서출판 평산, 2016)

나관중/요시카와 에이지 편역/강성욱 역, 『삼국지 9』, (서울: 문예춘추사, 2014－3쇄)

나관중/모종강 평론/박기봉 역, 『삼국연의 (2)』, (서울: 비봉출판사, 2016－2쇄)

나관중/박상진 편역, 『삼국지』, (서울: 올댓북, 2010)

_____, 『평생에 한번은 꼭 삼국지를 읽어라』, (서울: 주변인의길, 2016)

나관중/박을수 역주, 『삼국지연의 2』, (파주: 보고사, 2016)

나관중/이문열 편역, 『삼국지 1－10』, (서울: 민음사, 2016)

나관중/정명효 역, 『산국지』, (서울: 아이템북스, 2014)

나관중/차평일 편역, 『한 권으로 끝내는 삼국지』, (고양: 파주북, 2014)

나관중/황병국 역, 『원본삼국지』, (파주: 범우사, 2012)

나관중/황석영 역, 『삼국지 1』, (파주: 창비, 2015)

대한에니어그램영성학회, 『KASES 에니어그램 영성수련－기초과정 Ⅰ』, 한양대학교 정신간호학교실

_____, 『KASES 에니어그램 영성수련－심화과정 Ⅱ』, 한양대학교 정신간호학교실.

_____, 『KASES 에니어그램 영성수련－심화과정 Ⅲ』, 한양대학교 정신간호학교실

_____, 『KASES 에니어그램 영성수련－전문가과정』, 한양대학교

정신간호학교실.

박상하, 『에니어그램 리더십』, (서울: 고수출판, 2006)

유은성·김봉환 외, 『에니어그램－이해와 적용』, (서울: 학지사, 2008)

윤은성·김은아 역, 『에니어그램 12단계』, (서울: 한국에니어그램교육연구소, 2012)

윤명선 외, 『에니어그램』, (서울: 도서출판 동연, 2017)

윤운성, 『심층 에니어그램 의식수준』, (서울: 에니어그램연구소, 2014)

윤운성 외, 『에니어그램－이해와 적용』, (서울: 학지사, 2008)

윤재근, 『노자－크고 싶다면 먼저 작게 하라』, (서울: 나들목, 2014)

이강옥, 『에니어그램 이야기』, (서울: 중앙적성출판사, 2006)

이경순·이미경·김경희, 『인간관계와 의사소통』, (서울: 현문사, 2006)

이부영, 『자기와 자기실현』, (서울: 한길사, 2007)

이솝, 『이솝우화』, (서울: 삼지사, 2010)

장석만, 『삼국지에 길을 묻다』, (서울: 머니플러스, 2016)

장연 편역, 『한 권으로 읽는 삼국지』, (서울: 김영사, 2016)

차동엽, 『무지개 원리』, (서울: 위즈앤비즈, 2009)

차종환 엮음, 『고사성어 399선』, (서울: 도서출판 예가, 2001)

최용현, 『삼국지 인물 109인전』, (서울: 일송북, 2013)

최우석, 『삼국지 경영학』, (서울: 을유문화사, 2010)

Beatirice Chestanunt/한세화·한병복 역, 『에니어그램 27가지 하위유형』, (서울: 한국에니어그램협회, 2017)

Beatirice Chestanunt/이규민·한병복·박충선 역, 『완전한 에니어그램』, (서울: 연경문화사, 2018)

Don Richard Riso·Russ Hudson/주혜명 역, 『에니어그램의 지혜』, (서울: 한문화멀티미디어, 2008)

Don Richard Riso·Russ Hudson/구태원·도홍찬 역, 『성격을 알면 성공이 보인다』, (서울: 중앙 M&B, 2003)

Don Richard Riso·Russ Hudson/주혜명 역, 『The Wisdom of the Enneagram』, (서울: 한문화, 2008)

Eli Jaxon Bear/이순자 역, 『영혼의 자유 에니어그램』, (창원: 슈리 크리슈다나스 아쉬람, 2011)

Eizabeth Wasele/글로벌에니어그램연구원 역, 『청소년 리더십』, (서울: 스토리나인, 2014)

Elizabeth Wagele/정환종 외 역, 『해피엔딩 에니어그램』, (서울: 스토리 나인, 2017)

Janet Levine/윤운성 외 역, 『에니어그램 지능』, (서울: 교육과학사, 2007)

Jean Giono/채혜원 역, 『나무를 심은 사람』, (서울: 새터, 2011)

Mona Coates & Judith Searle/이영옥 외 역, 『17 하위유형 부부코칭 에니어그램』, (서울: 스토리 나인, 2017)

Rechard Rohr/이화숙 역, 『내 안에 접힌 날개』, (서울: 바오로딸, 2006)

Renee Baron·Elizabeth Wagele/주혜명 외 역, 『나를 찾는 에니어그램, 상대를 찾는 에니어그램』, (서울: 연경미디어, 2008)

Renee Baron·Elizabeth Wagele/에니어그램 코칭 인스티튜트 역, 『나와 만나는 에니어그램』, (서울: 마음살림, 2015)

Sandra Maitri/이정섭 외 역, 『에니어그램의 격정과 덕목』, (서울: 포널스, 2016)

Spencer Johnson/형선호 역, 『선택』, (서울: 청림출판, 2005)

Willard B. Frick/손정락 역, 『자기에게로 가는 여행』, (서울: 교육과학사, 2011)

2. 논 문

강수정, 「성어 교수 방법론 연구 – 삼국지 성어를 중심으로」, (강원대학교 교육대학원 석사학위논문, 2011.8)

김미혜, 「에니어그램 8번 유형의 격정 '정욕'에 대한 개념분석」, 대한에니어그램영성학회지 제6권, 2017.8

김영운, 「한국사회의 에니어그램」, JKASES 제1권 제1호, 2012.8

————, 「한국사화의 에니어그램 리더십」, JKASES 제2권 제1호, 2013.8

김영운·이광자, 「성서인물에 나타난 에니어그램 8유형에 대한 고찰」, JKASES 제1권 제1호, 2012.8

김정선·이정섭, 「에니어그램 3번 유형의 격정 '기만'에 대한 개념분석」, JKASES 제3권 2014.8

김혜경, 「에니어그램 6번 유형의 걱정에 대한 개념분석」, JKASES 제2권 제1호, 2013.8

박현아, 「윌버의 의식스펙트럼 입장에서 본 에니어그램의 자아 초월적 의미 고찰」,

(공주대학교 교육대학원 석사학위논문, 2008.2)

손봉희, 「한국인의 사회적 성격과 9유형의 비교분석」, JKASES 제1권 제1호, 2012.8

안미경, 「에니어그램에 의한 강완숙과 정약종의 영성 연구」, (가톨릭대학교 문화영성대학원 석사학위논문, 2010.5)

유영수, 「시조에 나타난 중국인물에 대한 연구」, (가천대학교 대학원 석사학위논문, 2015)

유지인, 「삼국지연의에서 나타난 제갈량의 형상화 방법연구」, (공주대학교 교육대학원 석사학위논문, 2010)

윤서연, 「에니어그램 성격유형에 기반 한 아버지 양육행동 척도개발」, (숙명여자대학교 대학원 박사학위논문, 2015)

이민경, 「반조조현상 및 그 원인연구」, (부산대학교 대학원 석사학위논문, 2005)

이정섭·김덕진·김정선·김혜경, 「에니어그램을 통한 간호대학생의 자기인식경험」, JKASES 제2권 제1호

정명실, 「에니어그램의 가슴중심 유형과 트라우마」, 대한에니어그램연성학회지 제5권, 2016.8

조성준, 「삼국지연의 속 인물들의 심리학적 유형에 관한 연구」, (공주대학교 교육대학원 석사학위논문, 2012)

주석진, 「에니어그램 유형판별을 위한 척도개발」, (대구대학교 대학원 석사학위논문, 2003.1)

3. 평 론

유승우, 「삼국지 영웅들의 리더십」 경기일보 2017.8.10.

홍성완, 「창간기획 삼국지 리더론① 실패한 군주들을 돌아보다」 뉴스포스트 2019.6.17.

_____, 「창간기획 삼국지 리더론② 그들은 왜 악평만 남았을까?」 뉴스포스트 2019.6.19.

_____, 「창간기획 삼국지 리더론③ 경영2세들의 표본 '손권'」 뉴스포스트 2019.6.21.

_____, 「창간기획 삼국지 리더론④ 당신은 어찌하여 '조조'를 꿈꾸는가」 뉴스포스

트 2019.6.28.

_____, 「삼국지 리더론⑤ 평범함으로 천재를 넘어선 유비(상)」 뉴스포스트
2019.7.8.

_____, 「삼국지 리더론⑤ 평범함으로 천재를 넘어선 유비(하)」 뉴스포스트
2019.7.10.

4. 인터넷

http://anja.naver.com/word?query=切磋琢磨

http://astaldo.blo.me/501123406001

http://blog.com/inrock4/220653951918

http://blog.com/seowoohyun1/20097918693

http://cafe.daum.com/gilab/3423

http://blog.daum.net/aws60/2449828

http://cafe.daum.net/baekme/2JML/29?q

http://blog.daum.net/bltch/16454187

http://cafe.daum.net/mothering100/NkGt/51?q

http://blog.daum.net/nhk2375/7164936

http://blog.joins.com/media/folderlistslide.asp?uid

http://blog.naver.com/a9837513/50100494541

http://blog.naver.com/himoon25/220758635267

http://blog.naver.com/jaun000/70119903459

http://blog.naver.com/kkkh4486/221555175440

http//blog.naver.com/psa11911/40096333742

http://blog.naver.com/rkwlak1201/220806266741

http://blog.naver.com/mgrrm36/10189952015

http://blog.naver.com/shinco503/220288490475

http://cafe.naver.com/ak573/31617

http://cafe.naver.com/samgukgipk/74276

http://cafe.naver.com/hongonesig/42

http://terms.naver.com/entry.nhn?docId

http://blog.naver.com/wisdomhouse7/220366214878

http://khj3743.blog.me/40139772203

http://kin.naver.com/detail.nhn?d1id

http://kin.naver.com/qna/detail.hn?dirld

http://ko.wikipedia.org/wiki/여남전투

http://neight.nesis.blog.com.me/2200887934517

http://news.mk.co.kr/newsRead.php?No

http//skyyoori0112.blog.me/150164072747

http://terms.naver.com/entry.nhn?docid=1350027&cid

http://terms.naver.com/entry.nhn?docid=1686985&cid

http://terms.naver.com/entry.nhn?docid=537877&cid

http://terms.naver.com/entry.nhn?docid=9706168&cid

http://terms.naver.com/entry.nhn?docId

http://widerock/blog.me/13189851787

http://wikipedia.org/wiki/gudwnrhdqkdwjs

http://www.newspost kr/news/articleView.html?dxno=72208

http://www.upkorea.net/news/articleView.html?idxno=56710

삼국지 27에니어그램

초판발행   2021년 8월 16일

지은이   조성민
펴낸이   안종만 · 안상준

편 집   박송이
기획/마케팅   조성호
표지디자인   BEN STORY
제 작   고철민 · 조영환

펴낸곳   (주) **박영사**
               서울특별시 금천구 가산디지털2로 53, 210호
               (가산동, 한라시그마밸리)
               등록 1959. 3. 11. 제300-1959-1호(倫)
전 화   02)733-6771
f a x   02)736-4818
e-mail   pys@pybook.co.kr
homepage   www.pybook.co.kr
ISBN   979-11-303-1270-5   03180

정 가   18,000원